1956—2020
HARBIN INSTITUTE OF TECHNOLOGY

HIT

100th ANNIVERSARY

凝心聚力 砥砺前行

哈工大机电控制及自动化系

发展史 简记

机电控制及自动化系编写组 编

哈尔滨工业大学出版社

图书在版编目(CIP)数据

凝心聚力 砥砺前行:哈工大机电控制及自动化系发展史简记/机电控制及自动化系编写组编. —哈尔滨:哈尔滨工业大学出版社,2020.12

ISBN 978-7-5603-9081-9

Ⅰ.①凝… Ⅱ.①机… Ⅲ.①哈尔滨工业大学机电控制及自动化系-校史 Ⅳ.①G649.283.51

中国版本图书馆 CIP 数据核字(2020)第 181624 号

凝心聚力 砥砺前行:哈工大机电控制及自动化系发展史简记
NINGXINJULI DILIQIANXING:HAGONGDA JIDIAN KONGZHI JI ZIDONGHUA XI FAZHANSHI JIANJI

策划编辑	张 荣
责任编辑	苗金英
封面设计	屈 佳
出版发行	哈尔滨工业大学出版社
社　　址	哈尔滨市南岗区复华四道街10号　邮编150006
传　　真	0451-86414749
网　　址	http://hitpress.hit.edu.cn
印　　刷	哈尔滨博奇印刷有限公司
开　　本	787mm×1092mm 1/16 印张18.25 字数430千字
版　　次	2020年12月第1版　2020年12月第1次印刷
书　　号	ISBN 978-7-5603-9081-9
定　　价	100.00元

(如因印装质量问题影响阅读,我社负责调换)

机电控制及自动化系编写组

(按组别排序)

刘文剑　赵学增　张广玉　姚智慧

陈维山　谢　涛　王武义　王晓溪

彭高亮　陈志刚　陈静云　尹　超

前 言
PREFACE

　　机电控制及自动化系是哈尔滨工业大学(以下简称哈工大)机电工程学院的重要分支之一,经过60多年的积累和发展,已经形成了一个集机械、电气、控制、信息等多学科于一体,融合基础理论和高端装备设计与应用的综合学科——机械电子工程。多年以来,机电控制及自动化系立足航天,服务国防,面向国民经济主战场,瞄准国际学术前沿,不仅取得了一大批创造性的研究成果,还培养了一支爱国、专业、高效、甘于奉献的人才队伍,他们中有的成了行业翘楚,有的则教书育人,继续攀登科学的高峰……

　　本系史将从学科专业设置与变迁、人才培养、师资队伍建设、主要教学与科研成果等方面介绍机电控制及自动化系60多年来波澜壮阔的发展历程。20世纪50年代中期,哈工大成立了机电控制及自动化系的前身——精密仪器制造系,分设"精密仪器制造工艺"专业和"计时仪器"专业两个学科;20世纪80年代中后期,两学科又分别发展成为"机械电子工程"专业以及"电子精密机械"专业,直到20世纪末才统一并入"机械电子工程"专业,同时成立了机电控制及自动化系,并逐渐建立了相应专业的硕士点和博士点。

　　中华人民共和国成立之初,老一辈的机电控制人在党的坚强领导下,用勤劳的双手、智慧的头脑和敢教日月换新天的勇气,响应时代的号召,不断开拓创新,为新中国的国防工业和科学事业做出了不可磨灭的贡献,也为哈工大机电控制及自动化系的发展奠定了坚实的基础。机电控制及自动化系曾壮志满怀,飞速发展;也曾征途艰险,命途多舛,但全系师生始终不忘初心,迎难而上,秉承"规格严格,功夫到家"的哈工大校训,为国家教育发展、科技发展、经济建设和航天国防建设做出了重要的贡献。

　　在吴永孝、牟景林等老一代哈工大人的引领下,机电控制及自动化系人薪火相传、锐意进取,已建立了一支高水平的师资队伍,目前共有教师33人,其中国家优秀青年科学基金获得者2人,青年长江学者1人,博士生导师13人,教授11人,副教授11人,讲师9人、高级工程师1人、工程师1人。机电控制及自动化系累计为国家培养了本科生4 300多人、硕士生2 400多人、博士生170多人。机电控制及自动化系积极面向国家重大需求、瞄准国际学术前沿开展研究,发展出了机电一体化装备设计与控制、压电驱动理论与精密操控技术、仿生机器人理论与技术、微纳机器人、微纳测量理论与技术、先进传感技术、特种装备7个特色鲜明的研究方向。科研成果显著,近年来完成各类研究课题150余项,总经费约2.5亿元。学术成果突出,共发表论文350余篇,其中SCI收录300余篇,ESI高被引10余篇;授权国家发明专利200余项。教学成果丰硕,出版教材和专著15部,获国家级优秀教学成果奖二等奖2项,省部级优秀教学成果奖5项,目前负责本科生课程58门,包括"机电系统控制基础""机械振动基础"等专业基础课程,其中专业课"机械系统设计"于 2010 年被评为黑龙江省精品课程,"机电系统计算机控制"被评为校研究生精品课程。

在哈工大建校 100 周年之际,机电控制及自动化系已伴随着学校扎根祖国东北边疆 60 余载。在科学技术高速发展的现代,认真总结以往经验,撰写一部机电控制及自动化系发展史,是很有意义的。辛苦耕耘一甲子,而今桃李满芬芳;春华秋实,时光荏苒,不变的是新时代机电控制及自动化系艰苦奋斗、爱国奉献的初心和不畏艰险、勇于攀登的担当。新时代的机电控制及自动化系必能承前启后,继往开来,助力哈工大建设成为具有中国特色、哈工大规格的世界一流大学,为实施创新驱动发展战略,加快建设创新型国家,实现科技强国的目标而奋斗。

以史为鉴,推陈出新,希望这部系史能为机电控制及自动化系今后的发展提供借鉴,同时这也是向全体系友和一贯关心、帮助、爱护哈工大机电控制及自动化系的各界人士的一个汇报。

本书在整理编撰过程中难免有疏漏之处,望广大校友及各界人士不吝提出宝贵意见,不胜感谢。同时感谢机电控制及自动化系编写组成员的辛苦工作,感谢学校档案馆、出版社、博物馆的大力支持。

机电控制及自动化系编写组
2020 年 6 月

目　录
CONTENTS

第一章　机电控制及自动化系发展史 /1

第一节　本科专业发展历程 /5
一、"机械电子工程"专业发展历程 /5
二、"电子精密机械"专业发展历程 /6
三、"飞行器制造工程"专业发展历程 /7

第二节　研究生学科发展历程 /7
一、机电控制及自动化硕士点、博士点学科发展历程 /7
二、航空宇航制造工程学科硕士点、博士点学科发展历程 /7
三、(电子精密机械)计时仪器硕士点学科发展历程 /8

第二章　机电控制及自动化系人才培养 /9

第一节　机电控制及自动化系本科生培养 /11
一、"机械电子工程"专业本科生培养状况 /11
二、"电子精密机械"专业本科生培养状况 /11

第二节　机电控制及自动化系研究生培养 /12
一、机电控制及自动化系培养硕士研究生状况 /12
二、机电控制及自动化系培养博士研究生状况 /13
三、机电控制及自动化系培养工程硕士研究生状况 /20

第三节　机电控制及自动化系历届学生毕业照、聚会照 /23
第四节　杰出校友简介 /23

第三章　机电控制及自动化系师资队伍建设/25

第一节　历届教研室、系领导班子名单/27
一、历届"精密仪器制造工艺"专业、"机械电子工程"专业、机电控制及自动化系领导班子名单/27
二、"飞行器制造工程"专业领导班子名单/28
三、历届"计时仪器"专业、"电子精密机械"专业教研室领导班子名单/28

第二节　教师队伍发展建设/29
一、"精密仪器制造工艺"专业（1956—1985 年）/29
二、"精密机械与仪器制造工艺"专业（1985—1990 年）/30
三、"机械电子工程"专业（1990 年至今）/31
四、"计时仪器"专业（1956—1998 年）/32

第三节　机电控制及自动化系历届教职工队伍状况/35
一、机电控制及自动化系现职教职工简介/35
二、"机械电子工程"专业（原"精密仪器制造工程"专业）退休教职工简介/37
三、曾在"机械电子工程"或"精密仪器制造工艺"专业工作过已调出教职工/38
四、"电子精密机械"专业退休教职工简介/38
五、曾在"电子精密机械"专业（含原"计时仪器"专业）工作过已调离教职工/39

第四节　现职骨干教师简介/40

第五节　机电控制及自动化系教师聚会、参加会议、出国访问照片/51

第四章　机电控制及自动化系主要教学与科研成果/53

第一节　机电控制及自动化系教学成果/55
一、教材建设成果/55
二、荣誉称号与教学成果/56

第二节　机电控制及自动化系主要科研成果/58
一、20 世纪代表性科研项目与成果/58
二、21 世纪代表性科研项目与成果/60
三、代表性科研项目简介/65

第五章　校友回忆录/87

附录　机电控制及自动化系历届师生名单照片/127

　　附录一　"机械电子工程"专业历届本科生名单/129
　　附录二　"电子精密机械"专业历届本科生名单/152
　　附录三　历届硕士研究生培养名单/160
　　附录四　部分杰出校友/207
　　附录五　曾在"机械电子工程"或"精密仪器制造工艺"专业工作过已调出教职工名单/210
　　附录六　曾在"电子精密机械"专业（含原"计时仪器"专业）工作过已调离教职工名单/213
　　附录七　机电控制及自动化系历届学生毕业照、聚会照/215
　　附录八　机电控制及自动化系教职工聚会、参加会议、出国访问照片/257

第一章 机电控制及自动化系发展史

哈尔滨工业大学
HARBIN INSTITUTE OF TECHNOLOGY
—— 1920-2020 ——

哈尔滨工业大学(以下简称哈工大)机电控制及自动化系是在"精密机械与仪器制造工艺"专业与"计时仪器"专业发展的基础上建立的。1956年,哈工大在苏联专家马依奥洛夫帮助下,在吴锡友教授、王世杰教授、吴永孝教授、秦如镜教授、陈喜大教授、安成祥教授、胡炯泉教授等的共同努力参与下,建立了"精密仪器制造工艺"专业。该专业于1956年成立"计时仪器专门化"(1971年批准组建了"计时仪器"专业),在20世纪60年代至80年代一直隶属于精密仪器系(原一系)。1986年"精密仪器制造工艺"专业更名为"精密机械与仪器制造工艺"专业,1990年更名为"机械电子工程"专业。1983年"计时仪器"专业更名为"时间计控技术与仪器"专业,1988年更名为"电子精密机械"专业。1992年10月,根据"机电控制及自动化"博士点学科发展的需要,"机械电子工程"专业教研室更名为"机电控制及自动化"教研室,1999年"电子精密机械"专业撤销并入"机械电子工程"专业,成立了机电控制及自动化系。

机电控制及自动化系发展历程如图1.1所示,包括专业和学科的发展历程。

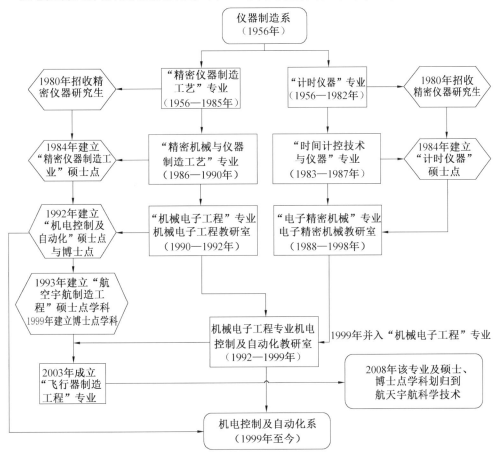

图1.1 机电控制及自动化系发展历程

机电控制及自动化系设置机械电子工程学科,该学科是国内最早建立的同类学科之一,是全国首批硕士点和博士点、博士后流动站和首批国家重点学科,也是"211工程"和"985工程"重点建设学科。该学科培养既有扎实的机械工程基础知识,又掌握基于计算机信息处理和自动控制理论的机电系统集成技术,造就具有机械、电子、控制、计算机等跨学科多元知识结构、综合实践应用与创新能力相结合的复合型高级技术人才。1990年被批准为博士点,1992年成立"机械电子工程"本科专业;所属机械工程一级学科1987年被批准成立博士后流动站,1998年获一级学科博士学位授予权,2007年被评为国家级重点学科。"机械电子工程"专业已成为哈工大机械工程一流学科的重要支撑,在全国学科评估中,2001年机械电子工程学科以满分成绩排名第一,2017年机械工程一级学科评估中获A+。

经过60多年的建设和发展,机电控制及自动化系建立了一支学术和教学水平高的师资队伍,在教学、科研、论文等方面均取得了巨大进步。目前,机电控制及自动化系共有教师33人,其中国家优秀青年科学基金获得者2人,青年长江学者1人,教授11人,博士生导师13人,副教授11人,讲师9人,高级工程师1人,工程师1人。

经过多年发展,现已形成7个特色明显、较有规模的研究方向:机电一体化装备设计与控制、压电驱动理论与精密操控技术、仿生机器人理论与技术、微纳机器人、微纳测量理论与技术、先进传感技术、特种装备。这一学科主要研究方向兼具面向高端装备和基础研究的特色,成果突出,而且在这一学科主要研究方向上形成了基础理论、装备设计和实际应用"三位一体"的模式,社会服务工作特色鲜明,成果突出。近5年来,机电控制及自动化系加强师资队伍建设,发挥年轻教师优势,积极面向国家重大需求和国际学术前沿开展研究,各项指标显著提高,发展势头良好。完成了国家重点研发计划、国家自然科学基金、"863"计划、国防基础预研、国防型号配套研究各类研究课题150余项,总经费约2.5亿元;目前在研项目包括国家自然科学基金、国防型号配套研究项目等70余项,总经费1.2亿元。获得国家科技进步奖二等奖1项、省部级一等奖1项、省部级二等奖5项、发表论文350余篇,其中SCI收录300余篇,影响影子>10的论文14篇(占学院80%),ESI高被引10余篇,出版教材和专著10余部;授权国家发明专利200余项。获国家级优秀教学成果奖二等奖2项,省部级优秀教学成果奖5项。

到目前为止,已培养本科生4 300多人,硕士生2 400多人,博士生170多人。

目前负责本科生课程58门,包括"机电系统控制基础""机械振动基础"等专业基础课程,其中专业课"机械系统设计"于2010年被评为黑龙江省精品课程。在研究生培养方面,"机电系统计算机控制"被评为校研究生精品课程。

哈工大机电控制及自动化系除每年培养40余名硕士研究生外,还承担了大量工程硕士培养工作,连续招生近20年,共计培养工程硕士研究生1 528人,其中李天书、杨铁成两名学生荣获"全国百名优秀学生"称号。

在教学改革方面,哈工大机电控制及自动化系承担了多项国家级、省部级教学改革项目,2014年获批国家级教学改革项目:先进制造领域工程博士培养模式和论文质量标准的研究;2016年获批国家级教学改革项目:工程硕士研究生技术素质教育与工程实际能力提升的研究;2017年获批国家级教学改革项目:工程博士招生考核和综合素质培养方式和方法的探索。2016年,"面向'卓越人才培养模式'的机电系统控制基础课程教学方法"获黑龙江省教学改革优秀结题项目。在此基础上,2014年赵学增作为主要负责人的教学改革项目"硕士研究生培养模式改革实践"获国家研究生教育成果奖一等奖;2016

年赵学增作为主要负责人的教学改革项目"高校自主选拔生源的公平公正和科学性研究与实践——以哈工大结构化面试为例"获国家研究生教育成果奖二等奖。

在国际合作方面极具特色,哈工大机电控制及自动化系先后与哥伦比亚大学、美国国家标准与技术研究院、加州理工大学、加州大学圣地亚哥分校、俄亥俄州立大学、密西根州立大学、以色列理工大学、莫斯科国立谢东诺夫大学等国际知名高校建立长期合作关系;聘请包括英国皇家工程院院士在内的多名国际顶级学者讲学;制定了哈尔滨工业大学-鲍曼工学院联合办学的机械电子工程专业培养方案、墨西哥政府项目机械电子工程专业(机器人特色)培养方案、哈尔滨工业大学本科生2+2国际学生机械电子工程专业培养方案,为哈工大的国际化进程做出了卓越贡献。

第一节 本科专业发展历程

一、"机械电子工程"专业发展历程

1956年2月至1957年6月,机械制造系开设"仪器制造工艺"专业,新建仪器制造工艺教研室。

1957年,"仪器制造工艺"专业重新组建到仪器制造系。

1986年,"精密仪器制造工艺"专业更名为"精密机械与仪器制造工艺"专业,陈在礼教授任教研室主任。

1990年,"精密机械与仪器制造工艺"专业更名为"机械电子工程"专业,这是根据国家高等教育发展和科学技术发展的要求,为了加速培养具有机械电子、自动控制和信息处理等学科多元知识结构,综合实践应用和创新能力相结合的复合型高级技术人才而更改名称的。陈在礼教授担任教研室主任至1995年。期间以培养机电一体化的宽口径、创新型科技人才为目标,大幅度地调整了教学计划与人才培养规划。

1992年10月,根据"机电控制及自动化"博士点学科发展的需要,"机械电子工程"专业教研室更名为"机电控制及自动化"教研室,陈在礼教授担任教研室主任。

1995—1999年,张广玉教授任"机电控制及自动化"教研室主任。

1999年,根据教育部统一目录要求,"电子精密机械"专业并入"机械电子工程"专业,合并后机电控制及自动化教研室更名为机电控制及自动化系。

1999—2015年,张广玉教授任系主任。

2008年开始,学院本科专业以"机械设计制造及其自动化"名称进行培养,下设机电控制及自动化专业模块,对大三分流学生进行专业培养。

2014年6月,又重新开始"机械电子工程"专业本科生培养。

2015年至今,由彭高亮教授任系主任。

2017年,按照机械工程体系认证要求,重新确定新的培养目标和培养要求,进行大类培养方案修订。

2019年,机电工程学院联合材料科学与工程学院、能源科学与工程学院、仪器科学与工程学院,设立工科试验班(智能装备)专业集群。

二、"电子精密机械"专业发展历程

1956年,成立"计时仪器专门化"。

1957年,开始招生。

1971年,经上级批准哈尔工业大学"计时仪器专门化"组建成"计时仪器"专业,同时成立计时仪器教研室,任命牟景林为教研室主任,教研室成员有沈工、王春林、蔺敬贤、黄恒林等人。

1980年,在原"精密仪器"学科的基础上招收硕士研究生。

1983年,根据当时原国家教委的指示,与天津大学一起,将专业改为"时间计控技术与仪器"。

1984年,经国务院批准建立哈工大"计时仪器"学科硕士点。

1986年,牟景林教授调离专业,由沈工教授任教研室主任,林庄、王树范为副主任。

1988年,经国家有关部门批准,将专业进一步改为"电子精密机械"专业。

20世纪90年代后期,计时仪器专业人才的培养也随之逐渐萎缩,直至停止招生。

1995年,哈工大机电学院成立计时仪器研究所,所长由牟景林教授担任,副所长由王晓溪高级工程师担任。王春林教授担任教研室主任,王晓溪、朱宪德、岳斌担任副主任。

1996年年末,教研室主任由杨乐民教授担任,王晓溪、袁峰担任副主任。

1997年年末,牟景林教授回教研室担任主任,王晓溪、袁峰、王武义为教研室副主任。

1999年,根据国家教育部统一专业目录,哈工大"电子精密机械"专业合并到"机械电子工程"专业。

1999—2014年,在"机械设计制造及其自动化"专业继续以"计时仪器"专业模块培养本科生。

2014年,专业取消招生。

三、"飞行器制造工程"专业发展历程

为了支撑和保证"航空宇航制造工程"硕士点学科和博士点学科人才培养的需求，2003年建立"飞行器制造工程"本科专业。张广玉教授兼任该专业主任，刘文剑教授任主管科研的副主任，侯珍秀教授任主管教学的副主任。

2004年，招收第一批本科生。

2005年，哈工大组织专家对新建立的专业进行评审。

2006年，该专业通过了国家的教学评估。

2008年，哈工大成立"航天宇航科学与技术系"，该专业及其硕士点、博士点学科调整规划到"航天宇航科学与技术系"。

第二节 研究生学科发展历程

一、机电控制及自动化硕士点、博士点学科发展历程

1980年，在原"精密仪器"学科的基础上开始招收培养"仪器制造工艺"的硕士研究生。

1984年，建立"精密仪器制造工艺"硕士点学科。

1992年，与机器人研究所共建"机电控制与自动化"硕士点与博士点学科。

二、航空宇航制造工程学科硕士点、博士点学科发展历程

1993年，成立"航空宇航制造工程"硕士学科。

1999年，成立"航空宇航制造工程"博士学科，该博士学科点由刘文剑老师创建。上述硕士、博士学科均在机电控制及自动化系，即一个系有两个硕士学科及两个博士学科。

2003年，成立"飞行器制造工程"本科专业。该本科专业也是在刘文剑老师带领下，

由张广玉、侯珍秀老师组建的。刘文剑老师认为只有硕士、博士学科而没有本科专业是不可以的,这如同无源之水,必须建立本科专业才能为硕士、博士提供良好的生源。专业主任:张广玉;主管科研的副主任:刘文剑;主管教学的副主任:侯珍秀。

2008 年,成立"航天宇航科学与技术系",原属于"机电控制及自动化系"的"飞行器制造工程"本科专业、航空宇航制造工程硕士点学科和博士点学科均划分到"航天宇航科学与技术系"中。

三、(电子精密机械)计时仪器硕士点学科发展历程

1980 年,在原"精密仪器"学科的基础上开始招收硕士研究生。
1984 年,建立哈工大"计时仪器"学科硕士点。

第二章 机电控制及自动化系人才培养

第一节 机电控制及自动化系本科生培养

一、"机械电子工程"专业本科生培养状况

1956年"仪器制造工艺"专业开始招收本科生,1965年为止每年招收2个小班,每班30人,1956—1965年合计培养本科生600人。

1973—1984年"精密仪器制造工艺"专业招收15个小班,合计培养本科生392人。

1985—1993年"精密机械与仪器制造工艺"专业招收18个小班,合计培养本科生496人。

1994—2016年机电控制及自动化系共招收42个小班,合计培养本科生1 686人。

综述共培养本科生3 174人。

此外,2017—2018年在读本科生4个小班,合计正在培养本科生107人。

"机械电子工程"专业历届本科生名单见附录一。

二、"电子精密机械"专业本科生培养状况

该专业成立几十年来,在教学和科研方面取得了突出成绩,培养本科生28届共858人。

2000—2017年"计时仪器"专业模块共招收14个小班,培养本科生198人。

共培养本科生1 056人。

"电子精密机械"专业历届本科生名单见附录二。

第二节 机电控制及自动化系研究生培养

一、机电控制及自动化系培养硕士研究生状况

从1980年开始招收硕士生以来，共培养硕士研究生840多人。

历届硕士研究生培养名单见附录三。

其中历届部分优秀硕士研究生名单见表2.1。

表2.1 历届部分优秀硕士研究生名单

序号	学生姓名	导师姓名	论文题目	所属学科、毕业时间及奖项
1	杨泽浩	董惠娟	基于声表面波原理的微操控器件研制及实验	机械电子工程 2019年金牌
2	高 源	李隆球	光驱扩散泳微纳马达集群行为研究	机械电子工程 2019年金牌
3	孙宏健	黄文涛	面向稀疏表征的滚动轴承-转轴复合故障诊断方法研究	机械电子工程 2018年金牌
4	李英睿	王武义	纤维增强复合材料超声辅助增材制造技术研究	机械电子工程 2018年银牌
5	贾龙飞	董惠娟	对置式换能器阵声场性能仿真与实验	机械电子工程 2017年金牌
6	纪凤同	张广玉	可见光驱动 Au/Fe_2O_3 纳米棒马达驱动机理及运动行为研究	机械电子工程 2017年银牌
7	王 宁	董惠娟	超声驻波悬浮/传输稳定性仿真与实验研究	机械电子工程 2016年金牌
8	贾串玲	董惠娟	超声驻波悬浮传输装置的研制与实验	机械电子工程 2015年金牌
9	郭木铎	董惠娟	超声驻波声悬浮能力及其稳定性仿真与实验	机械电子工程 2014年金牌
10	庞新源	张广玉	非合作目标识别及多功能捕获机构的研究	机械电子工程 2014年银牌
11	徐 明	张广玉	磁头/磁盘瞬态接触行为多尺度研究	机械电子工程 2013年金牌
12	刘仁兵	董惠娟	SAGD注汽井筒温度梯度模型与温度监测系统研究	机械电子工程 2012年金牌
13	孙 倩	张广玉 李隆球	纳米马达的运动规律研究	机械电子工程 2012年银牌

续表2.1

序号	学生姓名	导师姓名	论文题目	所属学科、毕业时间及奖项
14	陈华男	董惠娟	油田双电机式注水井测调臂研制	机械电子工程 2011年银牌
15	张如意	董惠娟	自发电式注水井压力流量监测系统的研制	机械电子工程 2009年银牌
16	和彦光	张广玉	合金材料的阻垢机理及实验研究	机械电子工程 2008年银牌
17	覃艺	王武义	变强变频电磁防蜡降粘器的研制与实验	机械电子工程 2007年银牌
18	刘川	张广玉 张春巍	直线电磁驱动AMD主动减振控制系统的研究	机械电子工程 2007年银牌
19	孟庆顺	董惠娟	大型起重工程船吊钩减摆系统的研究	机械电子工程 2007年金牌
20	刘刚峰	董惠娟	大型弯管冷成形计算机数值模拟及模具参数的优化	机械电子工程 2005年金牌
21	周莉莉	赵学增	基于激光散斑的表面粗糙度在线检测技术研究	机械电子工程 2002 第3届省优秀硕士学位论文 2006年
22	李天书	赵学增	腈纶丝装箱设备的机械结构设计与控制过程的研究	机械工程领域 2002 第一届国家百名有突出贡献工程硕士 2005年

二、机电控制及自动化系培养博士研究生状况

到目前为止,共培养博士研究生170多人。

历届部分博士研究生名单见表2.2。

表2.2 历届部分博士研究生名单

序号	学生姓名	导师姓名	论文题目	所属学科及毕业时间
1	张广玉	袁哲俊	超声振动在砂轮修整及磨削中应用技术和机理的研究	机械制造 1995年
2	陈维山	蔡鹤皋 陈在礼	行波超声马达的理论与实验研究	机械电子工程 1996年
3	贺思源	陈在礼	超声波马达理论模型与新型超声驱动器的研究	机械电子工程 1998年

续表2.2

序号	学生姓名	导师姓名	论文题目	所属学科及毕业时间
4	褚祥诚	陈在礼	行波超声马达建模及其振动行为实验研究	机械电子工程 1999年
5	战 强	陈在礼	多移动机器人运动规划的研究	机械电子工程 1999年
6	朱 武	蔡鹤皋 金长善	功率超声振动系统的参数识别及其控制的研究	机械电子工程 1999年
7	董惠娟	蔡鹤皋 张其馨	超声旋转加工振动系统及加工过程控制的研究	机电控制及自动化 1999年
8	周 岩	杨乐民	石英摆片激光切割技术及其基本规律研究	机械制造及其自动化 2000年
9	柏合民	蔡鹤皋 刘文剑	基于特征的半智能化夹具设计关键技术的研究	机械电子工程 2000年
10	金天国	蔡鹤皋 刘文剑	面向并行工程的夹具装配建模及规划技术研究	机械电子工程 2001年
11	李爱平	陈在礼 蔡鹤皋	产品创新的知识管理和供应的研究	机械设计制造及自动化 2001年
12	许之伟	陈在礼 刘文剑	基于事例推理的工艺设计关键技术研究	机械电子工程 2001年
13	刘军考	陈在礼 陈维山	仿鱼水下推进器理论与实验研究	机械电子工程 2001年
14	陈学生	陈在礼	并联机器人位置正解工作空间及尺度综合问题的研究	机械电子工程 2002年
15	马惠萍	杨乐民	光强调制型光纤传感器的关键技术研究	机械制造及其自动化 2002年
16	顾 琳	杨乐民 刘文剑	CAD/CAPP集成中非几何信息共享和特征识别技术的研究	机械制造及其自动化 2002年
17	谢 涛	陈在礼	飞行仿真转台结构动力学分析及其优化设计研究	机械电子工程 2003年
18	黄茹楠	陈在礼	行波超声电机理论模型与速度控制的研究	机械电子工程 2003年
19	杨延竹	赵学增	基于彩色视觉的针叶造林苗木分级方法及应用研究	机械电子工程 2003年
20	吴 斌	赵学增	基于配电网的跨变压器工频电力数据传输系统研究	机械电子工程 2003年
21	赖一楠	杨乐民 张广玉	航天器对接五自由度试验台滚转与俯仰技术研究	机械制造及其自动化 2003年
22	黄文涛	赵学增	基于粗糙集理论的故障诊断不确定性度量及规则获取研究	机械电子工程 2004年

续表2.2

序号	学生姓名	导师姓名	论文题目	所属学科及毕业时间
23	聂 鹏	赵学增	基于膨胀气泡的纳米粉添加技术及评价方法研究	机械电子工程 2004年
24	褚 巍	赵学增	基于原子力显微镜的纳米尺度线宽测量技术的研究	机械电子工程 2004年
25	张旭堂	刘文剑	燃气涡轮发动机计算机辅助装配工艺规划与选配技术研究	机械电子工程 2005年
26	张文义	杨乐民 徐会明	特定消谐式逆变器输出电压控制技术的研究	机械制造及其自动化 2005年
27	周莉莉	赵学增	基于动态散斑的表面粗糙度在线测量技术研究	机械电子工程 2005年
28	王伟杰	赵学增	汽车发动机智能故障诊断理论及方法研究	机械电子工程 2005年
29	孙和义	浦昭邦 赵学增	高压电气设备绝缘在线监测技术的研究	机械电子工程 2005年
30	陈志刚	赵学增 张广玉	对接仿真试验台航天器质量惯量模拟技术的研究	机械电子工程 2005年
31	张崇峻	赵学增 张广玉	航天器对接试验台重力平衡技术研究	机械电子工程 2005年
32	张东华	陈在礼	新型行波超声电机机理与实验研究	机械电子工程 2006年
33	侯珍秀	王仲仁	聚碳酸酯(PC)板材热态气压胀形过程的数值模拟与实验研究	材料加工工程 2006年
34	李洪波	赵学增	基于AFM的刻线边缘粗糙度测量技术研究	机械电子工程 2006年
35	肖增文	赵学增	基于AFM的线宽测量中探针运动影响及不确定度的研究	机械电子工程 2006年
36	张 帆	陈维山	基于夹心式换能器的超声波马达及建模技术研究	机械电子工程 2006年
37	陈彦海	刘文剑	产品设计与工艺设计过程建模及其并行技术研究	机械电子工程 2006年
38	朱 炜	赵学增	密集波分复用光源关键技术研究	机械电子工程 2006年
39	李敬花	刘文剑	基于Agent的多型号生产调度技术研究	航空宇航制造工程 2006年
40	彭高亮	刘文剑	基于虚拟现实的组合夹具组装技术研究	航空宇航制造工程 2007年
41	金远强	杨乐民	光纤式转轴径向跳动及扭矩测试系统关键技术研究	机械制造及其自动化 2007年

续表2.2

序号	学生姓名	导师姓名	论文题目	所属学科及毕业时间
42	赵学涛	陈维山	纵弯复合振动模态球型超声电机的研究	机械电子工程 2007年
43	王俊生	陈维山	延迟荧光检测技术及其在光合能力与胁迫检测中的应用	机械电子工程 2007年
44	李进旺	刘文剑	基于地应力场反演得套管损坏预测技术研究	航空宇航制造工程 2007年
45	王共冬	刘文剑	复合材料计算机辅助成型工艺关键技术的研究	航空宇航制造工程 2007年
46	邱福生	刘文剑	型号产品工艺分工系统及其关键技术研究	航空宇航制造工程 2007年
47	陈华	陈维山	Stewart平台位置正解构型分岔及尺度综合问题的研究	机械电子工程 2007年
48	刘长运	赵学增	先减压式油田注水恒流堵塞器动力学和可靠性的研究	机械电子工程 2007年
49	李霞	陈维山	基于谐波摩擦减速的低速超声电机的研究	机械电子工程 2007年
50	石胜君	陈维山	压电-金属纵向叠加复合梁结构直线超声电机的研究	机械电子工程 2007年
51	吴晓东	赵学增	基于三维力测量的汽车制动性能测试技术的研究与实现	机械电子工程 2008年
52	王武义	赵学增	光学合成孔径成像系统实验样机的研制	机械电子工程 2008年
53	李有光	陈在礼	柱面行波超声电机及驱动系统研究	机械电子工程 2008年
54	王岳宇	赵学增	AFM恒利模式下测量中倾角和摩擦力影响的研究	机械电子工程 2008年
55	陈芳	赵学增	基于气泡膨胀的纳米粒子分散技术的研究	机械电子工程 2008年
56	王飞	赵学增	原子力显微镜微悬臂梁刚度动态测量研究	机械电子工程 2008年
57	国绍文	赵学增	空间红外相机指向跟踪系统设计及其相关技术研究	机械电子工程 2008年
58	单小彪	陈维山	钢丝滚道球轴承的接触力学特性及其相关技术研究	机械电子工程 2008年
59	王伟达	刘文剑	动态车间环境下自适应调度器及其关键技术研究	航空宇航制造工程 2008年
60	刘新华	刘文剑	型号产品技术准备协同平台及其关键技术研究	航空宇航制造工程 2008年

续表2.2

序号	学生姓名	导师姓名	论文题目	所属学科及毕业时间
61	郝 铭	陈维山	纵弯复合平面超声电机及驱动系统的研究	机械电子工程 2009年
62	齐海群	陈维山	超声振动拉丝相关理论及其实验研究	机械电子工程 2009年
63	高 昭	赵学增	基于空间平均静态及动态散斑法表面粗糙度测量技术研究	机械电子工程 2009年
64	王玉亮	赵学增	固液界面纳米气泡与基底相互作用研究及滑移长度测量	机械电子工程 2009年
65	白相林	刘文剑	水平井牵引机器人关键技术研究	航空宇航制造工程 2009年
66	李 宁	赵学增	纳米尺度半导体刻线边缘粗糙度测量与表征方法的研究	机械电子工程 2010年
67	倪修华	陈维山	双足被动步行机器人性能分析及一种动力输入方法研究	机械电子工程 2010年
68	夏 丹	陈维山	鲔科仿生原型自主游动机理的研究	机械电子工程 2010年
69	姜 洋	刘文剑	面向型号生产的协同制造执行平台及其关键技术研究	航空宇航制造工程 2010年
70	侯 鑫	刘文剑	基于本体的设计重用技术研究及其在CAFD中的应用	航空宇航制造工程 2010年
71	刘英想	陈维山	纵弯模态超声电机理论与实验研究	机械电子工程 2010年 全国百名博
72	李隆球	张广玉	硬盘悬架窝点与挠臂的接触力学行为及微动磨损机理研究	航空宇航制造工程 2010年
73	袁江波	陈维山 谢 涛	圆盘式压电发电装置发电性能及其关键技术研究	机械电子工程 2010年
74	武 剑	张广玉 董惠娟	原油防蜡降粘超声波处理系统的关键技术研究	航空宇航制造工程 2010年
75	何 俊	张广玉 欧进萍	分布式光纤传感系统关键技术研究	航空宇航制造工程 2010年
76	周法权	赵学增	AFM横向测量中串扰效应的分析与消除方法的研究	机械电子工程 2011年
77	孙德伟	张广玉	空间遥感器机械系统及其关键技术研究	机械电子工程 2011年
78	郭 宁	刘文剑	面向敏捷生产调度的制造资源建模与重构	航空宇航制造工程 2011年
79	李洋流	赵学增	基于膜分离与光声光谱的绝缘油中溶解气体在线分析技术	机械电子工程 2011年

续表2.2

序号	学生姓名	导师姓名	论文题目	所属学科及毕业时间
80	李平川	赵学增	串联光纤光栅测量系统串扰分析与复用能力提高的研究	机械电子工程 2011年
81	盛明伟	陈维山	航天器主动润滑压电微喷系统的建立及其相关技术研究	机械电子工程 2011年
82	于海全	刘文剑	面向产品设计的虚拟维修技术研究	航空宇航制造工程 2011年
83	刘 勋	张广玉	基于红外锁相热像的结构件应力分析及其实验研究	航空宇航制造工程 2012年
84	张伟伟	张广玉	原油电磁防结蜡机理及其关键技术的研究	航空宇航制造工程 2012年
85	宋文平	张广玉	硬盘热控飞高磁头与盘面凸起的接触行为研究	机械电子工程 2012年
86	齐立群	张广玉	空间齿轮传动系统接触动力学及相关问题研究	航空宇航制造工程 2012年
87	黄守志	赵学增	无线传感器网络低耗节能机制研究及其在工业监测中的应用	机械电子工程 2013年
88	王晓明	赵学增	薄板型微悬臂梁流固耦合特性及其尺度效应研究	机械电子工程 2013年
89	Adebayo AdedayoS 阿迪	赵学增	Model and Algorithm Study for Step Height Measurement Using Atomic Force Microscope（利用原子力显微镜的刻线高度测量模型与算法研究）	机械电子工程 2013年
90	刘孟德	陈维山	投弃式温盐深海流剖面测量系统研究	机械电子工程 2013年
91	顾海栋	张广玉 董惠娟	基于分布式光纤布里渊频移的液体压力检测技术研究	机械电子工程 2013年
92	蒋立军	张广玉	三维模型的局部匹配和检索方法研究	机械电子工程 2013年
93	王红艳	谢涛	梁结构压电及压电电磁复合俘能器模型的建立与实验研究	机械电子工程 2013年
94	李姗姗	候珍秀 姜洪源	基于交流电场的生物分子快速检测及其实验研究	机械电子工程 2014年
95	张洪涛	张广玉	四旋翼微型飞行器位姿及控制策略的研究	航空宇航制造工程 2014年
96	潘昀路	赵学增 Prof. Bharat Bhushan	微纳尺度下电场对固液间相对运动阻力影响的研究	机械电子工程 2014年

续表2.2

序号	学生姓名	导师姓名	论文题目	所属学科及毕业时间
97	毕凤阳	刘文剑	面向大幅面CFRP制件的框架式模具设计系统关键技术研究	机械电子工程 2014年
98	景大雷	赵学增	固液界面表面电荷对微纳米尺度流体阻力影响的研究	机械电子工程 2014年
99	李大勇	赵学增	固液界面纳米气泡及其对流体边界滑移影响的研究	机械电子工程 2014年
100	刘 刚	赵学增	覆冰电力线融冰热平衡三角形法及除冰技术研究	机械电子工程 2015年
101	伍志军	陈维山	基于晶吻鳐的波动推进数值模拟及其实验研究	机械电子工程 2015年
102	李 鑫	李 哲 刘文剑	井下设备密封环泄漏预测计算研究	机械电子工程 2015年
103	库 尔 Ahmad Khurshid	赵学增	基于AFM的流体阻力测量和相关影响因素分析	机械电子工程 2015年
104	周祥宇	陈维山	低刚度梁连接组合式超声致动器及其驱动点运动形态研究	机械电子工程 2016年
105	杨小辉	陈维山 刘英想	纵弯复合型超声电机激励方法与实验研究	机械电子工程 2016年
106	徐振龙	谢 涛 单小彪	磁力耦合压电电磁复合俘能器发电特性研究	机械电子工程 2016年
107	王仲楠	张广玉	MEMS微构件摩擦测试技术及应用性实验研究	机械电子工程 2016年
108	佟明斯	赵学增 Jun-feng Song	基于样条滤波和全元匹配的三维底火弹痕识别技术的研究	机械电子工程 2016年
109	张学贺	侯珍秀 赵 杰	基于双目视觉的六足机器人环境地图构建及运动规划研究	机械电子工程 2016年
110	王 林	许宏光 张广玉	化学驱动微纳米马达运动规律及应用研究	机械电子工程 2016年
111	宋汝君	谢 涛 单小彪	圆柱型压电俘能器的流激振动及其发电性能研究	机械电子工程 2016年
112	刘育良	张广玉	磁盘力磁特性和热力耦合作用下接触退磁行为研究	机械电子工程 2016年
113	李天龙	张广玉 李隆球	微纳马达的制备及驱动控制方法研究	机械电子工程 2016年 校优博
114	张 强	陈维山	夹心式直线超声电机机电及摩擦耦合建模与实验研究	机械电子工程 2017年
115	于 军	赵学增 黄文涛	不完备信息下基于流向图的齿轮故障诊断方法研究	机械电子工程 2017年

续表2.2

序号	学生姓名	导师姓名	论文题目	所属学科及毕业时间
116	周 凯	刘军考	典型仿生水翼的推进及能量吸收机制研究	机械电子工程 2017年
117	董帝渤	侯珍秀 陈维山	仿生柔性结构与流体耦合系统的数值方法及运动机理研究	机械电子工程 2017年
118	王希贵	赵学增	船用动力后传动系统齿轮抗胶合承载性能分析及实验研究	先进制造 领域 工程博士 2017年
119	徐冬梅	刘军考 刘英想	弯曲压电驱动器共振与非共振一体化设计与致动方式研究	机械电子工程 2017年
120	刘青康	侯珍秀 张广玉	热辅助磁存储硬盘非晶碳保护膜的石墨化及氧化行为研究	机械电子工程 2018年
121	王吉元	张广玉 李隆球	微纳米火箭的表界面及运动行为研究	机械电子工程 2018年
122	李 锴	刘军考	压电微喷机构耦合特性及喷射性能研究	机械电子工程 2018年
123	李轶凡	赵学增	低表面张力液体下的粗糙表面固液界面边界滑移的研究	机械电子工程 2018年
124	周德开	张广玉 李隆球	可见光驱微纳马达运动机理及集群行为研究	机械电子工程 2018年
125	丁树杨	赵学增	基于往复摩擦的触觉振动信息获取及材料特征识别的研究	机械电子工程 2018年
126	赵 亮	赵学增 王 飞	基于矩形薄板微悬梁的超微粒子质量和位置识别研究	机械电子工程 2019年
127	郝 壮	赵学增 Qiao Lin	人体分泌液中蛋白分子浓度A-GFET纳米生物传感器的研究	机械电子工程 2019年
128	常晓丛	张广玉	共融型化学驱动微米机器人的交互作用研究	机械电子工程 2019年

三、机电控制及自动化系培养工程硕士研究生状况

随着国家继续教育和专业学位的发展,1998年6月机械工程领域开始招收工程硕士,机电控制及自动化系承担了大量工作,连续招生近20年,共培养工程硕士研究生1 528人。在工程硕士研究生的培养过程中,机电控制及自动化系认真按照国家和学校的有关规章制度进行了各项工作,在招生、授课、论文指导、学位论文答辩等各个环节严格把关,教师尽职尽责、认真授课,教学效果良好。学员中从事管理和技术骨干获得提升的人数占学生总数的60%以上。其中李天书、杨铁成两名学员荣获"全国百名优秀学生"称号。

历年工程硕士研究生培养情况见表2.3。

表2.3　历年工程硕士研究生培养情况

年份	单位	培养学生数
1998年	中国石油天然气公司大庆分公司	17人
	哈尔滨班(含黑龙江省电力局)	29人
2000年	航天工业总公司第一研究院	27人
	哈尔滨班(含建成厂、大庆石化、黑龙江电力)	26人
2001年	航天工业总公司第一研究院	25人
	航天工业总公司第三研究院	22人
	大庆油田高级人才培训中心(含单考生11人)	33人
	哈尔滨班	14人
2002年	航天工业总公司第一研究院	11人
	航天工业总公司第二研究院	13人
	大庆油田高级人才培训中心	21人
	山东淄博地区	15人
	沈阳超高压局	23人
	哈尔滨班	27人
2003年	航天工业总公司第一研究院	27人
	大庆油田高级人才培训中心	15人
	中国电子部锦州503研究所	22人
	山东淄博地区	38人
	广州市班	20人
	哈尔滨班	18人
2004年	航天工业总公司第一研究院	23人
	大庆油田高级人才培训中心	7人
	深圳富士康	13人
	东莞新科磁电	37人
	山东淄博地区	33人
	哈尔滨班	17人
2005年	航天工业总公司第一研究院	25人
	齐齐哈尔第二机床集团	7人
	大庆油田高级人才培训中心	7人
	哈尔滨班	7人
2006年	航天工业总公司第一研究院	20人
	大庆油田高级人才培训中心	14人
	哈尔滨班	20人
2007年	航天工业总公司第一研究院	17人
	沈阳三一重装	35人
	哈尔滨班	7人

续表2.3

年份	单位	培养学生数
2008年	大庆油田高级人才培训中心	8人
	沈阳飞机制造集团	33人
	哈尔滨班	14人
2009年	航天工业总公司第一研究院	11人
	大庆油田高级人才培训中心	18人
	威海市班	17人
	哈尔滨班	16人
2010年	航天工业总公司第一研究院	10人
	大庆油田高级人才培训中心	11人
	齐齐哈尔第二机床集团	25人
	沈阳飞机制造集团	17人
	鞍山钢铁集团公司	34人
	山东省科学院	19人
	哈尔滨班	29人
2011年	航天工业总公司第一研究院	8人
	齐齐哈尔第二机床集团	12人
	西安飞机制造集团	33人
	鞍山钢铁集团公司	32人
	山东省科学院	6人
	哈尔滨班	26人
2012年	航天工业总公司第一研究院	15人
	鞍山钢铁集团公司	30人
	山东省科学院	15人
	辽河石化总厂	9人
	哈尔滨班	20人
2013年	航天工业总公司第一研究院	9人
	鞍山钢铁集团公司	51人
	辽河石化总厂	18人
	山东省科学院	4人
	威海市班	9人
	哈尔滨轴承制造集团	11人
	哈尔滨班	23人

续表2.3

年份	单 位	培养学生数
2014 年	航天工业总公司第一研究院	9 人
	西安飞机制造集团	40 人
	鞍山钢铁集团公司	9 人
	辽河石化总厂	9 人
	新疆特变电工股份有限公司	6 人
	芜湖哈特机器人产业园	15 人
	威海市班	25 人
	哈尔滨班	24 人
2015 年	航天工业总公司第一研究院	10 人
	辽河石化总厂	4 人
	新疆特变电工股份有限公司	2 人
	芜湖哈特机器人产业园	14 人
	威海市班	19 人
	哈尔滨班	17 人
	合计培养	1 528 人

第三节　机电控制及自动化系历届学生毕业照、聚会照

机电控制及自动化系历届学生毕业照、聚会照见附录七。

第四节　杰出校友简介

部分杰出校友情况介绍见附录四。

第三章 机电控制及自动化系师资队伍建设

从精密仪器制造工艺发展到机电控制及自动化系以来，先后共有教师158人，实验技术与教学辅助人员16人。在教师队伍中共有教授56人，博士生指导教师61人，副教授58人，在教授队伍中二级教授2人、三级教授3人。

现在职教师33人，其中教师31人，实验技术人员2人。具有博士学位的教师33人，博士生指导教师13人。在现职教师队伍中，教授11人，副教授11人。二级教授2人，国家优秀青年科学基金获得者2人，青年长江学者1人。全国优秀博士学位论文获得者1人，青年科学家工作室带头人1人。

第一节　历届教研室、系领导班子名单

一、历届"精密仪器制造工艺"专业、"机械电子工程"专业、机电控制及自动化系领导班子名单(图3.1)

1956—1964年，主任：吴锡友教授，副主任：王世杰教授、秦如镜教授。

1964—1969年，主任：吴永孝教授，书记：纪守义副研究员、王培江副研究员，副主任：吴锡友教授、王世杰教授、胡炯泉教授。

1969—1975年，主任：纪守义副研究员，副主任：李建康、马淑洁。

1975—1985年，主任：王世杰教授，书记：王培江副教授，副主任：陈在礼教授、胡炯泉教授、邹本璋副教授。

1985—1996年，主任：陈在礼教授，书记：姚智慧教授，副主任：赵维缓教授、张其馨教授、王树范教授、侯国章副教授。

1996—2015年，主任：张广玉教授，书记：谢涛教授，副主任：陈维山教授、王武义教授、金天国副教授、王伟杰副教授、黄文涛副教授、白相林、单小彪副教授。

2015年至今，主任：彭高亮教授，书记：陈志刚副教授，副主任：刘英想教授、王武义教授、董惠娟教授、潘昀路副教授。

其间，吴永孝教授曾任精密仪器系主任，曹天河教授曾任机电工程学院副院长，刘文剑教授曾任哈工大人事处副处长、处长，赵学增教授曾任机电工程学院副院长，张广玉教授现任哈工大图书馆馆长，黄文涛副教授曾任哈工大实验室管理与教学条件保障处副处长、现任哈工大教务处副处长。

|吴锡友|吴永孝|王世杰|
|陈在礼|张广玉|彭高亮|

图 3.1　机电控制及自动化系历届领导

二、"飞行器制造工程"专业领导班子名单

2003—2008 年,教研室主任:张广玉教授,副主任:侯珍秀教授、刘文剑教授。

三、历届"计时仪器"专业、"电子精密机械"专业教研室领导班子名单(图3.2)

1971—1986 年,教研室主任:牟景林教授。
1986—1995 年,教研室主任:沈工教授,副主任:林庄、王树范。
1995—1996 年,教研室主任:王春林教授,副主任:王晓溪、朱宪德、岳文斌。
1996—1997 年,教研室主任:杨乐民教授,副主任:王晓溪、袁峰。
1997—1999 年,教研室主任:牟景林教授,副主任:王晓溪、袁峰、王武义。

牟景林

沈工

王春林

杨乐民

图 3.2 "计时仪器"专业历届领导

第二节 教师队伍发展建设

一、"精密仪器制造工艺"专业（1956—1985 年）

1956 年 2 月至 1957 年 6 月，以卡岗为专家组长的 11 位苏联专家到校工作，其中包括仪器制造工艺学专家,帮助机械制造系开设"仪器制造工艺"专业和"精密机械仪器"专业,新建仪器制造工艺教研室和精密机械仪器教研室,"精密机械仪器"专业设置"量具及自动机专门化"。

"仪器制造工艺"专业的创始人有吴锡友教授、吴永孝教授、王世杰教授、秦如镜教授、胡炯泉教授、陈希大教授、安成祥教授等。

仪器制造工艺教研室成员有戈扬、闫云开、胡炯泉、陈喜大、陈子芳、赵维缓、安成祥。教研室当时开设的课程有仪器制造工艺学、仪器仪表特种元件工艺、塑料零件压制工艺、工厂设计等。

1957年8月至1957年末,苏联专家组长马依奥罗夫在校工作。

1957年,学校新增仪器制造系,包括"仪器制造工艺"专业和"精密机械仪器"专业,其中"精密机械仪器"专业下设三个专门化:"量具及自动机专门化""精密仪器制造专门化"(新设)和"计时仪器制造专门化"(新设)。

1956—1964年,主任:吴锡友教授,副主任:王世杰教授、秦如镜教授。

1964—1969年,主任:吴永孝教授,书记:纪守义副研究员、王培江副研究员,副主任:吴锡友教授、王世杰教授、胡炯泉教授。

1964年停止招生。

1969—1975年,主任:纪守义副研究员,副主任:李建康、马淑洁。

1969年南迁。

1973年开始招生。

1974年迁回哈尔滨。

1975—1985年,主任:王世杰教授,书记:王培江副教授,副主任:陈在礼教授、胡炯泉教授、邹本璋副教授。

1980年10月31日,在中国仪器仪表学会首届学术交流会上,吴永孝当选为学会理事长,王世杰当选为理事。

1981年,卢福基被国家公派出国。

1981年,刘文剑被授予黑龙江省优秀教师称号。

1985年11月15日,竺培国任精密仪器系代理主任,曹天河任副主任。

1985年,卢福基在长期教学工作中,为人民教育事业做出贡献,颁发荣誉证书。

二、"精密机械与仪器制造工艺"专业(1985—1990年)

1985—1990年,陈在礼教授任主任。

1988年,卢福基被哈尔滨市教育工会评选为哈尔滨市教书育人先进教师。

1988年,校党字(88)第28号文,张桂芬任精密仪器系副主任,第57号文,张桂芬任精密仪器系党总支副书记。

1988年,刘文剑被国家公派出国留学,去加拿大麦克马斯大学作为访问学者进修一年。

三、"机械电子工程"专业（1990年至今）

1991年，刘文剑老师回国后被推荐担任哈工大人事处副处长、师资办主任、处长，负责全校师资队伍建设工作。

1992年10月28日，根据第23次校长办公会议，哈工大决定成立机电控制及自动化教研室，博士导师蔡鹤皋教授作为机电控制及自动化学科带头人。陈在礼教授任教研室主任。11月6日，中国民主同盟哈尔滨工业大学委员会成立，卢福基担任副主任委员。11月7日，政协哈尔滨第七届委员会第二十九次常委会在哈尔滨召开，卢福基等同志为市政协第八届委员。

1993年，赵学增获得政府特殊津贴，获林业部中青年专家称号。

1994年，刘文剑被评为黑龙江省优秀教育工作者。

1998年1月，赵学增获得第四届哈尔滨市青年科技奖。

1998年2月10日，赵学增教授获第四届黑龙江省青年科技奖，由黑龙江省委组织部、省人事厅、省科委联合授予。12月27日，"百名英才"中青年学科（学术）带头人评审委员会在邵馆会议室召开会议，对第一批"百名英才"中青年学科（学术）带头人进行评议考核，赵学增等人被评为第二批"百名英才"中青年学科（学术）带头人。

1999年，根据国家教育部统一专业目录，哈工大"电子精密机械专业"合并到"机械电子工程"专业。

1999年4月11日，校干〔1999〕145号文，赵学增任机电工程学院副院长。

1999年6月至2000年12月，姚智慧到日本千叶工业大学做访问学者。

1999年，刘文剑获政府特殊津贴奖励，被授予黑龙江省优秀中青年专家称号。

2003年12月至2005年5月，董惠娟在英国城市大学做博士后。

2006年，机电控制及自动化系成立50周年庆祝大会召开（图3.3）。

2009年，金远强获中国博士后科学基金一等资助金。

2010年，金远强获中国博士后科学基金特别资助金。

2012年9月，刘英想博士论文《纵弯模态超声电机理论与实验研究》被评为哈尔滨工业大学第十四届优秀博士学位论文，同年获得上银优博铜奖。

2013年，刘英想博士论文《纵弯模态超声电机理论与实验研究》获得全国优秀博士论文称号，同年刘英想入选哈尔滨工业大学青年拔尖人才并破格晋升为教授，2013—2014年成为加州大学伯克利分校国家公派访问学者，2016年获得国家自然科学基金优秀青年科学基金。

2014年至2015年，李隆球到美国加州大学圣地亚哥分校做博士后，2015年入选哈尔滨工业大学青年拔尖人才，2016年入选中组部"万人计划"青年拔尖人才，2017年入选教育部"青年长江学者"，2018年获得国家自然科学基金优秀青年科学基金。

2014年7月至2015年7月，单小彪到加拿大多伦多大学做访问学者。

2014年9月至2015年9月，金天国到美国马萨诸塞大学做访问学者。

图 3.3　机电控制及自动化系成立 50 周年庆祝大会

2015 年,王飞入选中组部"万人计划"青年拔尖人才,2016 年第十九届中国科协求是杰出青年奖获得者,2017 年首届全国创新争先奖获得者和第九届中国青年创业奖获得者。

2015 年至今,张广玉教授担任哈尔滨工业大学图书馆馆长。

2019 年 10 月,彭高亮获得国庆 70 周年"龙江彩车"工作突出贡献奖。

四、"计时仪器"专业(1956—1998 年)

1956 年成立"计时仪器专门化"时由刘季民、蔺敬贤 2 名教师和田春芳、许明贵、何永江、吴顺子 4 名研究生组成。

1962 年培养出第一批毕业生,同年 5 月牟景林教授从苏联列宁格勒光机学院精密仪器系毕业回国来到哈工大,根据在苏联学习的教育模式及所带回来的科研项目,结合专业实际,与全国各钟表厂联合进行多项科研合作。

1971 年,经上级批准哈尔工业大学计时仪器专门化组建成"计时仪器"专业。同时成立计时仪器教研室,任命牟景林为教研室主任,教研室成员有沈工、王春林、蔺敬贤、黄恒林等人。

1973 年,根据轻工业部的建议,天津大学"计时仪器"专业和哈工大"计时仪器"专业,主要为全国钟表行业的企业、事业单位培养专门人才。

随着国民经济的发展,"计时仪器"专业面显得过窄,1983 年,根据原国家教委的指示,与天津大学一起,将专业改为"时间计控技术与仪器",专业内容除计时仪器外,还扩充到有关时间的测量和控制,除轻工业部外,还为航天部及石油制导等相关部门培养人才。

1984年，经国务院批准建立哈工大计时仪器学科硕士点。

1984年，杨乐民获优秀教师称号。

1986年，牟景林教授调离专业，由沈工教授担任教研室主任，林庄、王树范担任副主任；同年，钟表协会在张遐龄会长的倡导下，为鼓励学习好的同学和家庭困难的同学好好学习，特为哈尔滨工业大学和天津大学"计时仪器"专业的学生发放奖学金，奖学金共计发放10年，受益学生100人左右。1988年经国家有关部门批准，将专业进一步改为"电子精密机械"专业，专业内容扩展为从事机电一体化检测仪表的研究、计时仪器理论的研究、特种工艺的研究等，加强了专业的适应性。

多年来，国家领导人及相关专家对计时仪器学科发展非常重视，如国家领导人王震、世界著名物理学家杨振宁、老校长李昌、华侨工程师学会会长曾安生、世界著名数学家美籍华人陈省身教授、中国工业热物理学会总会理事长吴仲华教授、中国轻工业部轻工局张遐龄局长等国家领导人、知名专家、学者都曾来参观和指导实验室工作。

20世纪90年代后期，大量进口手表涌入中国市场，使中国手表工业受到极大冲击，不少手表加工制造企业纷纷减产或转产、停产。"计时仪器"专业人才的培养也随之逐渐萎缩，直至停止招生。

哈工大虽然停止招收"计时仪器"专业的学生，但仍在维持原有的学科和专业，实验仪器、设备和各种资料基本上完整地保留了下来。为了适应市场的需求和社会的发展，1995年，哈工大机电学院成立了计时仪器研究所，所长由牟景林教授担任，副所长由王晓溪高级工程师担任。教研室主任由王春林教授担任，王晓溪、朱宪德、岳斌担任副主任。

1996年开始将有关计时仪器的理论与实践作为哈工大的大学生选修课内容。几年来一直对全校学生开设"计时仪器原理与实验"等钟表专业的选修课，共有800余人选修了这门课程。被学校任命为"哈尔滨工业大学大学生科技创新试验中心"。

1996年年末，教研室主任由杨乐民教授担任，王晓溪、袁峰担任副主任。

1997年年末，牟景林教授回教研室担任主任，王晓溪、袁峰、王武义为教研室副主任。

1999年，根据国家教育部统一专业目录，哈工大"电子精密机械"专业合并到"机械电子工程"专业。

2000年，王晓溪、王春林老师加入"中国钟表标准化技术委员会"；王晓溪老师还加入"中国钟表协会"任理事；同时王晓溪老师还加入了"中国科学院计时仪器史学会"任理事；同年王晓溪老师接替牟景林老师任哈工大机电学院计时仪器研究所所长。

根据市场经济的需要，以及钟表行业的要求，2002年，"计时仪器"专业的部分教师委托王晓溪老师为代表提出申请，由邓宗全院长批复"与企业签约合办"，报时任主管副校长周玉批复，联合培养"机械设计制造及其自动化"专业（"计时仪器"专业模块方向）的合同书。从2000级学生招收一个班大四学年进行专业模块方向培养，毕业后由企业负责全面分配。与深圳钟表行业协会签约，于2002年恢复"计时仪器"专业方向，开始重新培养本科生和研究生，并成为中国高等院校唯一一所能培养钟表领域具有学士学位及硕士学位复合型高级人才的专业。任命"机电控制及其自动化系"张广玉主任兼教研室主任，王晓溪为常务主任负责全面工作，何维民为科研主任，姚智慧为教学主任。

与此同时，经中轻联人教部批准中国钟表协会职业教育培训中心在哈工大成立"哈工大培训部"。同年,"计时仪器"专业模块老师参加了国家钟表维修工标准制定工作。

2003年,"计时仪器"专业模块与深圳钟表行业协会签订联合培养"计时仪器"专业模块学生的合同,同时签约建立了"计时仪器"专业模块学生深圳实习基地。同年,王晓溪老师晋升为"中国钟表协会"常务理事。

2004年4月,哈工大计时仪器模块与中国钟表协会、深圳钟表行业协会、哈工大(深圳)研究生院成立"计时仪器"专业模块培训部,为钟表行业培养人才。同年,"计时仪器"专业模块老师主编的《计时仪器维修工(基础知识)》出版。

2005年,在烟台北极星钟表公司建立学生实习基地。"计时仪器"专业模块老师参加国家钟表装配工标准制定;同年,"计时仪器"专业模块老师主编的《计时仪器维修工(初、中、高级技能)》出版。

2006年,与杭州瑞表钟表连锁维修有限公司共建"哈工大-瑞表实验室"。

2006年,"计时仪器"专业模块王春林、何维民、姚智慧、王晓溪4位老师考察瑞士钟表学校,参观了瑞士洛桑工学院等4所院校,给后来的办学方向提供了相互交流的便捷条件。

2007年4月,与飞亚达(深圳)股份有限公司共建"计时仪器研究室",为推动"产学研"一体化促进企业进步,学校科技项目起到了积极作用。同年,"全国钟表外观培训班"在哈工大"计时仪器"专业模块举办。

2008年,在丹东表业公司建立大学生实习基地;同年,王晓溪、王春林老师受聘为劳动部职业技能鉴定专家。同时,"标准化技术联盟"成立,"计时仪器"专业模块成为理事单位。

2010年,哈工大3名教师与飞亚达集团领导去瑞士考察,同年,聘任深圳飞亚达(集团)有限公司副总经理李北研究员为哈工大兼职教授。同时,王晓溪老师受聘为"广东省、教育部、科技部、中国科学院企业科技特派员"。

2012年,国际标准化组织ISO TC114(钟表技术委员会)前主席Claude LAESSER先生(1999~2009年担任ISO TC114主席,兼任瑞士钟表标准化技术委员会主席),应邀于2012年1月9~10日光临哈工大进行钟表和标准化技术讲座,讲演题目为"地中海文明的时间认知和计时方式与技术的实现"。

2012年,"计时仪器"专业模块"产学研合作,人才培养的教学与实践"课题获得哈工大教学成果二等奖。

2013年,王晓溪、何维民、王春林参加在俄罗斯举办的钟表标准化技术联盟会议(其中王晓溪、何维民为中国钟表标准化技术委员会委员)。同年,王晓溪老师加入"中国钟表设计委员会"以及"中国钟表科学技术委员会"。

2013年,与企业合作完成的"建立产学研合作方式,实现人才培养的教学与实践"产学研课题获得黑龙江省教育厅教学成果二等奖。

2014年5月,与天王电子(深圳)有限公司共建计时技术研究所。

2015年7月,哈工大"计时仪器"专业牟景林、王春林、王晓溪老师被评为"钟表工业百年感动人物"。

2016年,哈工大"计时仪器"专业模块老师主审、主编的《计时仪器、仪表装配工》成稿、刊印。同年,中国轻工业联合会副会长陶小年视察"计时仪器"专业模块。

2018年,"中国轻工行业钟表与精密制造职业教育集团"成立计时仪器研究所。

2019年,依托计时仪器研究所成立"黑龙江省仪器仪表技术标准化委员会"。

第三节 机电控制及自动化系历届教职工队伍状况

一、机电控制及自动化系现职教职工简介

机电控制及自动化系现任职教职工简介见表3.1。

表3.1 机电控制及自动化系现任职教职工简介

序号	姓名	工作时间	学位	专业技术职务	行政职务	主要学术方向
1	赵学增	1982年	博士	教授 博士生导师		纳米尺度测量,汽车安全技术检测和发动机故障诊断
2	张广玉	1984年	博士	教授 博士生导师	校图书馆馆长	机电一体化技术与装备
3	陈维山	1989年	博士	教授 博士生导师		压电驱动理论与技术,仿生机器人理论与技术
4	谢涛	1990年	博士	教授 博士生导师		压电俘能技术,超声应用,航空航天仿真技术
5	侯珍秀	1982年	博士	教授 博士生导师		机电一体化技术,航天材料工程技术
6	王武义	1971年	博士	教授 博士生导师	系研究生副主任	光机电一体化技术,超声波应用技术
7	董惠娟	1997年	博士	教授 博士生导师	系本科生副主任	机电智能装备,功率超声技术

续表3.1

序号	姓名	工作时间	学位	专业技术职务	行政职务	主要学术方向
8	刘军考	2001年	博士	教授 博士生导师		压电驱动理论与技术,仿生机器人理论与技术
9	刘英想	2011年	博士	教授 博士生导师	系科研副主任	压电驱动理论与技术,仿生机器人理论与技术
10	李隆球	2010年	博士	教授 博士生导师	学科办副主任	功能微纳器件设计、制造与控制研究
11	彭高亮	2007年	博士	教授 博士生导师	系主任	特种机器人与车辆装备
12	王伟杰	1985年	博士	副教授		传感与测控技术
13	金天国	1991年	博士	副教授		数字化设计与制造
14	陈晓峰	1992年	硕士	副教授		医疗大数据技术,硅光子芯片制造技术
15	黄文涛	2001年	博士	副教授 博士生导师	教务处副处长	机械设备故障诊断
16	陈志刚	2002年	博士	副教授	党支部书记	机电一体化技术,智能制造
17	张旭堂	2002年	博士	副教授		数字化设计与制造技术
18	单小彪	2008年	博士	副教授 博士生导师		超声波振动拉丝,俘能技术,振动抑制技术
19	石胜君	2008年	博士	副教授		压电驱动理论与技术,仿生机器人理论与技术
20	宋文平	2013年	博士	副教授		微纳米力学及摩擦学,石油装备,机电一体化技术
21	潘昀路	2014年	博士	副教授	系本科生副主任	微纳功能表面
22	李天龙	2017年	博士	副教授		医用微纳机器人
23	金远强	1992年	博士	讲师		航天特殊材料加工技术,光纤测量技术

续表3.1

序号	姓名	工作时间	学位	专业技术职务	行政职务	主要学术方向
24	刘 勋	1996 年	博士	高级工程师		控制技术及应用
25	代礼周	1999 年	硕士	讲师		传感技术
26	陈 芳	2004 年	博士	讲师		电力传感技术
27	白相林	2005 年	博士	讲师		机器人技术应用
28	何 俊	2013 年	博士	工程师		基于人工智能的智能传感监测技术
29	佟明斯	2016 年	博士	讲师		表面形貌计量
30	李 锴	2018 年	博士	讲师		压电微流体喷射及主动润滑技术
31	周德开	2018 年	博士	讲师		微纳机器人和软体机器人
32	郝 壮	2019 年	博士	讲师		纳米生物传感,可穿戴柔性电子
33	常晓丛	2019 年	博士	讲师		微纳机器人

二、"机械电子工程"专业(原"精密仪器制造工程"专业)退休教职工简介

"机械电子工程"专业(原"精密仪器制造工程"专业)退休教职工简介见表3.2。

表 3.2 "机械电子工程"专业(原"精密仪器制造工程"专业)退休教职工简介

序号	姓名	工作时间	专业技术职务	备注
1	C. A. Mauopof 马依奥洛夫	1956—1958 年	苏联专家	1958 年回国后任列宁格勒精密机械与光学学校校长
2	吴锡友	1956—1974 年	教授	1974 年调天津大学
3	王世杰	1956—1990 年	教授 博士生导师	1990 年退休
4	吴永孝	1964—1992 年	教授 博士生导师	1992 年 8 月退休
5	赵维缓	1959—1996 年	教授	1996 年退休
6	曹天河	1960—1995 年	教授	1995 年退休
7	陈在礼	1961—2005 年	教授 博士生导师	2005 年退休
8	刘法权	1962—1988 年	副教授	1988 年病故
9	金长善	1964—1998 年	教授	1998 年退休
10	张其馨	1964—1998 年	教授	1998 年退休
11	王培江	1965—1993 年	副教授	1993 年离休

续表3.2

序号	姓名	工作时间	专业技术职务	备注
12	卢福基	1970—1995年	教授	1995年退休
13	王树范	1972—1994年	教授	1994年退休
14	侯国章	1974—2002年	副教授	2002年退休
15	刘文剑	1976—2014年	教授 博士生导师	2014年退休
16	马凤瑞	1974—1990年	副教授	1990年退休
17	姚智慧	1979—2015年	教授	2015年退休
18	罗建伟	1978—2010年	高级工程师	2010年退休
19	王玉胜	1978—2009年	高级工程师	2009年退休
20	吴坤范	1958—1985年	高级工程师	1985年退休
21	于凤鸣	1965—1996年	教辅	1996年退休
22	谷安利	1965—1991年	教辅	1991年退休
23	孙维令	1964—1981年	教辅	1981年退休
24	颜世权	1964—1998年	教辅	1998年退休
25	崔树桐	1957—1987年	教辅	1987年退休
26	马志平	1957—1987年	教辅	1987年退休
27	聂英华	1971—2004年	教辅	2004年退休
28	张林祥	1977—1999年	教辅	1999年退休
29	张玉芹	1974—1979年	教辅	1979年退休
30	彭声明	1972—1986年	教辅	1986年病故

三、曾在"机械电子工程"或"精密仪器制造工艺"专业工作过已调出教职工

曾在"机械电子工程"或"精密仪器制造工艺"专业工作过已调出教职工名单见附录五。

四、"电子精密机械"专业退休教职工简介

"电子精密机械"专业退休教职工简介见表3.3。

表3.3 电子精密机械专业退休教职工简介

序号	姓名	工作时间	专业技术职务	备注
1	蔺敬贤	1958—1989年	副教授	1989年退休
2	牟景林	1962—1997年	教授	1962年"苏联列宁格勒精密仪器光学原理计时仪器"专业毕业后回国 国务院津贴

续表3.3

序号	姓名	工作时间	专业技术职务	备注
3	黄恒林	1960—1997年	高级工程师	1997年退休
4	沈 工	1962—1997年	教授	1997年退休 国务院津贴
5	王春林	1964—2017年	教授	2001年退休,"计时仪器"专业 模块返聘至2017年 国务院津贴
6	杨乐民	1971—2006年	教授	2006年退休
7	孙玉芬	1972—1995年	高级工程师	1995年退休
8	翟春耕	1972—1997年	高级工程师	1997年退休
9	王树范	1972—1994年	教授	1994年退休
10	林 庄	1973—1994年	教授	1994年退休
11	王晓溪	1974—2017年	教授级 高级工程师	2017年退休
12	张清波	1974—2008年	高级技师	2008年退休
13	韩林生	1974—1986年	高级技师	1986年病退
14	朱宪德	1976—1998年	教授级 高级工程师	1998年退休 国务院津贴
15	王 艳	1977—2005年	副教授	2005年退休
16	龚振起	1978—2001年	教授	2001年退休
17	于启民	1978—1998年	副教授	1998年退休
18	王永嘉	1978—1998年	副教授	1998年退休
19	顾慧萍	1979—2007年	副教授	2007年退休
20	陈健翼	1984—2014年	高级工程师	2014年退休
21	何维民	2000—2017年	教授	2015年退休"计时仪器" 专业模块返聘至2017年

五、曾在"电子精密机械"专业(含原"计时仪器"专业)工作过已调离教职工

曾在"电子精密机械"专业(含原"计时仪器"专业)工作过已调离教职工名单见附录六。

第四节 现职骨干教师简介

现职骨干教师简介见表3.4。

表3.4 现职骨干教师简介

	赵学增,1961年生,工学博士,教授,博士生导师。原哈工大机电学院副院长。1989年聘为副教授,1994年聘为教授,1996年聘为博士生导师。中国计量测试协会"计量仪器"专业委员会委员,中国纳米标准化技术委员会委员。部级有突出贡献中青年专家、国务院政府特贴和省青年科技奖获得者、省优秀硕士论文获得者导师、国家百名做出突出贡献工程硕士获得者导师、省优秀教师、省研究生优秀导师、全国优秀博士学位论文提名奖导师。培养博士生44人(留学生3人),硕士生137人(留学生5人)。主持完成科研项目40余项,其中国家自然科学基金7项,获省部级科技进步奖8项,发表SCI论文80余篇、EI论文120余篇,出版学术专著3部。
	张广玉,1962年生,工学博士,教授,博士生导师。1984年、1992年、1995年于哈尔滨工业大学分别取得机械工程学士、硕士、博士学位。1984年参加工作,2001年评为教授。曾任机电控制及自动化系主任,现任哈尔滨工业大学图书馆馆长。承担国家"863"重点项目、国防"863"、国家自然科学基金、总装预研、国家"973"等各类纵横向科研课题50余项,培养博士生20多名、硕士生60多名,发表学术论文100余篇,申请国家发明专利80余项,主编《现代机械制造技术》教材1部,获黑龙江省技术发明奖一等奖1项、黑龙江省科技进步奖二等奖2项、国防科技进步奖2项、黑龙江省高等教育成果奖二等奖、美国机械工程学会"Best Paper Award"奖等。担任国家自然科学基金委员会评审专家、黑龙江省科技厅评审委员、广东省科技厅评审委员等学术职务。

续表3.4

陈维山,1965年生,工学博士,教授,博士生导师。1986年于哈尔滨工业大学"精密机械与仪器制造工程"专业获学士学位,1989年于哈尔滨工业大学精密机械与仪器制造工程学科获硕士学位,1997年于哈尔滨工业大学机电控制及自动化学科获博士学位。1999年被哈尔滨工业大学聘为教授、博士生导师。主讲本科生主干课一门,硕士研究生学位课一门。撰写超声电机方面的专著一部、编写教材一部。发表学术论文250余篇,其中SCI收录100余篇,EI收录150余篇。申请国家发明专利100余项,已获授权70余项。指导在读博士7人、在读硕士3人,指导已毕业博士20人、已毕业硕士81人。主要研究方向为压电驱动理论与技术、仿生机器人理论与技术等。曾获国家科技进步奖二等奖2项,国防科学技术奖一等奖1项、二等奖3项,国防科学技术进步奖一等奖1项,航天工业总公司科技进步奖一等奖1项、二等奖3项,黑龙江省科技发明二等奖1项;第二届上银优博铜奖导师奖、第四届中华优秀出版物图书提名奖;主持国家自然科学基金项目4项,作为机械系统负责人研制了多套具有国际先进水平的飞行器半实物仿真与测试装备。总装备部"921"工程交会对接任务交会对接复合方案专家组组员,机器人技术与系统国家重点实验室学术带头人,中国电子学会(CIE)会士,中国电子学会高级会员,《振动测试与诊断》期刊编委,《电子机械工程》期刊编委,中国电子学会电子机械分会理事。

谢涛,1965年生,工学博士,教授,博士生导师。1992年7月至1997年7月,任哈尔滨工业大学机电工程学院讲师;1997年7月至2003年9月任哈尔滨工业大学机电工程学院副教授;2003年9月至今,任哈尔滨工业大学机电工程学院教授、博士生导师,曾担任哈尔滨工业大学机电控制及自动化系党支部书记职务。从事压电俘能技术、超声应用和航空航天仿真装备的教学与科研工作,主持国家自然科学基金2项,省部级科研项目20余项;2001年获国家科学技术进步奖二等奖,2003年获国防科学技术进步奖二等奖,2004年获国防科学技术进步奖二等奖,2009年获国家科学技术进步奖二等奖,2011年获黑龙江省科学技术发明奖二等奖;发表科研论文50余篇,其中SCI收录15篇、EI收录30余篇。

续表3.4

侯珍秀,1958年生,博士,教授,博士生导师。为本、硕、博开设12门课程。主编教材1部、参编专著1部、参编教材2部、参编设计图册1套。"机械系统设计"课程于2002年获哈工大第五届"教学优秀奖一等奖",2002年获黑龙江省第七届自然科学技术学术成果奖一等奖(著作、教材类),2010年被评为省精品课。一直从事航天机电一体化技术和航天材料工程技术方面的研究及应用。完成科研项目10余项,包括省重点自然基金、省攻关项目、航天院所项目等。发表论文40余篇,其中30余篇被SCI、EI、ISTP收录,获高校科学技术进步奖二等奖1项。

王武义,1957年生,博士,教授,博士生导师。1982—1984年在哈尔滨第一工具厂担任助理工程师,1984—1995年在哈尔滨工业大学精密仪器系担任讲师,1995年晋升为副教授,并于2002—2008年在哈尔滨工业大学机电工程学院"机械电子工程"专业攻读博士学位,2009年被评为教授。多年来一直从事光机电一体化技术和超声波应用技术的研究,负责和参加科研项目30余项,包括国家自然科学基金、省攻关项目、总装预研项目、总装"921"工程项目等纵横向课题。近年来发表学术论文30余篇,已授权国家发明专利5项,获黑龙江省技术发明奖一等奖1项、省科技进步奖三等奖1项、省机械工业联合会科技奖1项、省高校科学技术奖三等奖1项。

董惠娟,1968年生,工学博士,教授,博士生导师。曾获黑龙江省科学技术进步奖二等奖2项,黑龙江省科学技术进步奖三等奖1项,黑龙江省高校科学技术奖一等奖1项;发表学术论文80余篇,其中SCI和EI检索60余篇;申请发明专利10余项;作为主编出版著作1部。作为项目负责人先后承担国家自然科学基金2项、国家科技支撑计划项目1项、"921"工程子项目1项、国家重点研发计划1项,以及企业横向课题数项。一直从事机电智能装备和功率超声技术方面的研究工作。指导硕士研究生48人,博士研究生6人。

续表3.4

刘军考,1973年生,工学博士,教授,博士生导师。1995年于哈尔滨工业大学"精密机械与仪器制造工程"专业获学士学位,2001年于哈尔滨工业大学"机械电子工程"专业获机电控制及自动化学科博士学位。2001年入职哈尔滨工业大学机电工程学院精密仪器系任讲师,2012年被哈尔滨工业大学聘为教授、博士生导师。主讲本科生主干课1门。发表学术论文50余篇,其中SCI收录20余篇,EI收录30余篇。申请国家发明专利近100余项,已获授权70余项。指导/协助指导已毕业博士7人,指导已毕业硕士20余人,指导/协助指导在读博士7人、在读硕士3人。主要研究方向为压电驱动理论与技术、仿生机器人理论与技术等。曾获国家科技进步奖二等奖1项,国防科学技术奖一等奖2项、二等奖4项。主持国家自然科学基金项目1项,作为机械系统负责人研制了多套具有国际先进水平的飞行器半实物仿真与测试装备。

刘英想,1982年生,工学博士,教授,博士生导师。2005年于哈尔滨工业大学"机械设计制造及其自动化"专业获学士学位,2007年于哈尔滨工业大学"机械电子工程"专业获硕士学位,2011年于哈尔滨工业大学"机械电子工程"专业获博士学位。2011年入职哈尔滨工业大学机电工程学院机电控制及自动化系任讲师,2013年入选哈尔滨工业大学青年拔尖人才破格晋升为教授,2013—2014年为加州大学伯克利分校国家公派访问学者,2015年任哈尔滨工业大学机电控制及自动化系副主任。国家自然科学基金优秀青年科学基金获得者、全国优秀博士论文获得者、哈尔滨工业大学青年科学家工作室负责人、机器人技术与系统国家重点实验室固定人员。讲授"仿生机器人与机器鱼""压电超声驱动技术"和"机电工程新技术"本科生课及"机电系统新技术概论"博士生课。指导/协助指导已毕业博士2人、已毕业硕士14人,指导/协助指导在读博士11人、在读硕士11人。主要研究方向为压电驱动理论与技术、仿生机器人理论与技术等;出版专著1部、发表学术论文150余篇(SCI论文80余篇,EI论文20余篇)、获得国家授权发明专利70余项。主持国家自然科学基金、霍英东基金等项目20余项;曾获黑龙江省高校科学技术奖(自然科学奖)一等奖1项、黑龙江省技术发明奖二等奖1项、第二届上银优博铜奖、第四届中华优秀出版物图书提名奖、国际会议论文奖及国内优秀论文奖等。

续表3.4

李隆球,1982年生,工学博士,教授,博士生导师。2005年于哈尔滨工业大学"机械设计制造及其自动化"专业获学士学位,2009年提前留校任助教,2008—2010年于美国加州大学圣地亚哥分校联合培养博士,2010年于哈尔滨工业大学航空宇航制造工程获博士学位并任讲师,2012年评为副教授,2014—2015年成为美国加州大学圣地亚哥分校博士后,2015年入选哈尔滨工业大学青年拔尖人才破格晋升为教授。现任哈尔滨工业大学学科办副主任,哈尔滨工业大学青年科学家工作室负责人。主要研究方向为微纳与软体机器人技术、超材料与智能制造技术、机电一体化技术与装备等;发表SCI论文60余篇,包括Advanced Science、Advanced Functional Materials、ACS Nano、Nano Letters等国际Top期刊,已获国家授权发明专利47项。主持或参与国家自然科学基金、国家科技重大专项、载人航天"921"工程、"嫦娥"探月工程等纵、横向课题40余项。获黑龙江省技术发明奖一等奖1项、科技进步奖二等奖2项,美国机械工程学会"The Best Paper Award"2项,载人航天学术大会"优秀论文奖"1项,2017年中国新锐科技"卓越影响奖"等。担任著名期刊Research与J Tribology,Trans ASME副主编,同时担任美国机械工程学会微纳系统分会委员、接触力学分会执行委员;中国微米纳米技术学会青年工作委员会委员,微纳执行器与微系统分会秘书长、理事,中国机械工程学会机器人分会委员,微纳米制造技术分会委员等学术职务。作为大会主席、分会主席组织ICMNM等多次国际学术会议。2016年入选中组部"万人计划"青年拔尖人才,2017年入选教育部"青年长江学者",2018年获得国家自然科学基金优秀青年科学基金支持。

彭高亮,1979年生,工学博士,教授,博士生导师。2001年于哈尔滨工业大学获工学学士学位,于2003年和2007年分别在哈尔滨工业大学"机械电子工程"专业和"航空宇航制造工程"专业获工学硕士和博士学位。自2007年8月就职于哈尔滨工业大学机电学院机电控制及自动化系。2013年5月年被评为博士生导师。先后担任哈尔滨工业大学机电控制及自动化系副主任、机电工程学院院长助理,现任机电控制及自动化系主任。主要研究方向为机器人、特种装备、新型机构及控制、智能监测等,获得了国家自然科学基金、国家"863"计划、国家04专项、第三批博士后特别资助、教育部博士点基金的支持,承担了30余项国防领域的预研课题和型号产品研制。近年来共发表学术论文70多篇,其中SCI来源期刊30余篇;申请国家发明专利22项,授权11项;获黑龙江省自然科学奖二等奖和科技进步奖二等奖各1项。

续表3.4

	王伟杰，1963年生，工学博士，副教授，现就职于哈尔滨工业大学"机电工程学院机电控制及自动化"专业，主要从事机电一体化技术、纳米测量技术和汽车检测专业方向的教学、科研工作，曾获国家科技进步奖三等奖1项，航天部科技进步奖一、二、三等奖各1项，黑龙江省科技进步奖三等奖1项，发表论文90余篇，指导本科生毕业设计80余名、硕士研究生72名。
	金天国，1968年生，工学博士，副教授。于1991年、1997年和2001年分别获哈尔滨工业大学机械电子工程学科工学学士、硕士和博士学位。主要从事计算机辅助设计、有限元分析、复合材料数字化制造方面的研究工作。曾从事与申请项目有关的主要研究方向包括：①计算机辅助产品设计，主要是基于CAD技术进行大型复杂产品的自动设计；②计算机辅助工艺规划技术，研究产品加工工艺、数控程序的自动生成与仿真；③复合材料RTM工艺CAPP系统研制；④复合材料热压罐成型工艺框架式模具设计等项目。主持国防科工委基础科研项目2项，国家自然基金项目1项，"973"项目子项2项，相关企业合作的项目多项。在国内学术期刊及国际会议上先后发表文章20余篇，其中SCI/EI检索20余篇。
	陈晓峰，1967年生，哈尔滨工业大学机电控制及自动化系副教授，1992年哈工大计算机专业工学硕士毕业。 主要研究方向：计算机信息管理系统；医疗信息化及医疗大数据系统；企业ERP；计算机测控系统；大型生产型企业CAD、CAM、PDM应用技术；硅光芯片应用技术。 主持省部级科研项目多项，先后在国内、国际期刊和会议发表论文20余篇。

续表3.4

	黄文涛，1974年生，工学博士，副教授，博士生导师。1994年考入哈尔滨工业大学"机械电子工程"专业学习，2004年7月博士毕业，2001年5月任哈尔滨工业大学机电控制及自动化系助教。曾任机电控制及自动化系副主任，现任实验室管理与教学条件保障处副处长。承担"传感技术"系列课程的本科、硕士研究生的教学，指导本科生、硕士和博士研究生，已经培养博士、硕士毕业生21名。主要科研方向为机械设备故障诊断理论与技术、机械系统建模与动态信号处理技术。作为项目负责人，主持完成国家自然科学基金、高校博士点基金等项目5项；出版学术专著1部。作为负责人，主持完成国家级教学研究项目3项、省级教学研究项目5项，获省级教学成果奖二等奖1项，校级教学成果奖一等奖、二等奖各2项，主编工信部规划教材1部，发表学术论文40余篇。
	陈志刚，1976年生，工学博士，副教授。1994年9月至1998年7月于哈尔滨工业大学"机械电子工程"专业获工学学士学位，1998年9月至2000年7月于哈尔滨工业大学"航空宇航制造工程"专业获工学硕士学位，2000年3月至2005年7月于哈尔滨工业大学"机电控制及自动化"学科获工学博士学位。2002年1月留校任哈尔滨工业大学机电控制及自动化系助教。现担任机电控制及自动化系副主任、党支部书记。承担机电系统控制基础、超声波技术及其应用、机电系统控制器与应用、机电一体化等本科、硕士课程。已培养硕士生17名。主要科研方向为机电一体化、智能制造、超声波技术及其应用研究。作为项目负责人完成校基金1项，"921"二期工程项目1项，航天院所、空军、海军用各种转台项目6项，空间飞行器设计总体部项目2项，科技部项目2项。发表论文30多篇，申请国家发明专利7项，出版专著1部，获黑龙江省科技进步奖2项。
	张旭堂，1975年生，工学博士，副教授。于1998年、2000年和2005年分别获哈尔滨工业大学机械电子工程学科工学学士、硕士和博士学位。于2001年留校在机械电子工程教研室任助教，2014年聘为副教授，先后承担"制造业信息化技术""机电产品现代设计方法""智能制造系统概论"等课程教学工作，先后指导硕士研究生6名。主要从事计算机辅助设计、三维图形模型检索方面的研究工作。2006—2009年在哈尔滨工业大学计算机学院生物计算中心进行博士后研究，从事流形学习、特征提取及其在三维图形检索中应用方面的工作。主要研究方向包括计算机辅助产品设计、计算机辅助工艺规划技术、计算机三维视觉和三维重建技术。主持国家自然基金项目1项，参与国防科工委基础科研项目2项、国家自然基金项目和教育部博士点基金各1项及相关企业合作的项目多项。发表学术论文50余篇。

续表3.4

单小彪,1977年生,副教授,博士生导师。主要从事仿生机器人理论与技术、智能装备、机电一体化技术、抑振技术、振动减阻技术等方面的研究。主持国家重点研发计划项目1项、国家自然科学基金项目3项、黑龙江省自然科学基金面上项目1项、中国博士后科学基金项目1项、黑龙江省博士后科学基金项目1项;参与国家自然科学基金面上项目2项、中国航天科工集团的横向科研项目10余项,负责设计的多自由度仿真转台和负载模拟器等装备均已交付并服役于多部门。发表学术论文50余篇,其中SCI收录论文38篇;出版学术专著2部;获得授权国家发明专利4项;获得黑龙江省科学技术发明奖二等奖1项,黑龙江省自然科学技术学术成果奖三等奖1项(排第2),哈尔滨市自然科学技术学术成果奖三等奖1项(排第2)。担任多个期刊、基金或机构的评审专家。

石胜君,1974年生,工学博士,副教授,硕士生导师。1997年于西北工业大学"飞行器制造工程"专业获学士学位,2003于哈尔滨工业大学"机械设计及理论"专业获硕士学位,2007年于哈尔滨工业大学"机械电子工程"专业获博士学位。1997—2001年入职哈尔滨飞机制造公司民品设计研究所任设计员,2008年入职哈尔滨工业大学机电工程学院机电控制及自动化系任讲师,2013起任副教授,2016—2017年为美国宾夕法尼亚州州立大学国家公派访问学者。讲授"机电控制技术""机电伺服系统设计"和"机电系统控制基础"本科生课程。协助指导已毕业博士2人,指导已毕业硕士5人,协助指导在读博士2人。主要研究方向为压电驱动理论与技术、仿生机器人理论与技术等。出版专著1部;发表学术论文40余篇,其中SCI论文20余篇;获得国家授权发明专利20余项。主持国家自然科学基金2项,参加3项;曾获黑龙江省高等学校科学技术奖一等奖(自然科学奖)1项、黑龙江省技术发明奖二等奖1项、第四届中华优秀出版物图书提名奖。

宋文平,1985年生,博士,副教授,硕士生导师,美国摩擦学者与润滑工程师协会(STLE)会员,美国机械工程师协会(ASME)会员。2010年7月至2012年7月获CSC资助于美国加州大学圣地亚哥分校进行联合培养博士学习,2013年1月获哈尔滨工业大学"机械电子工程"专业博士学位,2011年9月起留校任教,2015年被评为硕士生导师。主要从事微纳米力学及摩擦学、石油装备机电一体化技术等方向研究工作。先后主持承担国家自然科学基金、中国国家博士后基金面上项目、黑龙江省博士后基金面上项目等纵横向课题20余项。在国内外著名刊物及国际学术会议发表学术论文50余篇,其中SCI源期刊论文20余篇,第一、二作者SCI论文16篇,EI检索32篇(含双检);申请国家发明专利58项,其中已授权发明专利24项;获黑龙江省技术发明奖一等奖1项、科技进步奖二等奖2项、ASME信息存储分会"优秀研究生奖"等。

续表3.4

潘昀路,1985年生,工学博士,教授,硕士生导师。2004年考入哈尔滨工业大学"测控技术与仪器"专业,2008年本科毕业后考取"自动化测试与控制"专业研究生,2010年硕士毕业后继续在机电控制及自动化学科攻读博士学位,期间于2010—2012年赴美国俄亥俄州立大学联合培养,回国后于2014年获得博士学位并留校任教。主要科研方向为微纳米测试与表征,基于功能表面的油水分离,生物传感技术的研究。作为项目负责人完成国家自然科学基金青年基金1项,截至2019年,发表SCI检索期刊文章40余篇,其中ESI高被引论文1篇。

李天龙,1988年生,工学博士,副教授。2017年1月获哈尔滨工业大学"机械电子工程"专业博士学位。博士期间曾在美国加州大学圣迭戈分校纳米工程系Joseph Wang课题组学习交流2年。曾获哈尔滨工业大学优秀博士学位论文、黑龙江省技术发明奖一等奖及黑龙江省科技进步奖二等奖等。主要从事自驱动微纳米机器的智能化控制研究。目前主持国家自然基金等项目,已在Nano Letters、ACS Nano、Advanced Functional Materials等学术期刊发表论文30余篇。

金远强,1966年生,工学博士,博士后,讲师,曾在俄罗斯圣彼得堡国立技术大学研修2年。独立讲授"机器人技术基础"和"光电技术基础及应用"两门本科生课程。主持并参与科研20余项,其中863项目2项,获省部级科技进步奖2项,发表学术论文20余篇,出版学术专著2部。

续表3.4

	**白相林**,1970年生,工学博士,讲师。中国人工智能产业创新联盟专家委员会委员,《人工智能》杂志编委会专家,工信部智能制造专家库专家。主持完成科研项目10余项,参与国家自然科学基金3项,获黑龙江省科学技术奖一等奖1项,获教育部技术进步奖1项,发表论文10余篇。
	**何俊**,1981年生,工学博士,机电控制及自动化系教师。美国光学学会SPIE会员,黑龙江省技术创新方法研究会成员。主要研究方向为基于人工智能的智能传感监测技术,研究内容包括光纤光栅传感与解调技术、基于布里渊散射(BOTDR)和基于拉曼散射(ROTDR)的分布式传感技术、多传感器信息融合技术、机器人全寿命周期"健康"监测与管理系统和智能制造装备等。多项成果成功应用在大型多自由度折展机构、石油领域井下关键参数监测系统和高压特高压输电线舞动关键参数监测系统等多个领域行业。已发表核心及以上文章40篇,获国家发明专利9项,出版专著1部。在研及完成横纵向各类项目25项,其中国家自然科学基金3项,获省部级奖3项。
	**佟明斯**,1986年生,工学博士,讲师,硕士生导师。2012—2015年在美国国家标准技术研究院联合培养,2016年获得首届中国博士后创新人才支持计划资助,2017年留校任教,开展机器视觉及表面形貌计量方向的研究。协助培养硕士研究生3人、博士研究生2人。承担国家自然科学基金等科研课题5项,发表SCI论文19篇。

续表3.4

	李锴,1988年生,工学博士,硕士生导师。2018年9月至今任讲师。主持科研项目4项,其中国家自然科学基金青年基金1项,发表SCI论文20余篇,授权国家发明专利6项。
	周德开,1989年生,哈尔滨工业大学师资博士后,讲师,硕士生导师。2018年获得哈尔滨工业大学工学博士学位并留校工作,曾赴美国滨州州立大学进行为期2年的联合培养。主持国家自然科学基金青年基金等纵横向课题,发表SCI学术论文近20篇,其中ESI高被引论文1篇;获授权国家发明专利20余项;获黑龙江省技术发明奖一等奖1项、科技进步奖二等奖1项。获得2018年中国博士后创新人才支持计划等荣誉。
	郝壮,1989年生,工学博士,哈尔滨工业大学机电工程学院讲师。2015年10月至2017年11月公派至美国哥伦比亚大学进行联合培养。2019年7月留校任教,2020年6月入选人社部"博新计划"。主持中国博士后面上基金、黑龙江省博士后面上基金等其他纵向课题基金4项。在Advanced Functional Materials、Biosensors & Bioelectronics、ACS applied materials & interface 和 ACS Sensors 等期刊发表SCI论文15篇(9篇中科院一区,5篇影响因子大于10),EI及国际会议论文7篇,申请国家发明专利2项。

续表3.4

常晓丛,1988年生,工学博士,2019年11月聘为哈尔滨工业大学机电工程学院师资博士后(讲师)。ASME最佳论文奖"The Best Paper"获得者,"杰瑞杯"第五届中国研究生石油装备创新设计大赛一等奖获得者,省优秀毕业生获得者。主持中国博士后面上基金1项,作为主要参与人完成国家自然科学基金面上项目以及机器人技术与系统国家重点实验室基金各1项,在研国家自然科学基金面上项目1项。目前已发表学术论文13篇,其中SCI论文10篇,第一(共一)作者SCI论文6篇,第一作者EI论文3篇。影响因子>8的论文5篇,引用频次>20次的论文5篇,*Nature*子刊亮点报道1篇,封面论文1篇。

第五节 机电控制及自动化系教师聚会、参加会议、出国访问照片

机电控制及自动化系教师聚会、参加会议、出国访问照片见附录八。

第四章 机电控制及自动化系主要教学与科研成果

机电控制及自动化系一直在教学、科研方面成绩突出,取得了一系列成果。获国家级优秀教学成果奖一等奖2项、二等奖1项,省部级优秀教学成果奖一等奖2项、二等奖5项,编写教材30多部,获省部级以上优秀教材4部。

获国家科技进步奖一等奖2项、二等奖7项、三等奖4项,省部级科技进步奖一等奖6项、二等奖16项、三等奖17项,市级科技成果奖二等奖1项。

第一节 机电控制及自动化系教学成果

一、教材建设成果

多年出版教材30多部。主要教材见表4.1。

表4.1 主要教材

序号	教材名称	主编	参编	出版社	出版时间
1	钟表及仪器生产中机械自动化机构设计图例	杨乐民	曹天河、赵维缓	轻工业出版社	1982年
2	电子计时仪表原理(上册)	王春林	沈工、黄恒林等	轻工业出版社	1981年
3	电子计时仪器原理(下册)	王春林	沈工、黄恒林等	轻工业出版社	1987年
4	计时仪器制造工艺学	牟景林 龚振起		轻工业出版社	1989年
5	工业机器人设计与应用	刘文剑	罗建伟、荣涵锐	黑龙江科学技术出版社	1990年
6	夹具工程师手册	刘文剑	曹天河、赵维缓	黑龙江科学技术出版社	1992年
7	电子精密机械制造工艺学	杨乐民 龚振起		哈尔滨工业大学出版社	1993年
8	计算机集成制造系统导论	刘文剑	常伟、柏合民、李立毅	哈尔滨工业大学出版社	1994年
9	机电系统计算机控制	陈维山 赵 杰		哈尔滨工业大学出版社	1999年
10	CAD/CAM集成技术	刘文剑	金天国、柏合民、常伟	哈尔滨工业大学出版社	2000年
11	机械系统设计	侯珍秀		哈尔滨工业大学出版社	2002年

续表4.1

序号	教材名称	主编	参编	出版社	出版时间
12	机械制造技术	姚智慧	张广玉、侯珍秀、赵维缓	哈尔滨工业大学出版社	2002年
13	现代制造业信息化技术	刘文剑	金天国、张旭堂、刘博	高等教育出版社	2006年
14	误差原理与数据处理	王武义	徐定杰、陈志刚	哈尔滨工业大学出版社	2007年
15	现代机械制造技术	姚智慧	张广玉、侯珍秀、赵维缓	哈尔滨工业大学出版社	2009年
16	纵弯模态压电金属复合梁式超声电机	陈维山	刘英想、石胜君	哈尔滨工业大学出版社	2011年
17	中国计时仪器通史（近现代卷）		王晓溪	安徽教育出版社	2011年
18	机电系统控制基础	董惠娟	彭高亮、石胜君	哈尔滨工业大学出版社	2018年

其中，《机械系统设计》是"十一五"国家级规划教材，获哈尔滨工业大学第五届教学优秀一等奖，2002年获黑龙江省第七届自然科学技术学术成果奖一等奖（著作教材类）。《CAD/CAM集成技术》于2001年获首届国防科技工业优秀图书奖。《夹具工程师手册》于1996年获黑龙江省教委优秀教材二等奖。《电子计时仪表原理》获国家教育部教材编写二等奖。

二、荣誉称号与教学成果

近年来获荣誉称号和教学成果30多项。主要荣誉称号和教学成果见表4.2。

表4.2　主要荣誉称号和教学成果

序号	时间	荣誉称号和教学成果名称	获奖人员名单	颁发单位
1	1981年	黑龙江省高等学校优秀教师	刘文剑	黑龙江省人民政府
2	1984年	黑龙江省优秀教师	卢福基	黑龙江省人民政府
3	1984年	黑龙江省优秀教师	杨乐民	黑龙江省人民政府
4	1988年	哈尔滨市教书育人先进教师	卢福基	哈尔滨市教育工会
5	1990年	国家政府特殊津贴	牟景林	中华人民共和国国务院
6	1991年	国家政府特殊津贴	沈工	中华人民共和国国务院
7	1993年	国家政府特殊津贴	王春林	中华人民共和国国务院
8	1993年	国家政府特殊津贴	赵学增	中华人民共和国国务院
9	1993年	林业部有突出贡献的中青年专家	赵学增	中华人民共和国林业部
10	1993年	省优秀教育工作者	刘文剑	黑龙江省人事厅、教育委员会
11	1994年	国家政府特殊津贴	朱宪德	中华人民共和国国务院
12	1995年	《一流高校教师队伍建设的实践与探索》获省优秀教学成果奖一等奖	刘文剑等	黑龙江省教育委员会

续表4.2

序号	时间	荣誉称号和教学成果名称	获奖人员名单	颁发单位
13	1996年	《夹具工程师手册》获省优秀教材二等奖	刘文剑、曹天河等	黑龙江省教育委员会
14	1997年	《教学机器人演示系统》获黑龙江省优秀教学成果奖二等奖	刘文剑、李立毅、金天国等	黑龙江省教育委员会
15	1988年	《电子计时仪器原理(上)》国家教育部教材编写二等奖	王春林等	国家教育委员会
16	1998年	第四届哈尔滨市青年科技奖	赵学增	哈尔滨市科学技术工业委员会
17	1999年	国家政府特殊津贴	刘文剑	中华人民共和国国务院
18	1999年	黑龙江省有突出贡献的优秀中青年专家	刘文剑	中国共产党黑龙江省委员会、黑龙江省人民政府
19	2001年	《CAD/CAM集成技术》获首届国防科技工业优秀图书奖	刘文剑、常伟、金天国、柏合民	国防科学技术工业委员会
20	2002年	《机械系统设计》获黑龙江省第七届自然科学技术学术成果奖一等奖（著作、教材类）	侯珍秀	黑龙江省教育委员会
21	2004年	《两年制硕士生培养的实践研究》	赵学增、黄文涛、王武义等	哈尔滨工业大学
22	2012年	《产学研合作人才培养的教学与实践》获哈尔滨工业大学教学成果奖二等奖	王晓溪、何维民、宋宝玉、张广玉、李北	哈尔滨工业大学
23	2012年	《纵弯模态超声电机理论与实践研究》获哈工大十四届优秀博士论文、第二届上银优秀机械博士论文铜奖	刘英想（指导教师：陈维山）	哈尔滨工业大学
24	2013年	《建立产学研合作方式,实现人才培养的教育与实践》获黑龙江省高等教育教学成果奖二等奖	王晓溪、何维民、张广玉、李北、陈健翼	黑龙江省教育厅
25	2014年	硕士研究生培养模式改革实践	丁雪梅、甄良、赵学增	国家研究生教育成果奖一等奖
26	2016年	高校自主选拔生源的公平公正和科学性研究与实践——以哈工大结构化面试为例	甄良、赵学增	国家研究生教育成果奖二等奖

第二节 机电控制及自动化系主要科研成果

一、20 世纪代表性科研项目与成果

多年来,先后承担了国家自然基金项目 1 项,省部级科研项目 33 项,其中获国家科技奖 4 项,获省部级科技奖 31 项。发表学术论文 30 多篇,其中 EI 论文 20 多篇。见表 4.3。

表 4.3 20 世纪代表性科研项目与成果

序号	时间	项目名称	负责人	主要参加人员	项目种类或获奖情况
1	1978 年	机械手表统一机芯设计	牟景林	蔺敬贤、王春林等	全国科学技术工作中做出突出贡献奖
2	1979 年	表用步进电机理论和提高效率的研究	王春林	沈 工、黄恒林等	黑龙江省科技成果奖三等奖
3	1982 年	体育馆、场电子记分计时显示设备	沈 工	竺培国、王魁业等	电子工业部科技进步奖一等奖
4	1983 年	整体石英挠性摆片制造工艺	杨乐民		国防科学技术奖二等奖
5	1985 年	援外体育场大型电子显示设备	沈 工	竺培国、王魁业、于啟民等	国家科学技术进步奖三等奖
6	1987 年	木质材料表面粗糙度测试仪	赵学增		林业部科学技术进步奖三等奖
7	1988 年	BD-1100 型手表用步进电机,HFD 指针式石英电子表	王春林	黄恒林、孙玉芬等	安徽省科学技术进步奖四等奖
8	1989 年	皖 Q/QB85-87BD-1100 型手表用步进电动机	王春林	黄恒林、孙玉芬等	安徽省重大科学技术研究成果奖
9	1989 年	HFD1 型指针式石英电子表	王春林	黄恒林、孙玉芬等	安徽省重大科学技术研究成果奖
10	1989 年	电脑小型精密工作台	姚智慧		航空航天工业部科技进步奖三等奖
11	1990 年	高温精密陶瓷复合加工工艺的研究	杨乐民	王晓溪、袁峰等	航空航天工业部科技进步奖二等奖
12	1990 年	WLI 型连续运针石英钟	黄恒林	王春林、于啟民等	航空航天工业部科技进步奖二等奖
13	1990 年	织针尺寸和针舌拉力测量	姚智慧		航空航天工业部科技进步奖三等奖

续表4.3

序号	时间	项目名称	负责人	主要参加人员	项目种类或获奖情况
14	1990年	片梭的研制	姚智慧		航空航天工业部科技进步奖二等奖
15	1990年	ALCS-801型汽车安全技术检测线微机控制系统	赵学增		林业部科学技术进步奖三等奖
16	1990年	ZZY-51型汽车轴重仪	赵学增		黑龙江省科学技术进步奖三等奖
17	1992年	CH-51型汽车测滑仪	赵学增	王伟杰	黑龙江省科学技术进步奖三等奖
18	1992年	木质材料表面粗糙度视觉检测理论的研究	赵学增		国家自然科学基金青年基金
19	1993年	ZZY-512型汽车轮重仪	赵学增	王伟杰	林业部科学技术进步奖三等奖
20	1994年	机器人双足步行技术	谢涛		航天工业总公司科学技术进步奖三等奖
21	1995年	激光全息焊点检测仪	陈在礼	陈维山、谢涛	航天工业总公司科学技术进步奖二等奖
22	1995年	米激光万能测长机及管理系统	王伟杰		航天工业总公司科学技术进步奖二等奖
23	1996年	石油钻井磁力照相测斜仪	张今瑜	王晓溪、陈健翼	国家教委科学技术进步奖二等奖
24	1996年	DZX-CX超小径单点照像测斜仪	沈工	王晓溪、陈健翼	航天工业总公司科学技术进步奖三等奖
25	1996年	组合夹具设计半智能化系统	刘文剑	彭高亮、李振明、金天国、张旭堂	航天工业总公司科学技术进步奖二等奖
26	1996年	利用外装式扭矩传感器在线监测刀具破损	刘文剑	柏合民、金天国	航天工业总公司科学技术进步奖三等奖
27	1996年	FMS故障诊断专家系统	刘文剑	金天国、张旭堂	航天工业总公司科学技术进步奖三等奖
28	1996年	导引头专用测试转台	陈在礼	陈维山	航天工业总公司科学技术进步奖二等奖
29	1996年	大型圆柱度仪	王伟杰		航天工业总公司科学技术进步奖一等奖
30	1997年	大型圆柱度仪	王伟杰		国家科学技术进步奖三等奖
31	1997年	应用误差分离技术提高泰勒73圆柱度仪进度的装置与系统	王伟杰		航天工业总公司科学技术进步奖三等奖
32	1997年	高频响小负载单轴转台系统	陈在礼	陈维山	部级科学技术进步奖二等奖

续表4.3

序号	时间	项目名称	负责人	主要参加人员	项目种类或获奖情况
33	1997年	DD-1型电导测量仪	赵学增		林业部科学技术进步奖三等奖
34	1998年	红外成像导引头测试转台	陈在礼	陈维山、谢涛	航天工业总公司科学技术进步奖一等奖
35	1998年	全自动汽车综合性能检测线微机控制系统	赵学增	王伟杰	黑龙江省科学技术进步奖三等奖
36	1999年	半智能化CAPP系统技术研究	刘文剑	金天国、张旭堂、彭高亮	国防科学技术奖三等奖
37	1999年	汽车发动机综合性能检测及故障诊断理论的研究	赵学增		教育部博士点基金

二、21世纪代表性科研项目与成果

多年来撰写科技论文868篇。先后完成并鉴定项目118项，其中获省部级一等奖1项、二等奖10项、三等奖14项，科研经费近3 300万元。突出成果见表4.4和表4.5。

表4.4　21世纪代表性突出科研项目

序号	时间	负责人	项目名称	项目种类
1	2000年	赵学增	驾驶适应性检测理论及应用技术的研究	哈尔滨市学科后备带头人基金
2	2001年	赵学增	基于网络技术的机动车安全检测技术的研究	哈尔滨市科技攻关项目
3	2001年	代礼周 赵学增	实时智能视觉传感器关键技术研究	市自然科学基金
4	2001年	赵学增	聚丙烯包装带热合机机器人的研制	大庆石化公司
5	2001年	赵学增	SH-A型聚丙烯包装带热合机机器人	大庆石化公司
6	2002年	陈维山	基于超声波微驱动的智能低速平滑技术研究	国家自然科学基金
7	2002年	代礼周 赵学增	压缩空气发动机关键技术的研究	黑龙江省自然科学基金
8	2003年	董惠娟	复合材料界面的超声表面改性技术的研究	哈尔滨市科学研究基金
9	2003年	赵学增	脱盐水仪表车间控制系统更新	大庆石化公司
10	2004年	赵学增	基于AFM的纳米尺度线宽计量技术研究	教育部留学回国人员科研启动基金
11	2005年	王晓溪	多功能刻刀	国家应用新型专利
12	2005年	姚智慧	激光对抗仿真系统	国防科学技术奖二等奖
13	2005年	赵学增	油田分层注水恒流堵塞器的研制	黑龙江省攻关

续表4.4

序号	时间	负责人	项目名称	项目种类
14	2006年	赵学增	变压器油中溶解气体在线检测装置	国家电网公司
15	2006年	张广玉	原油超声电磁复合防蜡机理及相关技术研究	国家自然科学基金
16	2007年	赵学增	基于气体检测变压器绝缘性在线监测系统	沈阳超高压局
17	2007年	黄文涛	面向不完备信息的智能故障诊断知识获取技术	中国博士后科学基金
18	2008年	刘文剑	水平井牵引机器人研制	国家"863"计划
19	2009年	王晓溪	一种机械机芯旋转擒纵机构支架	国家发明专利
20	2009年	陈维山	由单一压电/金属复合弹性体实现多点独立可控驱动的超声致动机构的研究	国家自然科学基金
21	2009年	陈芳	电阻分压电压传感器	国家电网国网电科院
22	2009年	黄文涛	面向不完备信息的故障诊断知识获取的流向图方法	教育部博士点新教师基金
23	2009年	黄文涛	不完备信息下智能故障诊断知识表示及获取技术研究	黑龙江省博士后科学基金
24	2009年	单小彪	钢丝滚道球轴承的接触疲劳、磨损及点蚀机理研究	国家自然科学基金
25	2009年	单小彪	钢丝滚道球轴承的接触疲劳、磨损及点蚀机理研究	黑龙江省自然科学基金
26	2010年	石胜君	鲹科鱼类游动中的被动动力效应研究	国家自然科学基金
27	2010年	单小彪	钛及钛合金等难拉拔材料的超声波振动拉丝技术研究	中国博士后科学基金
28	2010年	单小彪	钛及钛合金等难拉拔材料的超声波振动拉丝相关技术研究	黑龙江省博士后科学基金
29	2010年	谢涛	面向环境振动的宽频压电俘能技术研究	国家自然科学基金
30	2010年	董惠娟	基于多场耦合效应的油水井套管全寿命分布式光纤在线健康监测	国家自然科学基金
31	2011年	张旭堂	三维CAD模型的多层次局部匹配和形状索引方法研究	国家自然科学基金
32	2011年	刘军考	航天器脉动声压供油补充润滑的理论与实验研究	国家自然科学基金
33	2011年	李隆球	热控飞高磁头与图案化介质盘面的瞬态接触行为及退磁机理	国家自然科学基金
34	2011年	李隆球	薄膜型光子晶体的制备及力学性能研究	黑龙江省博士后科学基金
35	2011年	张广玉	生物医用纳米马达制备和运动机理及控制方法研究	国家自然科学基金
36	2012年	王晓溪	高精度多功能机械手表机芯制造技术及应用	深圳市科技进步奖二等奖
37	2012年	王晓溪	钟表精密零部件上表面功能涂层技术的应用	中国有色金属工业科学技术奖二等奖

续表4.4

序号	时间	负责人	项目名称	项目种类
38	2012年	陈志刚	弱撞击试验台用二维转台研制	航天部
39	2012年	刘英想	复合弯振压电超声驱动器换能机制的研究	国家自然科学基金
40	2012年	黄文涛	不完备信息下基于流向图的诊断知识获取理论与方法	国家自然科学基金
41	2012年	李隆球	自驱动纳米马达运动机理及控制规律研究	中国博士后科学基金
42	2013年	王晓溪	高精度多功能机械手表机芯制造技术及应用	中国轻工业联合获科学技术奖一等奖
43	2013年	单小彪	钛及钛合金丝的复合超声波振动拉拔机理研究	黑龙江省博士后科研启动基金
44	2014年	王晓溪	高精度多功能机械手表机芯制造技术及应用	广东省科学技术进步奖二等奖
45	2014年	陈维山	基于压电谐振换能的自致动空间伺服机构的研究	国家自然科学基金
46	2014年	宋文平	磁头/图案化介质磁盘界面润滑剂迁移机理及控制方法研究	国家自然科学基金
47	2015年	宋文平	非均质油藏聚驱分层配注工艺优化及控制方法研究	中国博士后基金
48	2015年	陈志刚	垂直系统分离试验台研制	北京空间飞行器总体设计部
49	2015年	陈志刚	垂直系统分离试验台	北京空间飞行器总体设计部
50	2015年	刘英想	基于双模式叠加的跨尺度压电驱动技术的研究	国家自然科学基金
51	2015年	潘昀路	空间磁场及其与电场耦合对微纳尺度下边界滑移和流体阻力影响规律的研究	国家自然科学基金
52	2015年	赵学增	微纳尺度下固液界面流体阻力多因素耦合影响机理及规律的研究	国家自然科学基金面上项目
53	2015年	单小彪	面向钛及钛合金的复合模态超声波振动拉丝技术及机理研究	国家自然科学基金
54	2015年	张广玉	区域油藏聚驱配注系统多工况耦合流动机制与粘损机理及分层调配技术研究	国家自然科学基金
55	2016年	石胜君	服役于深海环境的谐振式压电驱动器形态创构及多40场耦合	国家自然科学基金
56	2016年	彭高亮	云梯式自动折展天线系统	某部门项目
57	2016年	潘昀路	纳米尺度下AFM测量边界滑移的影响因素及不确定度分析	中国博士后基金
58	2016年	谢涛	面向低速水流的复合流激振动压电俘能机理与方法研究	国家自然科学基金

续表4.4

序号	时间	负责人	项目名称	项目种类
59	2016年	李隆球	热辅助磁存储纳米间隙磁头/盘界面多工况耦合传热机制与热损伤机理	国家自然科学基金
60	2017年	董惠娟	多场耦合作用下液滴的超声驻波悬浮及运动机理研究	国家自然科学基金
61	2017年	刘英想	压电驱动理论与技术	国家自然科学基金
62	2017年	彭高亮	手风琴式自动折展天线系统	某部门项目
63	2017年	佟明斯	基于三维形貌的弹痕识别技术研究	中国博士后创新人才支持计划
64	2017年	佟明斯	痕迹检验中剪切截面的频谱分析与形貌特征识别技术的研究	国家自然科学基金
65	2017年	李隆球	基于光固化的复杂结构宏/微跨尺度3D打印技术研究	黑龙江省博士后科研启动基金
66	2017年	赵学增	基于纳米结构薄膜涂层润湿性的油水分离装置的研发	哈尔滨市科技局
67	2018年	宋文平	基于超声空化的重油改质机理与实验研究	黑龙江省博士后科研启动基金
68	2018年	刘英想	纤维卷绕型柔性人工肌肉大变形致动与多功能复合机制研究	国家自然科学基金
69	2018年	彭高亮	大型雷达天线自动对接系统	某部门项目
70	2018年	张广玉	基于光声效应的微纳马达驱动检测一体化耦合机理及关键技术研究	国家自然科学基金
71	2018年	李隆球	微纳结构设计与控制	国家自然科学基金
72	2018年	单小彪	小型翼型飞行器的气动弹性振动俘能与抑振方法研究	国家自然科学基金
73	2019年	李 锴	基于压电精密致动的金属热熔3D打印关键技术研究	黑龙江省自然科学基金
74	2019年	陈维山	基于压电致动的轴系综合误差补偿及状态主动控制原理及关键技术研究	国家自然科学基金
75	2019年	刘军考	面向空间大尺度精密调姿的压电直驱关键技术研究	国家自然科学基金
76	2019年	刘英想	多自由度大行程微纳操控机器人关键技术研究	国家自然科学基金
77	2019年	李 锴	基于压电驱动的高温大粘度微液滴按需精准喷射关键技术研究	国家自然科学基金
78	2019年	周德开	面向地层复杂微纳孔隙环境的油藏采样微纳马达运动机理研究	国家自然科学基金

表 4.5　21 世纪代表性突出成果

序号	时间	项目名称	负责人	主要参加人员	获奖情况
1	2001 年	电动仿真测试转台系统技术	陈在礼	陈维山、谢涛	国家科学技术进步奖二等奖
2	2002 年	便携式多功能超声加工机的研究	张广玉	董惠娟	黑龙江省科学技术奖三等奖
3	2003 年	大负载高性能电动仿真测试转台	陈在礼	陈维山、谢涛	国家国防科学技术奖二等奖
4	2004 年	高性能电动负载力矩模拟器	陈在礼	陈维山、谢涛	国家国防科学技术奖二等奖
5	2005 年	激光对抗仿真系统	姚智慧		国家国防科学技术奖二等奖
6	2006 年	下视光学景象匹配制导（SMGS）仿真系统	陈维山		国家国防科学技术奖一等奖
7	2009 年	高性能飞行运动仿真装备关键技术	谢　涛		国家科学技术进步奖二等奖
8	2011 年	纵弯模态压电金属复合梁超声电机	陈维山	刘英想	黑龙江省科学技术奖二等奖
9	2011 年	空间＊＊＊相机	张广玉		国防科学技术进步奖一等奖
10	2012 年	原油超声电磁复合防蜡技术	张广玉	董惠娟	黑龙江省科学技术奖二等奖
11	2013 年	空间＊＊＊试验台	张广玉		国防技术发明奖三等奖
12	2014 年	电力线路电容补偿无功电流融冰方法及融冰装置	赵学增		黑龙江省科学技术奖三等奖（技术发明类）
13	2016 年	聚驱分注连续可调智能配注技术	张广玉	李隆球	黑龙江省科技进步奖二等奖
14	2018 年	油田细分注采井下智能调控关键技术	张广玉	李隆球	黑龙江省技术发明奖一等奖
15	2018 年	基于虚拟映射的制造工艺智能设计与执行控制方法研究	彭高亮	金天国	黑龙江省自然科学奖二等奖
16	2019 年	复合振动模态压电致动机理与激励方法研究	刘英想	陈维山	黑龙江省高校科学技术奖一等奖
17	2019 年	复合振动模态压电致动机理与激励方法研究	刘英想	陈维山	黑龙江省自然科学奖二等奖

三、代表性科研项目简介

(一) 机电一体化装备方向

1. 弱撞击试验台用二维转台研制

项目来源:"921"二期工程

执行年限:2012年12月—2015年12月

参与人员:陈志刚、张广玉、张其馨

获奖情况:国防科技进步奖、黑龙江省科技进步奖

项目简介:对接缓冲试验台是用于对对接机构进行对接过程仿真的地面模拟设备,具有多自由度、低摩擦、高强度、重力平衡精度高等特点。可根据需要,进行各种对接初始条件下的不同质量惯量航天器的对接试验,为对接机构的研制奠定了基础,是我国第一个全物理对接动力学仿真试验设备。完成的"921"二期工程"对接缓冲试验台",可模拟航天器10自由度运动,具有摩擦阻力小、模拟精度高的特点,为我国神舟飞船对接奠定了基础(图4.1)。在该试验台中,首次成功地采用了质量、惯量模拟技术、低摩擦二维转台技术。

创新成果:

(1)提出了航天器质量、惯量模拟方法,设计了杠铃型质量、惯量模拟机构,确定了调整参数,可实现不同航天器质量、惯量的模拟。同时能方便地实现互易90°试验。仿真试验台可模拟1 700—10 000千克范围内的航天器的质量、惯量。

(2)杠铃型质量、惯量模拟机构的惯量变化不超过±2%,惯量耦合对仿真试验台动力学影响小,可忽略不计。

(3)为减小运动部件摩擦阻力对对接过程的影响,提出了抗弯件式二轴转台结构,它质量小、刚度大、转动惯量小、惯量耦合小。2吨被动仿真试验台抗弯件式二轴转台质量为192千克,最大摩擦力矩为1.325牛·米,8吨主动仿真试验台抗弯件式二轴转台质量为276千克,最大摩擦力矩为5.6牛·米,小的摩擦阻力保证了仿真试验台具有良好的随动性能。

结题情况:发表论文20多篇,培养硕士生5名、博士生3名,获得黑龙江省科技进步奖三等奖1项。

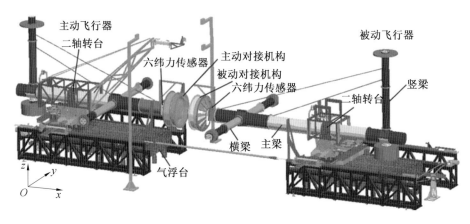

图 4.1　10 自由度对接缓冲试验台

2. 水平系统分离试验台

项目来源:嫦娥 5 工程

执行年限:2015 年 9 月—2016 年 9 月

参与人员:陈志刚、葛连正

项目简介:为了模拟嫦娥五号的上升器与着陆器在月面低重力环境下的分离过程,需要在地球重力环境下设计分离模拟试验台,模拟上升器的特性并对其进行重力补偿。能够模拟复杂的着陆姿态,测量分离过程上升器的姿态,验证分离机构的功能(图 4.2)。

结题情况:发表论文 3 篇,培养硕士生 3 名。

图 4.2　水平系统分离试验台

3. 垂直系统分离试验研制

项目来源:嫦娥 5 工程

执行年限:2015 年 11 月—2016 年 11 月

参与人员:陈志刚、葛连正

项目简介:为了模拟嫦娥五号的轨道器与登月器在月球轨道上零重力环境下的分离过程,需要在地球重力环境下设计分离模拟试验台,模拟两航天器的特性并对其进行重力补偿。能够模拟火工和非火工分离过程,检测分离姿态,验证分离机构的功能(图4.3)。

结题情况:发表论文4篇,培养硕士生2名。

图4.3　垂直系统分离试验台

4.鲹科鱼类游动中的被动动力效应研究

项目来源:国家自然科学基金

执行年限:2010—2012年

参与人员:石胜君

项目简介:该项目针对鱼类通过被动动力效应从外部流场吸收或回收能量来提高游动效率的事实,开展被动动力效应对鲹科鱼类提高游动效率的机理研究,以达到和维持某些典型游速为稳态游动约束,以鱼体游过静止流场或一些典型复杂流场后,传递给尾迹和周围水介质的动能最小化为目标,以鱼体运动学参数为搜索变量,以计算流体力学理论和仿真工具为主要手段,通过强制学习法寻求鱼体游动效率最佳的运动参数(图4.4)。根据所获得的效率最佳运动参数条件下的流场演化特征和鱼体的运动形态,研究鱼体和水介质之间的相互作用机制,定量揭示鱼体通过何种运动形态被动回收尾迹和周围流场中的动能。然后通过建立鱼体动力学模型,并基于效率最佳运动学模型,揭示鱼体通过主动运动而被动利用流场能量的内在机理,以及分析最佳游动特性下的鱼体主动驱动特性。最后通过实验验证各项理论研究结果的正确性。在该项目的研究成果将为高效游动仿生机器鱼的研究提供运动学和动力学理论依据。该项目资助下,发表学术论文9篇(SCI收录期刊论文1篇),参加国际会议3次、国内会议2次,培养博士研究生1人、硕士研究生5人,目前有3名博士研究生和1名硕士研究生在该项目的资助下开展课题研究。

图 4.4　该项目所研制的仿生鱼

5. 大型雷达天线自动对接系统（图 4.5）

项目来源：中国电子科技集团第三十八研究所、中国航天科工集团第二研究院二十三所

执行年限：2015—2018 年

参与人员：彭高亮

项目简介：在第一代产品中,首次将自动对接技术应用于大型车载雷达,提出了一种大型天线智能对接技术,并提出大行程重载混联机构实现分步调姿与定位控制,突破了野外环境下大型天线自动测量与重复对接精度问题。4 块天线（展开高度 21 米、宽度 13 米）共重 20 吨,采用全自动对接的方式,架设时间 5 分钟/块,相比原来的 4 辆运输车、12 人操作、4 小时架设的对接方式,机动性能指标提高了 12 倍。在第二代产品中,改变了对接方式,采用中间背架支撑,阵面精度和刚度得到大幅提升,提出了多单元联动锁紧、分离稳定的对接方法,并增加状态监测评估系统,实时监测系统阵面状态。4 块天线（展开尺寸：长 12 米×宽 14 米×高 1.5 米）共重 100 吨,采用全自动对接的方式,架设时间 20 分钟/块,相比原来的 4 辆运输车、12 人操作、吊车辅助、2 天架设的对接方式,机动性能指标提高了 6 倍。

图 4.5　大型雷达天线自动对接系统

6. 云梯式自动折展天线系统（图4.6）

项目来源：中国电子科技集团第三十八研究所

执行年限：2015—2016年

参与人员：彭高亮

项目简介：国内首次将伸缩臂技术应用于大型车载雷达天线,发明了云梯式大伸缩比折展天线新构型,提出了绳索式两级混联升降机构和机械自锁式雷达天线举升机构,突破了大雷达阵面刚度、精度设计难题,首次实现了大型米波雷达的高机动架设。天线宽度为14米,展开高度为13米,收拢高度为2.8米,采用全自动展开方式,实现单车8分钟完全展开,相比原来的3辆运输车、8人操作、120分钟架设,机动性能指标提高了15倍。

图4.6 云梯式自动折展天线系统

7. 手风琴式自动折展天线系统（图4.7）

项目来源：中国电子科技集团第三十八研究所

执行年限：2016—2017年

参与人员：彭高亮

项目简介：国内首次将折叠臂技术应用于大型车载雷达天线,提出了一种手风琴原理的高折展比雷达天线结构。发明了分体式水平滑动展开天线新构型,建立了热-结构-风载多场耦合作用下天线阵面动力学模型,解决了复杂服役环境下机构防护及联动可靠性问题。天线高度为12米,展开高度为18米,收拢宽度为2.5米,采用全自动展开方式,实现单车17分钟完全展开,相比原来的4辆运输车、12人操作、4小时架设,机动性能指标提高了13倍。

（a）第一代雷达天线自动对接产品　（b）第二代雷达天线自动对接产品

图 4.7　手风琴式自动折展天线系统

8. SH-A 型聚丙烯包装带热合机器人（图 4.8）

项目来源：大庆石化公司

执行年限：2001—2004 年

参与人员：赵学增、侯国章、肖增文、陈芳

项目简介：该项目基于申请获得的"一种聚丙烯包装带切断机构"和"一种聚丙烯包装带热合机构"两项国家专利技术，实现了聚丙烯包装带的自动生产线生产，替代了手工操作，简化了工序。SH-A 型聚丙烯包装带热合机器人在一台装置上融合了进料、切断、定位、折叠、热合和退料等多道工序，并省去了调头工序，实现了自动化生产，该设备属于国际首创。

图 4.8　SH-A 型聚丙烯包装带热合机器人

9. 油田分层注水恒流堵塞器的研制

项目来源：黑龙江省科技厅

执行年限：2005—2006 年

参与人员：赵学增、王伟杰、陈芳

项目简介：该项目开发了一种油田分层注水恒流堵塞器（图4.9）。该堵塞器无须外配压力和流量监测系统，能够在井网压力和地层压力变化时自动调节，维持注水流量恒定于额定流量；且具有较宽的工作压差范围，流量调节精度高。该堵塞器为纯机械系统，造价低廉，具有良好的自动防堵能力和高工作可靠性。该堵塞器外部装配尺寸与传统堵塞器一致，可直接用于油田现有井网，易于推广。

结题情况：通过黑龙江省科技厅组织的技术鉴定。

图 4.9 油田分层注水恒流堵塞器

10. 水平井牵引机器人研制

项目来源：国家"863"计划

执行年限：2008—2010 年

参与人员：刘文剑、张广玉、朱宪德、罗建伟、白相林

项目简介：针对水平井测试过程中仪器输送需求，研制水平井牵引机器人，采用正交轮系行走、有缆控制、电力线载波通信方式，实现1 000—2 000米水平井仪器输送，机器人外径为55毫米，长度为7 000毫米，最大行走速度为8米/分钟，最高工作环境温度为120摄氏度，最高工作环境压力为70兆帕，连续工作时间为24小时。

（二）先进驱动与传感技术方向

1. 基于超声波微驱动的智能低速平滑技术研究

项目来源：国家自然科学基金

执行年限：2002—2004 年

参与人员：陈维山、刘军考

项目简介：摩擦是引起机械系统低速爬行、影响系统工作平稳性的主要原因。在超精密加工与测量、航空航天等现代高新技术领域，高效的减摩与润滑技术一直是一项亟待解决的关键课题。该项目研究了利用超声波马达（图4.10）的微驱动特性，从一个新的角度研究减摩问题。其基本思想是通过超声波微驱动作用改变摩擦力的性质和应用超声波的润滑效应改善摩擦副的润滑条件；通过激励摩擦副一方的质点做椭圆轨迹的运动,控制这种微观运动的瞬时椭圆速度矢量,使这种做微观运动的质点相对摩擦副中与其接触的静止质点发生微观相对滚动,将原来的滑动摩擦转变为微观滚动摩擦;或者激励弹性振子质点分别做旋转方向相反的较高速的椭圆运动,控制两相反方向旋转的椭圆运动的速度差或者激励时间差来实现摩擦补偿,达到利用摩擦副间的较高速相对运动和超声波润滑效应来实现低速平滑运动的目的。为实现摩擦力改性,研制了多种新型超声波马达,其中驻波超声波直线马达的样机达到了947毫米/秒的最高测试速度、35牛的最大驱动力和12瓦的最大输出功率。在利用驻波超声波马达完成的低速摩擦力改性实验中,摩擦力系数达到了0.005 3。

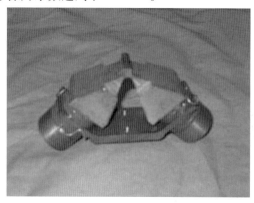

图4.10 该项目研制的超声马达

2. 由单一压电/金属复合弹性体实现多点独立可控驱动的超声致动机构的研究

项目来源:国家自然科学基金

执行年限:2009—2011年

参与人员:陈维山、刘军考、刘英想

项目简介:基于智能机构多功能部件结构融合实现的需求、弹性结构多种局部振动模态和总体振动模态可以共存的性质、压电超声驱动器的基本原理及其直接驱动和结构灵活多样的特点,面向由单一压电/金属复合结构实现多点致动和支撑等功能融合的研究目标,提出并研究一种通过复合振动模态频率简并实现将多点协调可控的致动换能部件和系统总体支撑部件融于一体的多点压电超声致动机构思想。具体研究能够在各要求位置实现致动功能的压电/金属复合弹性机构的总体和局部构型规划方法、各局部振型间的机械解耦、实现复合振动模态频率简并的尺度综合理论、高效激励方式的规划以及各局部复合振型的主动协调控制等,最终实现各致动区域直接独立驱动相应的执行机构完成希望的动作,同时该智能机构也充当整个系统的支撑部件,实现多功能融合(图4.11)。该研究思想的实现,将为充分发挥压电超声驱动的优势,拓展其应用领域,并从本质上减轻机构质量和体积,为集成化和多功能化开拓出一条新的思路。

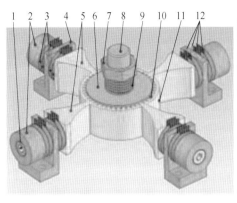
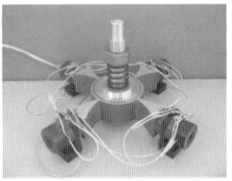

1—螺钉;2—后端盖;3—压电陶瓷片;4—法兰;5—变幅杆;6—转子;7—螺母;
8—输出轴;9—弹簧;10—驱动齿;11—圆筒;12—电极片

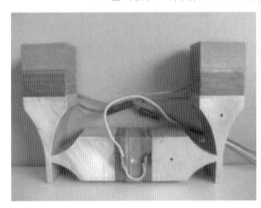
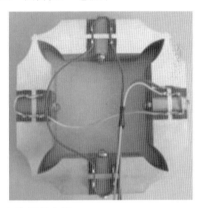

图 4.11 该项目研制的代表性超声电机

3. 基于压电谐振换能的自致动空间伺服机构的研究

项目来源:国家自然科学基金

执行年限:2014—2017 年

参与人员:陈维山、刘军考、刘英想

项目简介:目前,空间伺服机构驱动与传动系统的失效和可靠性等因素已成为制约航天器服役寿命和可靠性的主要故障来源,我国在轨航天器数量正在爆炸式增长,解决上述技术瓶颈的需求日渐强烈。基于此背景,该项目提出并研究一种基于压电谐振换能的自致动航天伺服机构,目的是解决现役高速电磁驱动元件尺寸重量大,高速运动部件带来的润滑与传动机构失效以及可靠性等问题。首先提出了多种新型谐振式压电致动器构型并分析了其致动原理,研制了多种压电致动器样机,实现了直线/旋转/多自由度驱动。深入开展了谐振式压电致动器的激励方法研究,分别提出一种谐振式纵弯复合振动及弯曲复合振动激励的新方法,实现了结构的简化以及机电耦合效率的显著提升(图4.12)。建立了谐振式压电振子纵向振动及弯曲振动模态的机电耦合模型,实现了机电耦合效率的优化,获得了振子中压电陶瓷元件设置位置等参数对机电耦合效率的影响规律。建立了谐振式压电驱动器的间歇性接触摩擦耦合模型并进行了实验验证。测试分析了谐振式弯振复合型压电振子的热耦合特性,并获得了温度场对压电驱动器机电耦合性能的影响规律。实现了压电致动器与控制力矩陀螺、套筒折展机构和多臂展开机构三个典型空间伺服机构的融合设计,证明了压电致动方式可在空间伺服机构广泛应用的可行性,充分展示出谐振式压电致动器具备轻量紧凑、高能量密度、长寿命、高可靠性、高精度以及低成本等突出优势。此外,深入开展了针对空间轴系部件的主动式润滑问题的研究工作,实现了高黏度润滑油的按需、定量、定时补给控制,并实现了压电微喷装置与轴承部件的融合设计。在该项目资助下,发表学术论文26篇(SCI收录期刊论文22篇),申请发明专利15项(获得授权11项),培养博士研究生3人、硕士研究生11人,目前有2名博士研究生和2名硕士研究生在该项目的资助下开展课题研究。

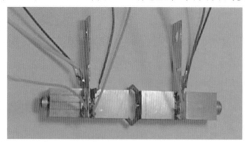

图4.12 该项目研制的代表性超声电机

4. 复合弯振压电超声驱动器换能机制的研究

项目来源:国家自然科学基金

执行年限:2012—2014年

参与人员:刘英想、陈维山、刘军考

项目简介:针对贴片式压电超声驱动器普遍存在机电耦合效率低、黏结胶层强度和疲劳寿命差、机械输出能力难于提升等问题,该项目围绕弯振复合型压电超声驱动器展开研究。具体针对复合弯振压电金属复合梁多物理场耦合分析模型、驱动器构型规划、振动激励方法、能量转换机制等几个方面进行系统研究;以驱动足振动特性一致为目标,规划出了多种弯振复合型压电超声驱动器新构型,通过采用对称截面实现了两个弯振特征频率的简并,其结构的设计有很大的灵活性,可根据空间限制和输出特性要求灵活调整,便于实现系列化和商品化;样机测试结果表明,该类驱动器成功实现了高效、快速、大推力/力矩输出,其机械输出能力已经达到实用化水平(图4.13)。此外,还针对纵振复合型和纵弯复合型压电驱动器展开了深入研究。该项目的研究成果将为模态复合型压电超声驱动器设计与分析提供理论指导,对拓宽压电驱动的应用领域有十分积极的意义。

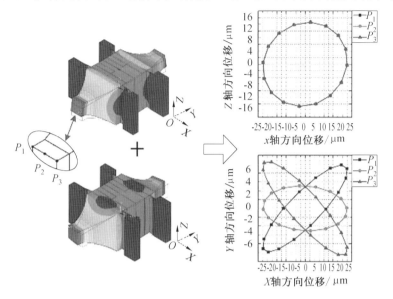

弯振复合致动原理

图4.13　部分模态复合型压电超声驱动器样机

结题情况:

(1)建立了压电金属复合梁在弯振复合模式下驱动区域表面质点的微观运动数学模型,揭示了弯振复合型压电驱动器的致动原理。

(2)建立了压电超声换能器的弯曲振动模型和机电耦合模型,揭示了弯振压电超声驱动器工作过程中机电耦合环节的能量损耗机制。

(3)提出并研制了六种弯振复合型直线/旋转压电驱动器,实现了大推力/力矩输出。

(4)提出了一种采用分区激励形式激励压电金属复合梁弯曲振动的新方法,有效提高了机电耦合效率。

(5)建立了适用于弯振复合型压电超声驱动器的构型设计方法与激励设置方法。

(6)提出并研制了四种纵振复合型压电驱动器,通过封闭构型设计思想实现了纵振能量的最大化利用和多足致动。

（7）提出了一种激励压电金属复合梁纵弯复合振动的新方法并研制样机,采用成对的压电陶瓷片实现纵振和弯振的复合激励。

5. 基于双模式叠加的跨尺度压电驱动技术的研究(图 4.14 至图 4.18)

项目来源:国家自然科学基金

执行年限:2015—2018 年

参与人员:刘英想、陈维山、刘军考

项目简介:针对超精密加工、微纳制造、微电子制造、微纳操控等领域对精密驱动技术的实际需求,基于共振和非共振驱动两种工作模式叠加的基本思想,该项目提出了快速、大行程和纳米级精度的压电精密驱动技术解决方案,以弯曲复合、纵向复合、纵弯复合为基本运动组合方式,从致动方式、运动类型、频率简并、压电陶瓷设置、致动区域选择等方面对压电驱动器进行了深入研究,揭示了适用于双模式叠加驱动的压电驱动器的致动原理,建立了适用于双模式叠加驱动的压电驱动器的激励方法。建立了弯曲复合压电驱动器双模式叠加驱动的融合设计方法,建立了其动力学模型,解决了两种工作模式的合理衔接与互补问题;驱动器在共振模式下最大输出速度达 1 104 毫米/秒,在非共振模式下位移分辨率达 16 纳米,在具备快速、大行程输出的同时兼顾了纳米尺度定位的能力。基于驱动足振动轨迹的可控性实现了共振模式下弯振复合驱动器的低速控制,消除了传统共振型压电驱动器存在的速度死区问题,获得了良好的低速可控特性。搭建了纵弯复合压电驱动器的闭环控制系统,定位精度达到了 30 纳米,跟踪正弦信号的最大相位滞后为2.808 度,幅值误差为 0.177 微米。深入研究了工作在共振模式下压电驱动器的热耦合特性,得到了驱动器在空载、带载情况下的温升特性,揭示了压电驱动器热耦合特性的变化规律。规划了多种适用于两种工作模式叠加的压电驱动器基本构型,研发了多种新型压电驱动器样机并开展了实验研究。将所研制的适用于双模式叠加的压电驱动器成功用于控制力矩陀螺、折展机构、可旋转式套筒机构等领域,实验结果充分证明该类压电驱动器已经具备了在各类高端装备领域获得广泛应用的潜力。在该项目资助下,发表学术论文 58 篇(SCI 收录 47 篇),获得授权发明专利 22 项,培养已毕业博士 2 人、硕士 13 人,另有 3 名博士研究生正在该项目的资助下开展课题研究。该项目的研究成果可为大尺度纳米级压电驱动器的设计与分析提供基础的理论指导,对拓宽压电驱动技术的应用领域有十分积极的意义。

结题情况:

（1）建立了压电金属复合梁在弯振复合模式下驱动区域表面质点的微观运动数学模型,揭示了弯振复合型压电驱动器的致动原理。

（2）建立了压电超声换能器的弯曲振动模型和机电耦合模型,揭示了弯振压电超声驱动器工作过程中机电耦合环节的能量损耗机制。

（3）提出并研制了六种弯振复合型直线/旋转压电驱动器,实现了大推力/力矩输出。

（4）提出了一种采用分区激励形式激励压电金属复合梁弯曲振动的新方法,有效提高了机电耦合效率。

(5) 建立了适用于弯振复合型压电超声驱动器的构型设计方法与激励设置方法。

(6) 提出并研制了四种纵振复合型压电驱动器，通过封闭构型设计思想实现了纵振能量的最大化利用和多足致动。

(7) 提出了一种激励压电金属复合梁纵弯复合振动的新方法并研制样机，采用成对的压电陶瓷片实现纵振和弯振的复合激励。

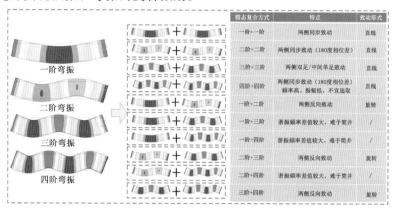

图 4.14　弯曲复合型压电驱动器基本构型方案图谱集

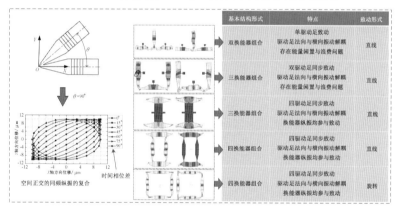

图 4.15　纵向复合型压电驱动器基本构型方案图谱集

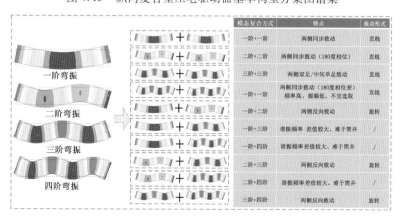

图 4.16　纵弯复合型压电驱动其基本构型方案图谱集

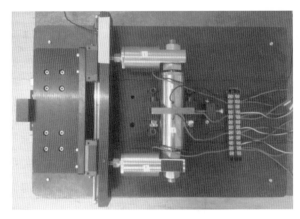

图4.17 双足步进式压电驱动器实物图

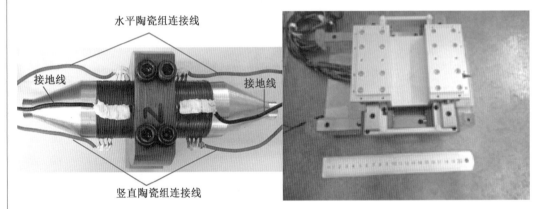

图4.18 弯曲复合型压电驱动器样机 XY 两自由度精密运动平台

6. 服役于深海环境的谐振式压电驱动器形态创构及多场耦合

项目来源：国家自然科学基金

执行年限：2016—2019 年

参与人员：石胜君、陈维山

项目简介：现代深海工程对机构驱动器的环境适应性和可靠性提出了非常严苛的要求，而电机、液压等传统驱动器在极端深海环境应用中面临诸如密封、压力补偿困难及可靠性低等困境和挑战。针对此，提出了结构强壮耐压型、无隔压及动密封环节、以开放全浸状态服役的深海谐振式压电驱动器研究方案。用数字仿真、实验及理论建模的研究方法进行驱动器形态创构、环境适应性、电场-压力-温度多场耦合特性、液固耦合能量辐射耗散及深海环境摩擦行为等科学问题的研究，探索并阐明深海环境边界下的驱动器构型-模态衍变规律、结构失效机制、变量化多场耦合下压电及驱动特性演化规律、能量辐射耗散机制等规律（图4.19）。建立多场耦合和摩擦力传递数学模型，探索构型初创策略及环境适应性设计方法，阐明能量辐射耗散有效抑制策略，归纳出以环境适应范围、机械输出指标及总体效率等不同侧重点为设计指向的驱动器最优设计进化型流程，为谐振式压电驱动器应用于深海工程领域奠定理论基础。在该项目资助下，发表学术论文 4 篇

(SCI 收录期刊论文 4 篇),申请国家发明专利 3 项(获得授权 2 项),参加国际会议 1 次,国内会议 1 次,培养硕士研究生 5 人,目前有 1 名博士研究生和 2 名硕士研究生在该项目的资助下开展课题研究。

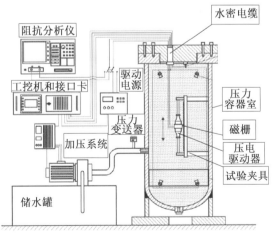

图 4.19 该项目研制的超声电机及水下测试设备

7. 电阻分压电压传感器(图4.20)

项目来源:国家电网

执行年限:2009—2015 年

参与人员:陈芳

获奖情况:河北省科技进步三等奖

项目简介:采用纳米导电陶瓷材料,研制了可以在宽频带范围采集电压信号的电阻分压传感器。为基于瞬态信息的电网运行和保护策略实施提供了设备支撑;为高谐波状态下电能计量提供了设备支撑。研制的电阻分压传感器 2011 年获得国家重点新产品证书,2012 年获得河北省科技进步奖,2014 年进入国家电网重点推广新技术目录。电阻分压传感器促进了电网一、二次设备的融合,助推智能电网和泛在电力互联网工程的落地。中电联以该传感器应用情况为蓝本,编制了《电阻分压电压传感器使用技术规范》。

结题情况:该项目经中国仪器仪表学会鉴定,处于世界领先水平。研制的电阻分压传感器通过了西藏羊八井、黑龙江漠河、新疆吐鲁番等极端环境运行考核,达到了全面推广条件。依托研究成果,河北省制定并颁布了该传感器的地方标准和地方检定规程。全国互感器标准化委员会正在开展该传感器国家标准和国家检定规程的制定工作。

(a)10 千伏电阻分压传感器　　(b)220 千伏电阻分压传感器

图4.20　电阻分压传感器

8. 多场耦合作用下液滴的超声驻波悬浮及运动机理研究

项目来源:国家自然科学基金项目

执行年限:2017 年 1 月—2020 年 12 月

参与人员:董惠娟、陈志刚、李丽、何俊

项目简介：单细胞作为生命活动的基本单位，揭示了生命活动规律，阐明了病理和治疗机制，然而，单细胞微体(<1微升)易受容器壁吸附，与容器发生反应，定向迁移和监测困难，因此，研制生物相容性好、监测精度高、易于操控微体的系统，成为分析化学、生物学和医学领域亟待解决的问题。超声驻波悬浮可实现微体的非接触悬浮与传输，消除器壁污染、避免器壁光学效应对检测信号的干扰、实现多方位监测，成为单细胞生化行为研究的有效方法。伴随驻波声场的形成，谐振腔内形成了温度场，且声场、温度场、重力场存在耦合关系。该项目探索其耦合效应对被悬浮液体颗粒的作用规律，建立其力学模型；优化声场主动调制参数，建立液滴声悬浮传输方法；构建具有声辐射力反馈的悬浮传输装置，实现液滴稳定悬浮、定向驱动、匀速传输、精确定位及全方位监测。此外，该研究提供的无容器处理方法，为高性能材料制备、粉末冶炼、制药等过程中的液体颗粒操作这一共同环节提供了强大的实验手段。

9. 面向环境振动的宽频压电俘能技术研究

项目来源：国家自然科学基金

执行年限：2011年1月—2013年12月

参与人员：谢涛、单小彪

项目简介：目前，基于压电及电磁转换原理的振动俘能研究得到了国内外学者越来越多的关注。由于环境振动源振动频率的不稳定性和多样性，对于单一基频的压电俘能器俘能效率低，该项目基于此提出宽频压电俘能思想，使俘能器在一定频段内都能谐振或近似地谐振，以提高俘能器的俘能效率和环境适应能力。该项目分别建立了分段电极悬臂梁压电俘能器输出电压的数学模型和机电等效电路的数学模型，应用上述模型可计算与实际整流电路相连的分段电极悬臂梁压电俘能器的输出功率；建立了复合梁结构压电俘能器发电性能的数学模型，该数学模型可以计算直接连接线性负载电阻的复合梁结构压电俘能器的输出功率；建立了两自由度压电电磁复合俘能器机电能量转换的数学模型，该数学模型可计算两自由度压电电磁复合俘能器中压电元件、电磁元件和系统总输出功率(图4.21)。该项目通过对各种构型俘能器的研究，拓宽了俘能器的工作频带。该项目揭示了影响压电俘能效率和拓频能力的因素及其规律，为低耗能电子产品的压电新能源研究奠定了理论和技术基础。该项目发表SCI论文5篇，EI论文8篇，培养博士3名、硕士10名。

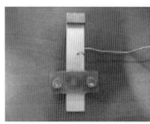  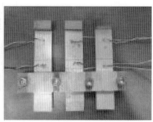

(a) 单悬臂梁式压电俘能器　　(b) 多悬臂梁式压电俘能器　　(c) 多模态宽频压电俘能器

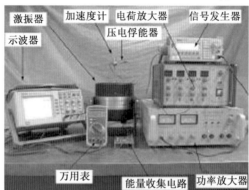

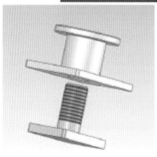 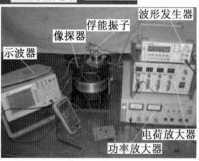

图 4.21　能量采集实验系统

(三) 智能制造装备与信息技术方向

1. 三维 CAD 模型的多层次局部匹配和形状索引方法研究

项目来源:国家自然科学基金

执行年限:2011 年

参与人员:张旭堂、金天国等

项目简介:三维形状的局部匹配与索引是实现计算机对形状信息分析和理解的核心技术,在设计知识管理、基于实例的设计(CBD)等智能设计的研究领域具有重要的理论意义和应用价值。为实现基于三维 CAD 模型的产品设计信息智能检索与获取,该项目根据 CAD 模型的外形特点,提出了综合特征点、线、区域和骨架图的多层次、多分辨率形状描述算子;提出应用参数估计技术来求解局部匹配的特征点对应,基于金字塔匹配核设计面向多分辨率形状描述算子的匹配算法,并提出综合应用两种方法的递进匹配策略;在测度空间理论下研究海量三维数据的索引建立,采用机器学习方法进行距离测度的设计,基于精简空间分割方法构造测度索引并形成数据结构,设计出高效的三维模型检索算法。该项目研究三维形状的局部匹配和高效索引建立问题,具有较大的研究和推广价值,对智能设计、反求工程、三维物体识别等技术的理论发展和解决复杂工程问题具有重要意义(图4.22)。

图 4.22　三维 CAD 模型检索与管理系统及模型检索

2. 基于产品表面测量点云的外形拟合软件

项目来源:企业委托开发

执行年限:2012 年

参与人员:张旭堂、金天国等

项目简介:随着激光测距技术的发展,三维激光测量仪器在当前产品的制造中得到越来越广泛的应用,这种基于光学的非接触式测量所获得的测量点云数据具有数据量大和无序排列的特点,很难直接从这些数据直接读出产品的制造误差等工程数据,而这些数据是整个测量系统的最终输出结果。因此,需要开发一套智能三维测量数据处理系统,能够拟合点云数据并重构出制造样件的特征,在此基础上对制造误差进行计算和评定。该系统的应用能显著提高产品的设计制造一体化的集成度,为设计、制造过程的优化提供数据分析支持,最终显著提高产品的质量(图4.23)。

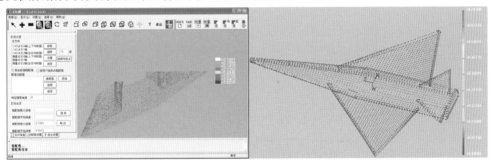

图 4.23　基于产品表面测量点云的外形拟合软件系统及某产品外形误差计算结果

3. 不完备信息下基于流向图的诊断知识获取理论与方法

项目来源:国家自然科学基金面上项目

执行年限:2012—2015 年

参与人员:黄文涛、王伟杰等

项目简介:该项目以包含不完备诊断信息的故障数据集为研究对象,系统地研究了不完备信息下基于流向图方法的智能故障诊断知识获取理论与方法。主要研究内容和成果有：

（1）提出将不完备的故障征兆属性值区分为缺失、丢失和冗余三种数据类型，建立了适于采用流向图方法来描述的多语义不完备诊断信息关系模型。

（2）提出了一种基于流向图的不完备故障诊断知识表示方法，采用置信度和覆盖度作为分支的参数，将决策规则以流向图分支的形式进行了图形化的表述，建立了流经分支上对象集合的流量计算公式。

（3）构建了基于流向图的不完备诊断信息的图形-解析混合表示形式；对流向图进行了征兆属性层和征兆属性值节点约简，获得了最优多语义故障诊断决策流向图。

（4）在实验验证部分，将滚动轴承的结构参数和运动参数相结合，建立了一种考虑撞击力的滚动轴承振动模型；在针对行星增速齿轮箱中行星齿轮与行星架轴承的复合故障诊断中，提出一种自适应优化品质因子的共振稀疏分解方法，实现了早期复合故障的准确诊断。该项目为不完备诊断信息下的知识获取研究提供理论和方法支撑，具有重要学术意义和工程应用价值（图4.24）。

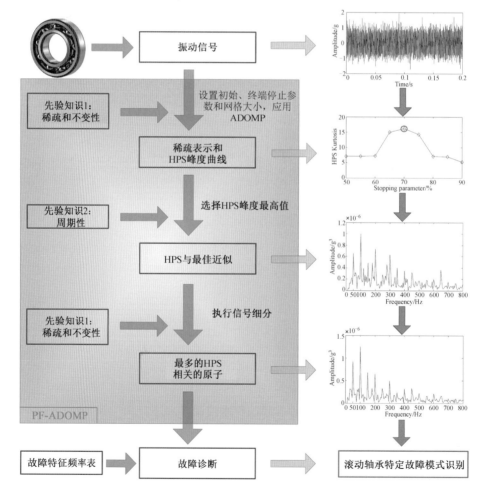

图4.24 基于共振稀疏分解的滚动轴承故障诊断

结题情况：该项目共发表论文23篇，其中在SCI收录期刊 *Mechanical Systems and Signal Processing*，*Journal of Intelligent Manufacturing*，*Shock and Vibration*，*Sensors* 等上发表论文7篇，在《机械工程学报》《振动与冲击》等刊物上发表论文4篇，EI收录23篇；申请国家发明专利3件；培养硕士研究生9人，博士研究生2人。

4. 钢丝滚道球轴承的接触疲劳、磨损及点蚀机理研究

项目来源：国家自然科学基金

执行年限：2010年1月—2012年12月

参与人员：单小彪、谢涛

获奖情况：无

项目简介：钢丝滚道球轴承被广泛应用于大型雷达天线、飞行器仿真转台和数控回转工作台等精密装备。倾覆力矩、摩擦力矩、残余不平衡力矩以及循环交变的应力往往导致疲劳、磨损和点蚀在其钢丝滚道表面形成，严重影响系统的稳定性和精确度，针对该现象国内外目前尚无妥善的解决办法。该项目将其视为接触问题进行对待，鉴于现有研究未能真实描述接触面的摩擦效应，结合接触力学、摩擦学和材料学知识，提出基于椭圆域非局部摩擦效应的预紧定量描述模型和弹-塑性接触分析方法；考虑几何与材料非线性、复合载荷分布以及非局部摩擦等复杂接触边界条件，采用解析法、数值模拟法及实验方法，建立轴承接触体内部的接触应力场和5自由度接触刚度的数学模型，构建基于接触动力学的弹-塑性接触破坏预测方法，获得接触体发生疲劳、磨损及点蚀的特征、规律和机理。该项目的研究成果将为接触体的新材料及新工艺研究奠定理论和技术基础，对提高先进装备的水平有广泛的促进作用（图4.25）。

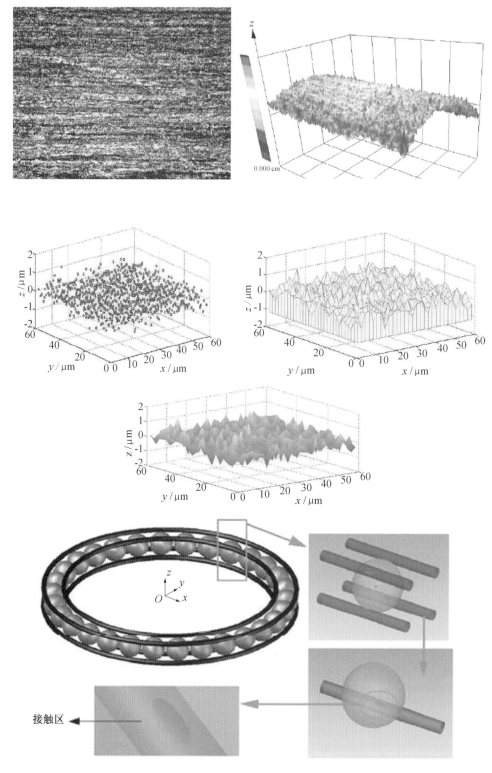

图 4.25 钢丝滚道球轴承三维接触分析建模

校友回忆录

第五章

吴永孝主任回忆录

儿子吴建强整理

吴永孝,男,汉族,1930年4月出生于哈尔滨市,河北省宝坻县人,哈尔滨工业大学研究生班毕业,研究生学历,教授。1953年哈尔滨工业大学机械制造工艺专业本科毕业,被分配到哈尔滨工业大学机械制造工艺教研室任教师。1954年担任机械制造工艺教研室副主任,1959年9月27日在哈尔滨工业大学机械系加入中国共产党。

1956—1959年为苏联莫斯科汽车机械学院进修教师。1959年回原单位继续任教师和教研室副主任。1960年任机械系机械制造研究室主任。1961年任机械系07教研室主任(以后改称921和521教研室,分别归属于9系和5系)。1962年在哈尔滨工业大学被评为副教授。1964年任精密仪器系仪器制造工艺教研室主任。1982年在哈尔滨工业大学被评为教授。

1978—1983年任一系系主任,1992年退休。

在教学方面:讲授过"机械制造工艺""仪器制造工艺学""机械设计基础""液压传动""精密测量专题"课程,编写了《机械制造工艺学讲义》,参编了《工艺过程自动化讲义》,配合苏联专家讲课开出机械制造工艺学新习题课,多次参加了实验课(编写实验指导书)、生产实习、毕业实习、课程设计、毕业设计等教学环节。从1981年开始到退休,指导了24名硕士研究生,在国内首次为研究生开出了"超精密切削加工技术"课程并编写和出版了《超精密切削加工课程讲义》,成为本专业研究生普遍选修的课程。为国内有关企业和研究机关举办超精密切削加工技术讲习班。

在科研方面:长期从事切削基础理论的研究。在磨削振动的研究中提出了以磨削自激振动的振幅作为评定砂轮耐用度的标准,为在磨削加工中砂轮的自动修整给出了可靠的工艺指标。这项工作当时在国际上处于领先地位,该内容由其导师分别发表在苏联《机械制造通讯》和《机床与工具》杂志上。

在微量切削可能性的研究中确定了微量切削技术可以在生产实际中应用,并提出了可以保证1微米精度的超精密车削加工法。在这两项研究工作的基础上提出了刃口半径在切削加工中作用的重要研究方向。围绕这个内容展开了刃口半径的测量方法、切削应力及其测量、测力仪和微动进给机构的研究。同时还展开了超声波振动对修整砂轮磨粒的刃口半径和超声波振动对切削过程的影响(磨削、砂轮修整、冷却液供给方法),有关超声波振动对切削加工过程影响的研究,获得了国家自然科学基金的资助。

1959年进行了磨削过程积极控制的研究。在项目中进行了大量磨削力与磨削质量关系的试验,得到了稳定的和理想的结果。为了进行试验研究,设计并制造了高灵敏度磨削测力仪,在使用过程中一直稳定工作。

1960年完成了精密磁鼓的研制。研制小组由其和1名研究生、5名大学生组成,依靠校机械厂的加工力量,在当时的情况下改进了磁鼓的不利受力条件和采用组合加工法,解决了磁鼓的高精度要求问题。该项目经我校计算机教研室鉴定,认为达到了要求的各项指标。此成果曾在校内展览。

1960年机械制造研究室全体同志在北京航空学院参加六国防院校联合研究的119课题,任哈工大科研小组组长,参与设计过程中的工艺咨询和工艺审查(当时也有其他院校的工艺专家)。工作期间对哈工大小组人员反映良好。课题领导小组决定将该项目交由哈工大负责生产。

1961年主持了液浮陀螺仪的研制,同样采用组合加工法解决了产品精度问题。经鉴定各项几何精度指标均达到了技术要求。时任校长李昌在实验室主持了现场会。

1962年主持了红外线通讯机微调机构的研制。采用哈尔滨量具刃具厂生产的高精度千分尺螺杆和研磨成斜铁的量块解决了微调精度问题,由委托单位鉴定并接收。

1967年与哈尔滨无线电五厂合作进行了CY-4打印机的改型设计。经改型设计后该机的工作可靠性提高,保证了产品质量并投入了批量生产。

1976年与天津无线电厂合作主持了单片可换磁盘机的研制,提出了主轴驱动使用不产生火花干扰的无刷电机和使用玻璃绕结工艺的磁头,并研制出烧结磁头用的低温玻璃粉。此外还进行了磁盘机净化系统的研制,发现普通风机计算公式不适用于超小型风机的计算,得出了计算超小型风机的经验公式。1977年被评为校科技先进工作者。

1960年被评为黑龙江省和哈尔滨市文教战线群英会代表,1961年被评为哈尔滨市劳动模范,1978年被评为黑龙江省优秀教师,1980年被评为黑龙江省劳动模范,1992年获国务院特殊津贴。1955年作为列席代表参加了全国机械工业先进生产者代表会议,受到了毛主席和全体政治局常委的接见。

两次获得校内教学奖,两次获得优秀研究生导师荣誉证书和"教书育人,为人师表"积极分子称号。1985年被评为校优秀教师。

曾担任中国仪器仪表学会理事和顾问理事、中国仪器仪表工艺学会理事长、哈尔滨市仪器仪表学会副理事长、黑龙江省和哈尔滨市机械工程学会理事。1982年被聘为仪器仪表工艺研究所《仪器制造》杂志编委会副主任,1983年被聘为机械工业部高等工业学校仪器仪表专业教材编审委员会委员。1989年被聘为《仪表技术与传感器》杂志编委会副主任。

1992年退休。

专业成长历程回忆录

专业成长历程回忆手稿如图 5.1 至图 5.7 所示。

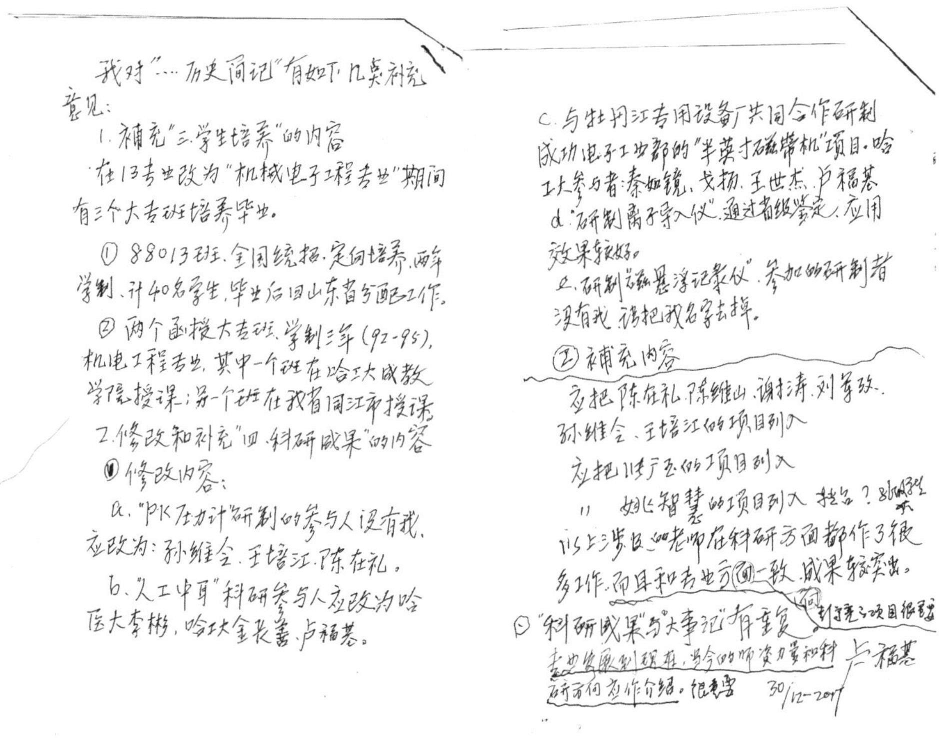

我对"……历史简记"有如下几点补充意见：

1. 補充"三.学生培养"的内容

在13专业改为"机械电子工程专业"期间有三个大专班培养毕业。

① 88013班.全国统招.定向培养.两年学制、计40名学生,毕业后回山东省分配工作。

② 两个函授大专班.学制三年(92-95),机电工程专业.其中一个班在哈工大成教学院授课;另一个班在我省同江市授课

2. 修改和补充"四.科研成果"的内容

① 修改内容:

a. "PK压力计"研制的参与人没有我.应改为:孙维全.王培江.陈在礼。

b. "人工中耳"科研参与人应改为哈医大李彬,哈工大金长善.卢福基。

c. 与牡丹江专用设备厂共同合作研制成功电子工业部的"半英寸磁带机"项目.哈工大参与者:秦如镜.戈扬.王世杰.卢福基

d. "研制离子注入仪".通过省级鉴定.应用效果较好。

e. 研制"磁悬浮记录仪".参加的研制者没有我.请把我名字去掉。

② 補充内容

应把陈在礼.陈维山.谢扬涛.刘学政.孙维全、王培江的项目列入

应把II生产五的项目列入

" 姚智慧的项目列入 ……?

以上三位老师在科研方面都作了很多工作.而且和专业方面一致.成果较突出。

③ "科研成果"与"大事记"有重复 ……

专业发展到现在,当今的师资力量和科研方向应作介绍。很重要

卢福基

30/12-2017

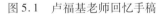

图 5.1　卢福基老师回忆手稿

规格严格

曹天河 1
哈工大机电学院机电工程专业（原仪器系机械电子工程专业）
一、专业基建及变革情况
吴锡友 任教研室主任
王世杰 任教研室付主任
秦如镜 任实验室主任
……
一直延续到90年代

图 5.2　曹天河老师回忆手稿(一)

2
刘振、曹天河、吴传治……
90年前后专业成员有
二、教师 吴永孝主任（1964年调入）
吴锡友付主任（后去天津大学）
王世杰付主任（病故）
胡炯森 实验室主任（后去北京……大学）
秦如镜（后去杭州）
陈嘉大（病故）
安成祥（后去合肥工大）
……（后去大连铁道学院）
赵……（后去国防科大）
……
刘振（调离）
陈……（病故）
曹天河
陈子芳
赵维缓
刘……（病故）
……
实验室 人
……（病故）、……（病故）、……

图 5.3　曹天河老师回忆手稿(二)

黑龙江新良粮油有限公司
仪器制造工艺教研室简介.
教研室是1956年由前苏联专家马依奥洛夫帮助建立的.
取名为仪器制造工艺教研室.
成员有：吴锡友（主任）王世杰（付主任）秦如镜（实验室主任）
吴锡友是工大机制专业55年毕业. 王世杰. 秦如镜是工大机制专业56年毕业的. 其它成员有：
安成祥（机制55年毕业的）……（机制57年毕业的.
闫云平（机制57毕业）. 胡炯森（58年研究班毕业的.
陈嘉大（58年研究班毕业的）陈子芳（58年机制毕业的）
赵维缓 机制59年毕业的,
教研室当时开出的课程有：仪器制造工艺. ……工艺学, 塑料零件压制工艺. 工厂设计 等.
是安成祥老师的助教. 60—65 在校工作、
66—72年 文化大革命.
18×14=252
18.—23/10 老师交 赵维缓

图 5.4　赵维缓老师回忆手稿

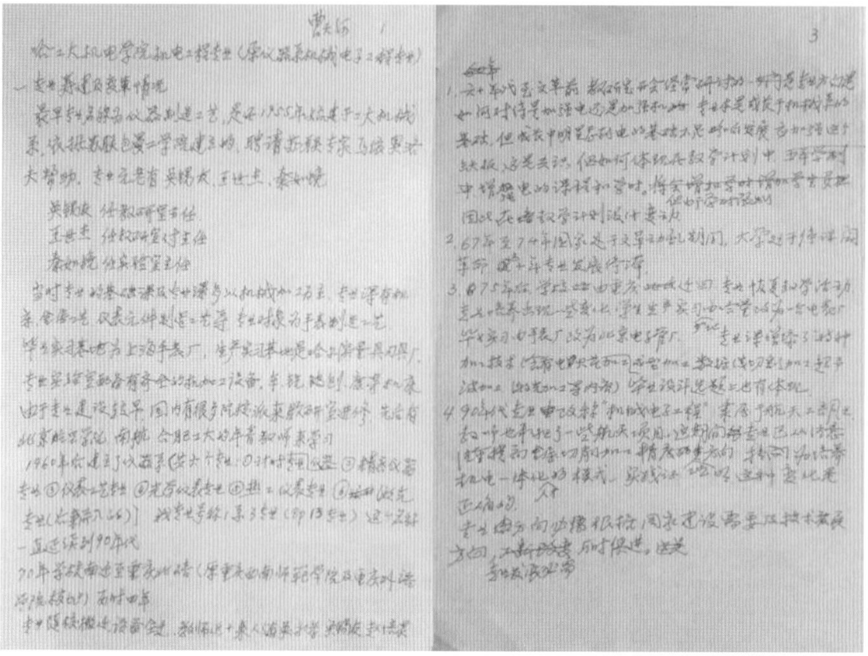

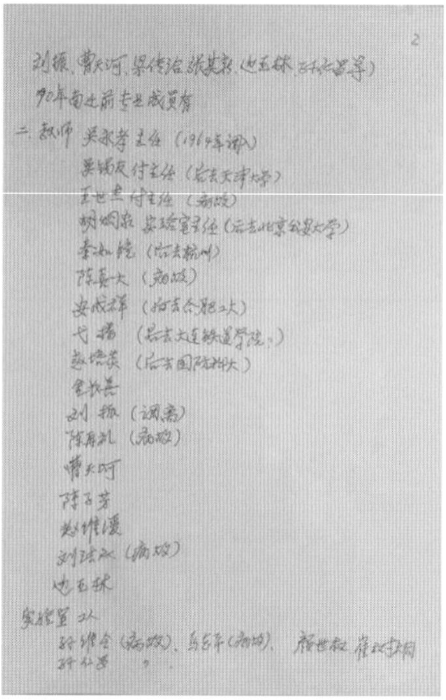

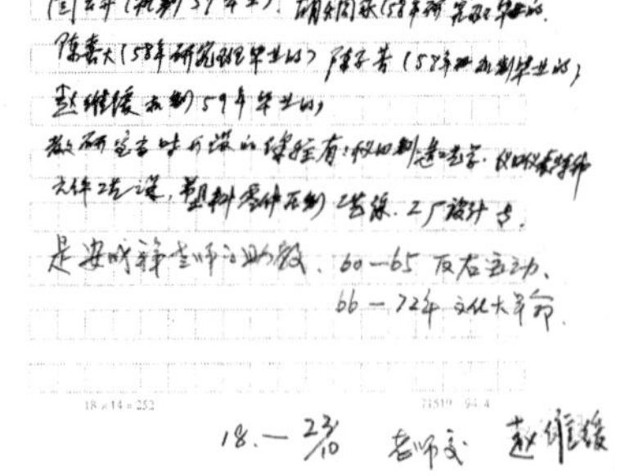

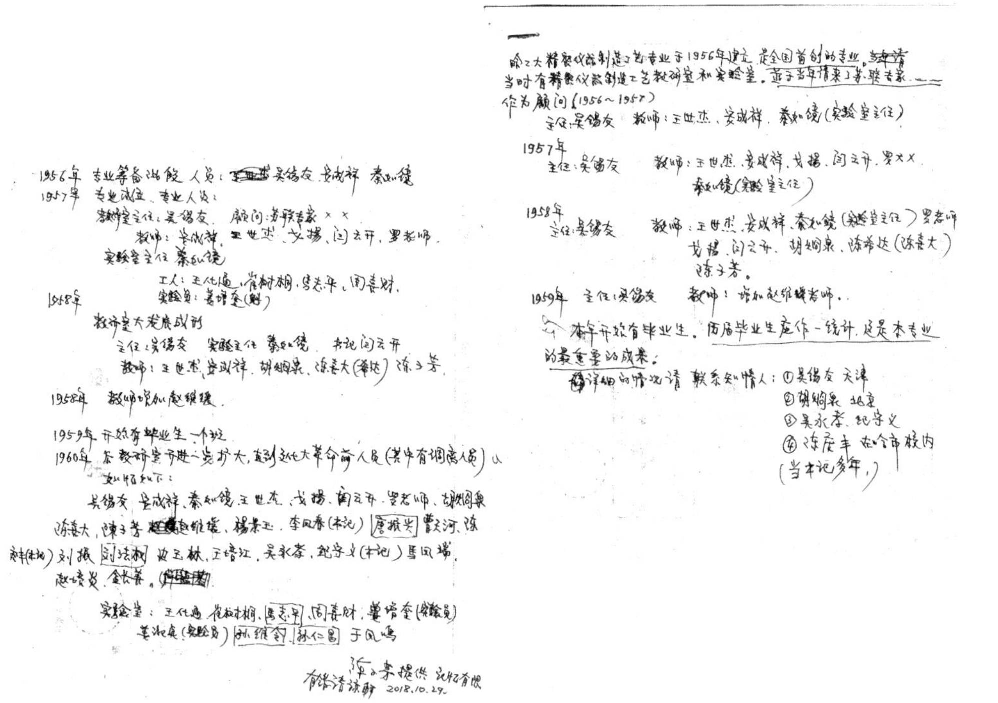
1956年 专业筹备阶段 人员：吴锡友、安成祥、秦如镜
1957年 专业成立、专业人员：
教研室主任：吴锡友　顾问：苏联专家××
教师：安成祥、王世杰、戈扬、闫云开、罗老师
实验室主任 秦如镜
工人：王化通、崔树桐、马志平、闫春财
1958年　实验员：姜增奎（朝）
教研室大发展成形
主任：吴锡友　实验主任 秦如镜　书记 闫云开
教师：王世杰、安成祥、胡焖泉、陈喜大（希达）陈子芳
1958年　教师增加赵维緩
1959年 开始有毕业生一个班
1960年 本教研室开进一步扩大，直到文化大革命前人员（其中有调离人员）以如后如下：
吴锡友、安成祥、秦如镜、王世杰、戈扬、闫云开、罗老师、胡焖泉
陈喜大、陈子芳、赵维緩、杨景玉、李凤春（书记）唐振尖 曹天河、陈祥（书记）刘振 刘文剑 边玉林、王培江、吴永森、纪宇义（书记）马凤瑞
赵婧炎、金长善
实验室：王化通、崔树桐、马志平、闫春财、姜增奎（实验员）
姜兆泉（实验员）孙维钧、孙仁昌 于凤鸣
陈子芳提供 记忆有限
有错请谅解 2018.10.29

一
哈工大精密仪器制造工艺专业于1956年建立，是全国首创的专业。当时有精密仪器制造工艺教研室和实验室。并于当年请来了苏联专家作为顾问（1956～1957）
主任：吴锡友　教师：王世杰、安成祥、秦如镜（实验室主任）
1957年
主任：吴锡友　教师：王世杰、安成祥、戈扬、闫云开、罗××
秦如镜（实验室主任）
1958年
主任：吴锡友　教师：王世杰、安成祥、秦如镜（实验室主任）罗老师
戈扬、闫云开、胡焖泉、陈希达（陈喜大）
陈子芳。
1959年　主任：吴锡友　教师：增加赵维緩老师。
本年开始有毕业生。历届毕业生应作一统计，这是本专业的最重要的成果：
详细的情况请联系知情人：①吴锡友 天津
②胡焖泉 北京
③吴永森、纪宇义
④陈庆丰 哈市校内
（当书记多年）

图 5.5　陈子芳老师回忆手稿

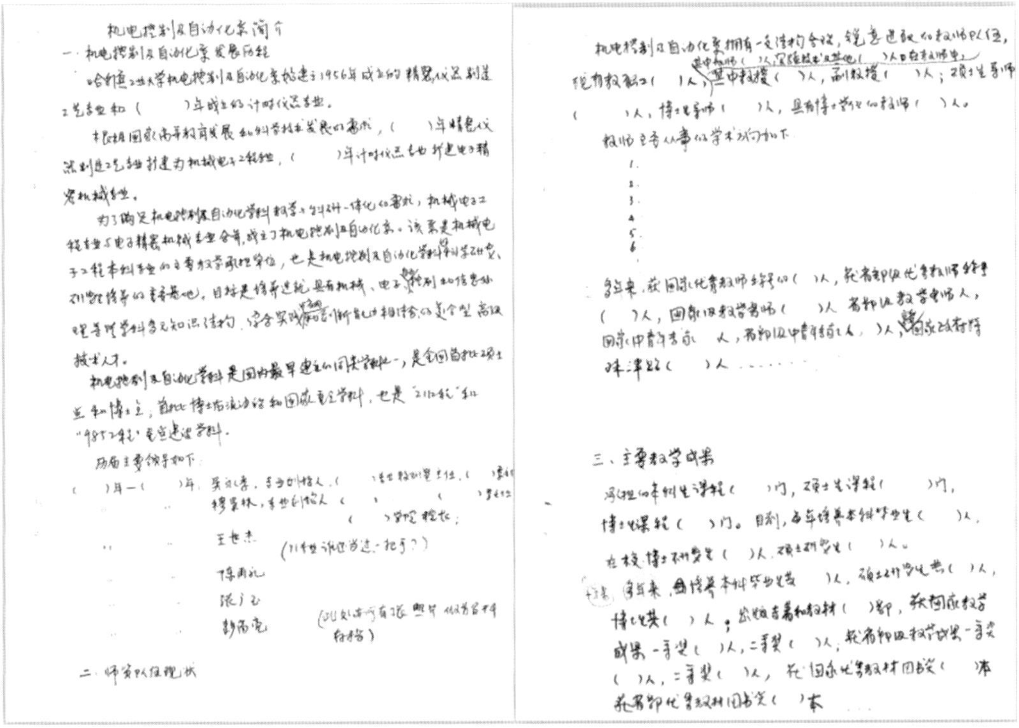
机电控制及自动化系简介
一、机电控制及自动化系发展历程
哈尔滨工业大学机电控制及自动化系始建于1956年成立的精密仪器制造工艺专业和（　）年成立的计时仪器专业。
根据国家高等教育发展和科学技术发展的需求，（　）年精密仪器制造工艺专业扩建为机械电子工程专业，（　）年计时仪器专业扩建为精密机械专业。
为了满足机电控制及自动化学科教学、科研一体化的需求，机械电子工程专业与电子精密机械专业合并，成立了机电控制及自动化系。该系是机械电子工程本科专业的主要教学承担单位，也是机电控制及自动化学科科学研究、人才培养的主要基地。目标是培养造就具有机械、电子、控制和信息处理等多学科多元知识结构、综合实践能力和创新能力相结合的复合型高级技术人才。
机电控制及自动化学科是国内最早建立的同类学科之一，是全国首批硕士点和博士点，首批博士后流动站和国家重点学科，也是"211工程"和"985工程"重点建设学科。
历届主要领导如下：
（　）年—（　）年　吴永森，专业创始人，（　）专业教研室主任，（　）系……
杨景林，专业创始人（　）……（　）系主任
（　）研究所所长；
王世杰（××是否该写进一起？）
陈甬礼
张广玉
彭高亮（××××有张照片……）
二、师资队伍概况
机电控制及自动化系拥有一支结构合理，锐意进取的教师队伍，现有教职工（　）人，其中教授（　）人，副教授（　）人；硕士生导师（　）人，博士生导师（　）人，具有博士学位的教师（　）人。
教师主要从事的学术方向如下
1.
2.
3.
4.
5.
6.
多年来，获国家优秀教师称号的（　）人，获省部级优秀教师称号（　）人，国家级教学名师（　）人，省部级教学名师人，国家中青年专家（　）人，省部级中青年专家（　）人，国家政府特殊津贴（　）人……
三、主要教学成果
承担的本科生课程（　）门，硕士生课程（　）门，博士生课程（　）门。目前，每年培养本科毕业生（　）人，在校博士研究生（　）人，硕士研究生（　）人。
多年来，共培养本科毕业生（　）人，硕士研究生（　）人，博士生（　）人；出版专著和教材（　）部，获国家教学成果一等奖（　）人，二等奖（　）人；获省部级教学成果一等奖（　）人，二等奖（　）人，获国家优秀教材图书奖（　）本，获省部优秀教材图书奖（　）本……

图 5.6　刘文剑老师回忆手稿(一)

凝心聚力 砥砺前行
哈工大机电控制及自动化系发展史简记

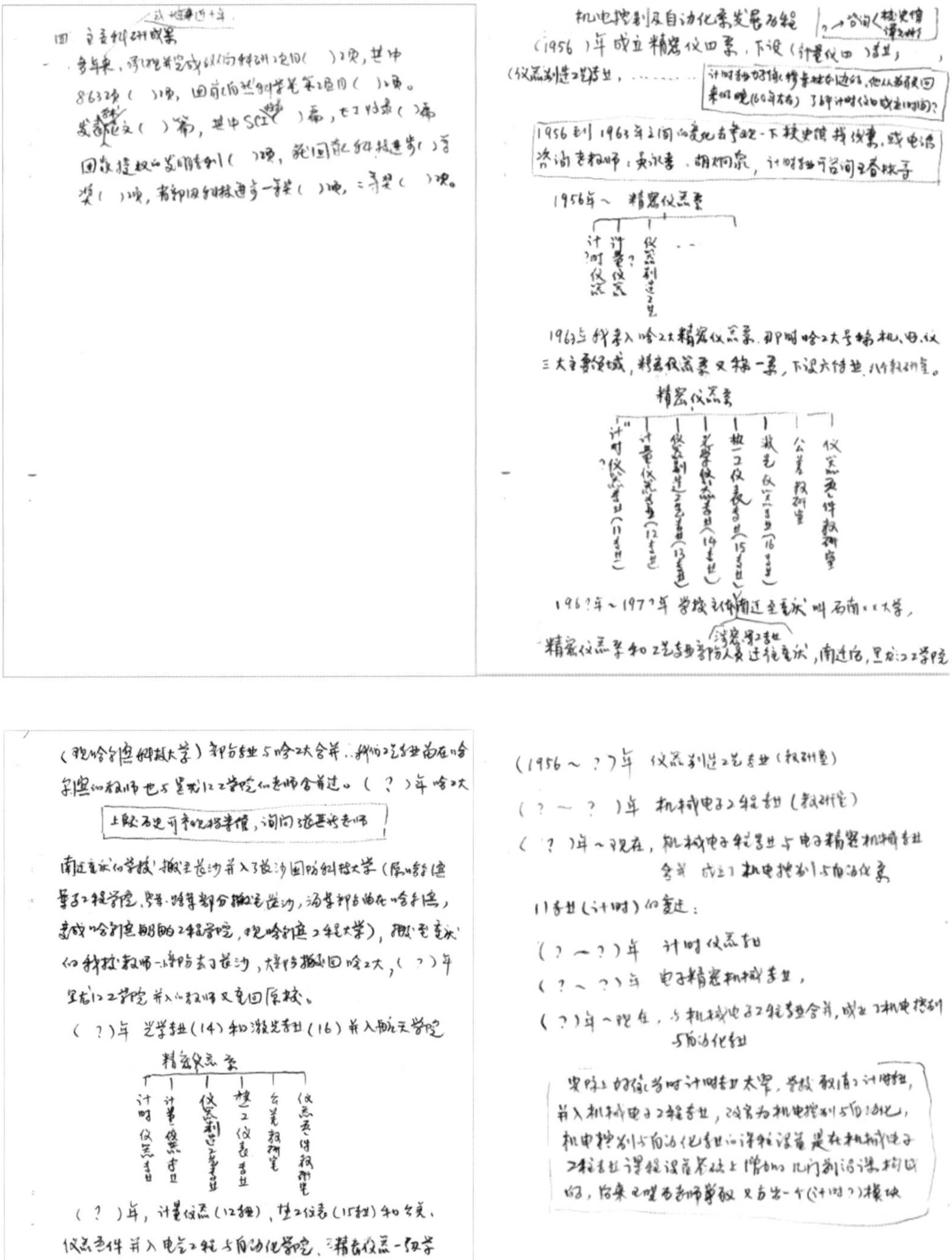

图5.7 刘文剑老师回忆手稿（二）

一段科研工作的回忆

高灿光（原计时仪器专业）

我1963年毕业于哈尔滨工业大学，留校后服从组织需要做党务工作。1970年学校部分职工南迁至重庆，我也去了重庆，1974年随学校返回哈尔滨。此时，学校征求我的意愿，希望到什么部门工作，我表示愿去基层专业，于是来到精密仪器系的计时仪器专业。这时，学校正接受当时黑龙江省革命委员会下达的一项任务，即由国家体委承担的援助友好邻邦巴基斯坦的建设项目"伊斯兰堡体育综合设施"中的"大型电子计时记分显示装置"。此项任务由哈工大负责技术设计，哈尔滨广播器材厂负责加工，由省电子局成立"会战指挥部"统一协调领导。学校接受任务后，指定此项任务由计算机系和精仪系共同承担，指派计算机系李仲荣老师做技术总负责人（相当于总师），并负责记分部分的任务，沈工老师（计时专业教研室副主任）为计时部分负责人。我有幸参加了计时部分（即体育场显示装置的计时钟一台和体育馆显示装置的计时钟两台）的研制工作，在业务上、团队协作攻关等方面都得到了锻炼。参加科研组的还有王魁业、竺培国、霍蔚恩、安淑珍等。由于计时部分专业性强，所以，从电子线路和结构设计到加工制造全部由我们专业承担，任务十分繁重。但科研组团结一致、相互学习、不讲报酬，始终干劲十足地奋战在实验室和工厂，直至完成任务。

经过多次论证，我们决定采用当时国内最先进的设计方案和元器件。记分部分显示单元是白炽灯泡（共15 600个），但采用计算机控制文字与图形的显示；计时钟采用石英晶体做频率源，用数字显示。整个显示装置中控制灯泡开关则采用无机械触点的可控硅器件，大大提高了设备运行的可靠性。控制电路上则采用我国刚面市的小型集成电路。整个体育场的显示装置的面积超过120平方米，计时钟的直径为4.8米（体育馆显示装置的计时钟直径为2.8米）。整个显示装置是当时国内最先进的水平，用于国外的体育场馆也不落后。

工作开始之后，任务重，要得急，是"援外"项目，如不按时完成，在国际上影响国家形象，所以我们接了任务后，加班加点，每天干到晚十时，周日也不休息，干到晚上饿了每人发一个赛克面包（三角）。工作遇到许多困难，做的设备是新的，用的元器件是新的，参加的人员也是新的。遇到困难大家出主意，想办法，反复实验，反复改进。经过两年努力，圆满地完成了任务。准时安装到非洲的塞拉利昂和亚洲的巴基斯坦，为中国的援外工作做出了贡献。

在这段科研生活中，我深深体会到加强合作、团结互助、虚心学习是非常重要的，我毕业后十几年不参加科研，在这次科研工作中从头做起，学到了不少东西，回想起来十分愉快。

这个任务完成后，吉林表厂领导对我们专业研制的石英电子钟十分感兴趣，决定在表厂大楼上安装一台四面有指针显示的塔钟,这个任务就落到了我和于启民老师身上,我负责电的设计部分,于启民老师负责机械设计加工。塔钟设计与前两个项目是不同的,这个四面塔钟要求按时报间,相当于当地的标准时间。怎样能实现这个按时打点,而且上下午要分开,不能打重复时。我们经过反复实验,实现了上午"12点"1、2、3———,下午"12点"分别按时报时,做到正确无误。

接着我们还为牡丹江钟厂制造了一台"数字"式大型电子钟。这些产品安装之后,用户都很满意。通过科研我感到大学毕业后必须参加实践,必须亲自动手,没有实践,只是理论知识,这不是一个合格的毕业生。接受实际任务,亲自动手实干,才算是一个能为国家做出更大贡献的人才。以下是我当时工作时的照片(图5.8、图5.9)。

图 5.8　高灿光 1974 年工作照

图 5.9　高灿光 1993 年工作照

在巴基斯坦参加援外工作的回忆

竺培国

1982年9月末至1983年12月末,我作为援外技术人员赴巴基斯坦首都伊斯兰堡工作了15个月。时光荏苒,30多年已经过去,但当时的一切仍历历在目,仿若昨日。

奉命攻关　援助邻邦

1975年,哈尔滨工业大学接到上级通知,有一项重要任务需要哈工大派人参加。我国要援助友好邻邦建设一座现代化的体育场和体育馆,黑龙江省的任务是负责设计制造体育场馆中大型电子计时记分显示屏(显示屏面积超过100平方米,计时部分要显示实时时间和比赛时间,计分部分要显示数字文字和图形)。对于这样一项重要的任务,学校十分重视,当即组织计算机系、精密仪器系的教师成立课题攻关组,并与哈尔滨广播器材厂、哈尔滨电子仪器厂等单位共同协作承担任务。省电子工业局决定组成"会战指挥部",领导此项工作。

此项援外任务由当时的国家体委负责,体委的同志告诉我们,巴基斯坦已经争取到1978年的第八届亚洲运动会主办权。学校派出业务水平一流的计算机专家李仲荣作为整个项目技术负责人(相当于总工程师),计时仪器专业则派出有我在内的三位教师参加,要完成三台大型电子石英计时钟的研制(体育场一台、体育馆二台)。近10年的业务荒废,我们对什么是现代化的电子计时计分显示装置心里也没有底,于是就到国内已有的体育场馆调研,同时收集国外相应资料。我们先后去了北京工人体育场、工人体育馆和上海万人体育馆考察,它们代表我国当时的水平。结果发现,那里的技术早已是该淘汰的了。工人体育场的时钟是由电机带动齿轮传动的指针式结构,由电动机驱动的时钟精度自然很低。而字幕显示屏上白炽灯泡的开闭(灯泡矩阵显示屏中,点亮所需灯泡即可以组成文字或图形,如同黑白木刻字画一样)是用机械触点开关。例如,要显示文字,得先做好模板,镂空雕出5个字的字体,将模板放在开关触点矩阵的上面,按下按钮使开关触点通过镂空部分接触,相应灯泡接通点亮后即可显示字形,而未镂空部分则阻断了开关触点闭合,灯泡不亮。整个显示完全靠人工操作,每次使用,只能显示预先设计好的固定的字或图形。经过调研,我们感觉不能再采用这样落后的技术了。但当时可以收集到的国外资料也很少,只有1964年东京奥运会的几张照片以及匈牙利电子显示屏广告说明书等。看来,一切都得从零开始。经过反复研究试验,课题组决定用计算机控制整个计分显示屏,文字、图形用键盘和穿孔带输入,计时部分则用高精度的石英晶体元件作为频率源,放弃指针式钟表传统模式而采用数字显示时间的新模式。控制灯泡开关则用无触点的可控硅器件。整个装置尽可能采用集成电路(当时上海已可以生产小规模集成

电路)。方案确定后,我们夜以继日地工作。在研制过程中,著名科学家、诺贝尔奖获得者杨振宁教授曾来试验室参观大型石英钟的演示,还与我们做了技术交谈。1975年末,正当任务紧张地进行中,传来了令人意外的消息,巴基斯坦决定放弃举办第八届亚运会,这无疑给我们浇了一盆冷水。任务是干还是不干?好在不久传来指示,我国要援助第三世界的朋友,项目还要干下去。我们的首台大型电子计时记分显示屏研制成功后,于1978年被安置在非洲的塞拉利昂国家体育场中。该体育场成为我国援建非洲第一座较为现代化的体育设施。我国还派出技术人员(其中有哈工大两人)教他们使用、管理、维护。自此以后一座座体育场、馆在非洲一些友好国家陆续出现,体现了中非友谊,扩大了我国的影响力。

后来,国家体委告知我们,巴基斯坦虽不举办亚运会,但我们援助的"伊斯兰堡体育综合设施"仍要建设下去,于是项目得以继续,只不过时间延后了。

赴巴首都　参与建设

1982年9月,我国援建"伊斯兰堡体育综合设施"中的体育场、馆土建工程基本完成,场馆中的电子设备进入安装程序。我们受国家体委、黑龙江省电子工业局和学校的委派,一行八人(包括哈工大派出的王魁业副教授和我二人)于1982年9月末来到伊斯兰堡,开始了为期一年多的援外工作。

"伊斯兰堡体育综合设施"占地数百亩,包括一座可容纳3.5万人的体育场,一座可容纳3 000人的体育馆,一幢运动员宿舍,一幢官员办公楼。巴方由工程局代表政府参与建设,中方由国家体委派出的工作组负责领导。整个工程设计由北京建筑设计研究院负责;由天津市建工局组织施工;大型电子计时记分显示屏由黑龙江省承担;灯光照明由上海提供;广播系统由天津广播局完成;塑胶跑道由河北省铺设。上述单位共同组成一个60人左右的援外团队,并成立了党组织。除了各个项目的参与人员,天津派出了总工程师,此外工作组还有一名英文翻译和一名乌尔都语翻译。总之,一切都非常规范,组织有条不紊。我们每天晚餐前要集中听中央人民广播电台的新闻联播节目。定期开党组织会议,我记得还给北京建筑设计研究院一名预备党员做了转正的评审,通过其转正。每周还由英语翻译为部分技术人员补习英语。各单位都要定期汇报承担任务的进度与质量。可以看出,这几十人的团队管理是着眼于任务的长期性,有严格的纪律。整个工程的技术由中方负责,土建工人由巴方招聘,由我方技术人员负责培训,指导他们施工。由于巴方工人技术水平及语言障碍,施工进度很慢。但经过三年的努力,待我们到达时各个建筑已基本成型,可以进行内部设备安装了。为配合由我们承担的计时记分显示装置项目,巴方还招聘了两名巴基斯坦工程师,一名毕业于英国曼彻斯特大学,一名毕业于拉合尔大学。他们对电子计时记分装置也很生疏。我们提供全部图纸资料,细心讲解,以便让他们能使用、维护设备。

在体育馆施工后期出现了一些问题。由于屋顶跨度大,加之原造型设计的要求,屋顶坡度很小,屋顶局部钢结构变形造成凹陷,下雨时雨水沉集形成漏雨。工作组请示上级后,从国内调来人员,在屋顶上铺上大块橡胶垫来解决漏雨问题。这说明我们技术人员设计经验不足,但能及时发现问题,加以认真解决,今后的设计水平也就提高了。

援巴体育场馆可以说集中了当时国内各方面最新的技术和设备,无论是建筑造型、施工方式,塑胶跑道、照明、通信广播、计时记分装置等大多是新研制成功的。这反映了当时我国援外工作的特色。

在巴工作期间,时任国家对外经济贸易第一副部长郑拓彬和驻巴大使王传斌都来过工地看望大家,鼓励援外人员高质量完成任务,增进中巴友谊。

发扬传统　艰苦朴素

由于工程施工期长,我们自设食堂开伙。大家还在驻地开辟了菜园,从国内带来的种子在园内茁壮生长。我记得最受欢迎的是中国种水黄瓜,味道比当地品种好多了,连巴方工程局的官员品尝后也连声称赞。当时工作组的负责人,国家体委鲍司长,耕作最为勤快,闲暇时带动大家去菜园收拾。于是收获的蔬菜源源不断送到食堂,大大降低了伙食成本。食品采购则由大家轮流担任。那时是供给制,伙食费专款专用,但大家仍想办法挤出一些钱买些罐装奶粉、果汁粉、咖啡、可乐等食品分给个人,但大家都舍不得吃,准备带回国去给家人们一个惊喜。

援外人员的待遇实行不同的等级,带队组长的津贴是人民币120元/月(可兑换美元的外汇人民币,当时国家确定1美元兑换人民币1.8元左右),有高级职称的人员是105元/月,工程师是78元/月,技术工人大致是65元/月。这些钱攒起来,可以在国内购置援外人员的五大件(照相机、录音机、彩电、冰箱、洗衣机)。当时这些钱大部分并不发到个人手中,而是存在使馆经参处,按当时与美元比价计算。

整个项目的管理几乎是封闭的,只有每个星期五可以到附近市场逛逛,每两周可去离伊斯兰堡很近的老城拉瓦尔品第游览,有汽车定时往返。假日也可以去附近钓鱼,鱼竿、鱼膘都是自己做的,只需买鱼线、鱼钩即可。那里的鱼很多,也很好钓,每次出去都收获颇丰。我们在附近拉瓦尔湖曾钓到一米多长的淡水鳗鱼,肉质十分鲜美。最令人难忘的是在小河里钓甲鱼,穿过工地的小小河沟中竟有大到几十斤的甲鱼。我们用自制的钓具钓过60余斤的大甲鱼。钓鱼既可增加乐趣,又可改善生活。我们食堂中最多时存过十来只二三十斤的甲鱼。

我们配备了电影放映机,可从使馆借影片回来放,好的影片看过多次仍受欢迎。1983年春节后不久,从国内送来了首届中央台春节联欢会的录像带,大家更是百看不厌,弥补了思乡之情。那时的通信只有靠信件来往。每周有外交部信使飞抵伊斯兰堡,带来国内家属的信件,而我们的信件则集中上交后由信使带回。飞机经常是晚间到达,工作组派人去使馆取信,因此无论再晚大家都不睡,等着国内亲人的信件,真正体会到"家书抵万金"的滋味。那时,我们刚接触彩色照片,还会从津贴中取出一些钱,拍彩照寄给家人。

优良生态　令人神往

伊斯兰堡是新建不久的首都城市,生态环境良好,空气清新,树木花草繁茂。夏日早晨,我们经常被窗外的鸟声吵醒,白头翁、斑鸠叽喳不停。一群群色彩斑斓的鹦鹉会不时飞过树丛。天暖时,甲鱼纷纷上岸晒太阳,人一经过则迅速下水逃离。在稍远些的山中,我们还见到过野生猕猴。拉瓦尔湖边树丛中有成片的白鹭飞翔。优良的生态环境实在令人神往。

重要的节日巴方会安排我们去旅游。我们去过拉合尔,乘车9个小时即到达这个与印度毗邻的历史名城。这里有建于1566年的拉合尔堡,这是一座高墙环绕、气势恢宏的王宫,为拉合尔市标志性建筑。美丽的夏丽玛公园修建于1624年,是莫卧儿王朝时期园林建筑艺术的杰作。以上两处景点于1981年被联合国列入世界遗产名录。

祝愿邻邦　　国泰民安

在伊斯兰堡郊区,我们看见不少来自阿富汗的难民。不管巴基斯坦政局如何,中巴两国的传统友谊是牢固而深厚的,我们也为中巴友谊贡献过一分力量。我们衷心祝愿友好邻邦能克服一切困难,早日实现民族和解,政局稳定,发展经济,做到国泰民安。

30年多过去了,我国经济不断发展,国力大大增强,人民生活节节提升。那时只有出国人员才能购得的几大件早已家家普及。就拿我们援外的电子显示屏来说,当时只能用白炽灯泡作为一个像素,非黑即白。由15 600个灯泡组成的显示屏也只能显示文字和简单的图像。而现在我们早已掌握了最新显示技术:采用三基色LED做像素,不大的显示屏像素可达百万级至千万级,每个像素还可有16个灰度等级(从亮至灭,可调节16个亮度),可以实时地播出高清的彩色画面,在国内众多的体育场馆,交通枢纽、百货商场中,高科技的显示装置比比皆是。科技的进步反映了国家繁荣昌盛,30多年来,我们已取得举世瞩目的成就,更衷心希望早日实现中华民族伟大复兴的中国梦。

(作者简介:竺培国,哈尔滨工业大学教授,现任校老科协副会长兼老年大学校长)

哈工大精神——
铭记责任、竭诚奉献的爱国精神

王淑娟（5023 班）

1975 年，我肩负着全厂职工的希望和对知识的渴求，来到了梦寐以求的哈尔滨工业大学深造，40 多年来，让我难以忘怀和引以为傲的是哈工大精神——铭记责任、竭诚奉献的爱国精神。

难忘那入学的第一堂课，老教导主任给我们新生做报告，他讲了哈工大的历史，讲了哈工大的昨天、今天和未来，介绍了那些哈工大培养出的国家栋梁是怎样在各自的岗位上为国效力，介绍了哈工大的累累科研成果……生动的一课让我为哈工大学子们的精忠报国之心所感动，我暗下决心——我也要做对祖国有用的人才！

那一刻，我仿佛瞬间长大了，成熟了。我想到祖国强大靠我们的共同努力，改变祖国贫穷落后靠知识，靠学子们今天的努力、明天的奉献。

从老主任身上我们看到了他们那一代知识分子的爱国之心。他们亲身经历了祖国的一穷二白，经历了弱国受辱、海外华人受到歧视，他们迫切希望祖国能够强大起来，他们把祖国的利益视为生命。多少科学家放弃海外的优越条件，甚至冒着生命危险回到祖国，多少科学家为了让祖国赶上发达国家的科技水平默默奉献，老主任说："那时候的我们只有一种想法，让祖国早日强大起来！我们责无旁贷，祖国需要就是我们的理想！"

老主任的话让我们感到哈工大教师的高风亮节，他们有着精忠报国的胸怀！短短三年的校园生活，让我看到每位老师兢兢业业、勤勤恳恳忘我工作，成为我工作中的榜样。我为能成为哈工大的学子感到骄傲！也正是哈工大精神让祖国科研战线上硕果累累：如今的"嫦娥探月""蛟龙入海"等多项科技成果都有哈工大学子们的丰功伟绩。

我骄傲，曾在哈工大学习；我骄傲，哈工大不断创出新成果；我骄傲，祖国一日千里，哈工大人在冲锋陷阵！

这一切都在印证着哈工大的精神——铭记责任、竭诚奉献的爱国精神！

重回母校哈工大

刘文生（7311班老年记者）

今年立秋时分，中原大地还是骄阳似火、热浪袭人，然而美丽的冰城哈尔滨却已秋风习习、凉意丝丝。怀着对母校的一片思念之情，我终于回到了阔别30余年的母校哈尔滨工业大学。

大学毕业以来，由于工作繁忙及其他原因，多年来一直未能重回母校看一看。为了这点遗憾，我曾在老伴面前唠叨过多次。如今，我们老两口都已年过花甲，退休后有了充足的时间，因此，今年8月初趁赴京看望女儿之际，老伴为了圆我回哈工大的梦，坚定地支持我转道哈尔滨，陪我一起踏上了回母校的旅程。

哈尔滨工业大学简称哈工大，坐落在素有"东方莫斯科"之称的北国名城哈尔滨市。哈工大创建于1920年，每年的6月7日为校庆日。哈工大曾隶属国家国防科工委，现隶属国家工业和信息化部，是国家"985工程"C9联盟的九所重点高校之一（C9联盟：北大、清华、中科大、哈工大、复旦、南京大学、上海交大、西安交大、浙江大学）。

哈工大曾以"工程师的摇篮"著称，现在又以"理工科大学师资的摇篮"而享誉全国。建校以来，近20万学子从这里走向各条战线，他们中既有叶选平、邹家华、李长春、王兆国、栗战书等党和国家领导人，也有共和国的将军；既有孙家栋等著名的航天专家、高校教授，也有遍布海内外的成功企业家。如今的哈工大已经发展成为一所突出国防、航天特色，在国内外有较大影响的多学科、开放式、研究型的国家一流重点大学。

回母校期间，我们看望了当年的专业课老师牟景林，牟老师今年已经78周岁了，仍然精神矍铄、神采奕奕、思维清晰、和蔼健谈。当年我和牟老师及同学张家琪进行社会实践锻炼时，曾同住在一家老乡的炕头上，有着很深的感情，看到我来访，他特别高兴。牟老师早年毕业于苏联列宁格勒（现圣彼得堡）大学，是精密计时仪器专业的专家、泰斗，和原轻工部一轻局局长张遐龄曾是大学同班同学，是计时行业知名的老教授。牟老师当时正值壮年，不但课教得好，动手能力也很强，在专业课实习过程中，我们向牟老师学到了很多实践知识，同学们都十分敬佩他。师生见面，旧事重提，抚今追昔，交流信息，大家都不免唏嘘慨叹，感触良多。

探望过牟老师，我们就迫不及待地去寻访当年住过的学生二宿舍楼。漫步小楼内外，我细细分辨，思绪万千，久久不愿离去。这座建于1953年的学生公寓至今依然完好无损，只是又加高了两层，内外重新进行了装修。沿着长长的走廊，我们看到一间间宿舍内都有不少学生暑期仍留在学校潜心攻读。与他们攀谈，才知他们或在准备考研，或和老师一起做科研课题，我深深地为这些校友们的刻苦学习精神所感动。现在的年轻人赶上了改革开放、祖国富强，可以尽情施展自己才华的好时代。

沿着哈工大老校区的林荫道，我们徜徉在学校主楼、图书馆、正心楼、学士楼、学生食堂、体育馆、游泳馆等各色建筑中,看到校区内建筑林立、树茂花香,路更宽了,楼更高了,校区美化了,心情非常舒畅。新修的通往新校区的"教化大道"从校区穿过,非常壮观。苏联专家在校时设计建造的哈工大标志性建筑——俄罗斯风格的主楼仍巍然屹立,让人倍感亲切。稍微变化的是,前些年由于哈尔滨市政建设需要,主楼前的广场被切去了一大半,西大直街上的高架桥从主楼前经过。

哈工大因哈尔滨而闻名,哈尔滨因哈工大而自豪。驰名中外的哈尔滨太阳岛、中央大街、索菲亚教堂、防洪纪念塔、秋林公司、哈一百等吸引着八方游客。美丽的太阳岛上微风轻抚、水波荡漾;暮色低垂,颇具异国风情的中央大街游人如织,多处高雅的街头夜场演出令人驻足观赏,陶醉其中。不时见到外国游客,或热情地与我们打招呼,或相互拍照留影;哈尔滨红肠、列巴、哈尔滨啤酒等特色食品小店随处可见,供游人品尝;乘游轮观赏灯火辉煌的松花江美丽夜景,更是让人流连忘返、心旷神怡,这些都展现出哈尔滨独特的异域风情和迷人魅力。

重睹了母校的风采,饱览了冰城的美景,我既激动又欣慰。30余年时光荏苒,弹指一挥间。当年母校授业恩师不辞辛劳的谆谆教诲,仿佛就在昨天;主楼教室、溜冰场、部队军营、哈工大回迁出力流汗……都留下了我们青春的身影;那时学生食堂每月只有几斤细粮的艰苦生活至今仍记忆犹新;当年风华正茂的热血青年,如今都已步入花甲之年。我也从曾在企业从事工程技术工作的高级工程师成长为一名机关干部。我深深地感到:无论再过多少年,对母校的这份情怀永远不会忘却。

拳拳学子心,浓浓母校情。哈工大,我生命中的重要驿站,你正在迎来一个生机盎然的春天!

祝福哈工大!祝福哈尔滨!

凝心聚力 砥砺前行
哈工大机电控制及自动化系发展史简记

哈工大,四十年后再相聚

阿声(老年记者)
2016 年 7 月 25 日

2016 年 7 月 16 日,美丽的哈尔滨阳光和煦,风清气爽。白云蓝天下的哈尔滨工业大学主楼更显得庄重气派,熠熠生辉。

上午 9 时,来自北京、沈阳、武汉、洛阳、新乡、西安、杭州、深圳、厦门、南宁、重庆、长春等祖国四面八方的莘莘学子相聚在计时专业教研室里,师生们相见互致问候,互道思念,热泪盈眶。叙同窗之情,念母校之恩,尽享重见的喜悦(图 5.10、图 5.11)。

图 5.10 青春记忆中的哈工大

图 5.11　2016 年重回哈工大

"少小离家老大回,乡音无改鬓毛衰"。光阴似箭,岁月荏苒,四十年间改变了容颜,许多师生不敢相认,但心中珍藏的那份同学情谊、师生友情,却始终难以忘怀。蓝天白云下,浓浓同窗情。

忆往昔,恰同学少年,风华正茂,挥斥方遒,同窗友谊,冰城情结(图 5.12、图 5.13)。

2013 年 8 月,我与夫人第一次重返哈工大,登门拜访了恩师牟景林(图 5.14)。师生相见,抚今追昔,倾心畅谈,感慨万千。

图 5.12　昔日军训,英姿飒爽

图 5.13　计时专业师生团聚

图 5.14　与恩师合影

老班长陈广山和现任教研室主任王晓溪先后发表了热情洋溢的讲话。他们一致表示，光阴似箭，日月如梭，四十年弹指一挥间。计时专业从 1956 年创建至今 60 余年发展壮大的辉煌历程，凝聚了几代哈工大人的辛勤耕耘，为我国钟表工业的发展做出了杰出贡献。此时此刻，我们更加缅怀牟景林、马天超等当年我们的授业恩师，也深切缅怀刚刚离去的王振宇老学友。

此次聚会，王晓溪主任和魏晓燕群主精心为大家安排了舒适的酒店；刘文生同学负责收集、整理、打印与会同学们的通讯信息，同时担任新闻报道；王建东、郑大海两位同学热心为大家拍照、下载 U 盘；罗远梅、党建荣两位同学不辞辛劳负责会务工作。

相逢是首歌，喜悦溢满脸颊……岁月改变了容颜，情谊却永存心间。

校园里，邂逅 7312 班老同学们，大家一起合影留念（图 5.15）。

如今哈工大的计时专业已经是桃李满天下，尤其是 7311 班更是人才济济，学业有成，硕果累累。他们当中，有硕士研究生毕业、获得国际质量科学院院士；有大学教授、博士生导师；有多位同学成为我国钟表行业的企业家；有一大批成为党政机关领导干部；有各行各业的成功人士；更有众多在困境中为钟表企业攻坚克难的科技专家。7311 班的校友们为祖国的发展、精密计时仪器行业的振兴谱写了辉煌的一页。

这次聚会，许多同学给老师和同学们精心准备了小礼品，计时专业教研室也为同学们准备了印有"哈工大计时专业辉煌六十年"字样的珍贵小礼品。老同学们参观了校园，重睹了母校的风采，纷纷为母校的巨变啧啧称赞。

故地重游期间，同学们看到一队队毕业二十年、三十年、四十年的校友们穿着统一上装，集体穿梭在校园里游览或拍集体照（图 5.16），大家感慨万千，为母校的发展而自豪。

拳拳学子心，浓浓母校情。此次 7311 班全体返校聚会的老年同学们衷心地祝福母校不忘初心，砥砺前行，青春永驻，盛名永存，去迎接更加辉煌的明天！

图 5.15　与 7312 班合影

图 5.16　7311 班主楼合照

讴歌母校

马跃宇(7813 班)

一百年时光荏苒,斗转星移。
一百年风雨兼程,前仆后继。
一百年开拓进取,砥砺前行。
一百年春华秋实,桃李满天。

哈工大——我可爱的母校。
是永远印在我们心中的名字。
你从一九二零年走来,
承载着厚重岁月的沉淀。
你有八百壮士的扛鼎,
成为世界名校的坚实根基。
改革开放,拨乱反正,励精图治
你站到了世界一流工科大学的制高点。
你是工程师的摇篮
你是科学家的故乡
新时期高级知识分子楷模马祖光
烛光精神永远在工大人心中照亮
荣获国家最高科学技术奖的刘永坦
是万千教师和校友的杰出代表

规格严格,功夫到家
八字校训永记心间,
也使万千校友受益无限。
我们求学上进,默默奉献,
用热血和汗水与祖国同进,青春无悔。
我们百转千回,拼搏奋斗,
在改革的大潮中激流勇进,默默奉献。
从航天发射场中走来了科技精英,
太空中的颗颗卫星都有你汗水的浸染。
站在高校的崇高讲坛,
你传道解惑哺育森林一片

企业改制,下海经商,自主创业,
你写就人生又一片绚烂。
无论功成名就,事业发达,
还是默默无闻,走过荆棘,
我们都努力工作,乐观向上,心系母校。

几十年弹指一挥间,
我们两鬓斑白,重返母校,感慨万千。
几十年沧桑巨变,
我们师生欢聚,喜迎百年校庆。
抒不完的当年情,
道不尽的肺腑言。
忆不尽的同窗谊,
叙不完的久别情感。
同学和师生是最亲切的名词,
有无尽的共同语言。
为母校的成就而骄傲
为成为哈工大学子而自豪
讴歌母校,我们故地重游,抚今追昔,载歌载舞
共庆你的百年华诞
讴歌母校,我们追忆你悠久的历史
赞美你辉煌的现在
更祝福你美好的未来。

三十年相聚

肖飞　于殿勇（8113-2班）

　　尊敬的老师，各位亲爱的同学们，晚上好。今天是个好日子，一个值得回忆的日子。34年前，一群懵懂少年，从全国各地来到哈尔滨，进入哈工大，汇聚成了8113，从此，8113就作为一个符号，镌刻在我们心里，伴随我们的人生之旅一路走来。30年前，我们离开哈工大，揭开各自人生新的篇章，但8113却未离我们远去，反而成为一生的记忆。2001年，入学20周年，我们回到工大一起回忆过；2005年，毕业20周年，大上海黄浦江畔，我们也回忆过；2010年，广州珠江边，白云山上，我们回忆过。今天，我们怀着满腔的热忱，带着久别重逢的渴望，抛开尘世的喧嚣，放下一切烦恼，再次相聚于哈尔滨，听听那熟悉的声音，看看那久违的面容，让那美好的记忆再次回到身边，共同续写新的记忆。入学时，8113班共有25位同学，非常遗憾，毕业不久，王庆平同学就因病远离我们，如今，班上24位同学分布各地：纪德清、王岩羽、栾升三位同学远在海外；周延周在广州工作，目前在瑞士访学；张万程、邱昌达、李惠春、马宗让四位虽在国内，但因各种原因无法来聚；今天相聚的同学有16位，他们是：周世革、韩颖、宋健朗、徐双根、秦永清、关振环、肖飞、杨志强、张建民、吕向辰、徐真、林学光、唐殿辉、刘建杭、刘增贺、于殿勇。

　　同学们：相聚成画，重逢如歌，30年不长，只争朝夕。30年后，我们再相邀，又是一片新天地。到时悄悄问上：廉颇老矣，尚能饭否！

　　最后，要感谢在哈的组委会成员，是你们辛苦操劳，才使得这次聚会能圆满举行。干杯！

　　　　　　金秋十月，京城来往，
　　　　　　工大同窗，欢聚悦康。
　　　　　　忆昔少年，胸怀梦想，
　　　　　　北国冰城，共享时光。
　　　　　　俊男靓女，月下流淌，
　　　　　　追风少年，汗洒球场。
　　　　　　阶梯教室，有时迷茫，
　　　　　　期末考试，偶尔不爽。
　　　　　　四年一瞬，重新启航，
　　　　　　东西南北，江湖匆忙。
　　　　　　二零一五，三十华章，
　　　　　　往日风华，已然沧桑。
　　　　　　时不我待，三年盼望，

今日相聚,再叙衷肠。
把酒言欢,共享佳酿。
辞别今宵,山高水长,
各自珍重,彼此不忘。
吃喝拉撒,万寿无疆。

下面是校原党委书记姜以宏发给8813-2班的亲笔信(图5.17)。

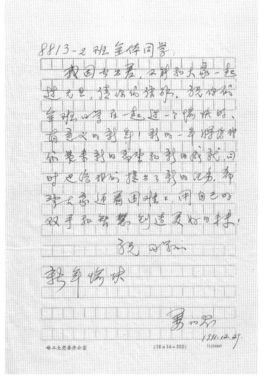

图5.17 校原党委书记姜以宏发给8813-2班的亲笔信

春风化雨　润物无声

——忆在哈工大学习期间四爷高铁校长对我的教诲

高东辉

2020年哈工大将迎来她的百年校庆。校庆来临之际，我不禁想起母校对我的培养，也不禁想起我的四爷——高铁老校长对我的教诲。四爷1950年奉东北局之命接管哈工大，1977年调到北京大学任常务副校长，期间在哈工大校领导岗位上工作了整整27年。我于1988年至1992年期间在哈工大学习。在这四年中，四爷虽然已经离休在北京，但仍然通过信函方式对我进行了多次指导和教诲。他寄给我的每一封信我都始终珍藏着；他亲切的话语至今在我耳边回响；他慈祥的面容、高大的身躯至今仍然清晰地浮现在我眼前，久久不能忘怀。

我从农村家乡——也是四爷的故乡辽宁省新民县考入哈工大一系13专业。当接到录取通知书的时候，我非常激动，因为我考上的大学不仅是全国重点大学，而且是四爷长期工作过的地方。我从小就从父亲那里得知，四爷上中学时参加一二·九学生运动，然后奔赴延安加入了著名的八路军三五九旅，解放后长期在这所名校工作，而四奶孙克悠也曾在哈工大短时间任党政要职。通过对四爷的了解，进而得知哈工大是一所万千学子向往的著名大学。哈工大在我幼小心灵中已经打下烙印。

入学后不久，我给四爷写了信。信中我简单汇报了对哈工大的初步印象以及军训生活等情况，然后就一些困惑向四爷求教。四爷尽管离休了，但仍然做一些顾问工作，在很忙的情况下还是很快回了信（图5.18）。信中对我考入哈工大并又感到学风好而非常高兴，并解答了我的疑问，同时提出了一些建议和殷切期望。

信虽然不是很长，但却解决了我及周围同学刚踏入大学校园后的很多困惑。在信中还附了当天从人民日报上剪下来的文章，文章题目为"大学生心态录——全国万名大学生抽样调查追踪"。从这篇文章可以看出当时大学生的价值取向，对于新入学的大学生如何在大学期间端正态度、将来走上社会具有指导意义。这封信及剪报成为我在哈工大四年学习生活的指导思想，并至今影响着我。我正是按照他老人家要求去做的，力争成为又红又专人才。在大学四年中，除了勤奋学习专业课外，我还参加了一些选修课的学习，提高综合素质。业余时间参加大学生书画学会活动，培养高雅兴趣，还从事家教服务，锻炼了自己，了解了社会。四年中，我曾经两次参加哈工大党校的学习，并组织成立党的基本知识学习小组，开展多种形式的学习活动，比如参观黑龙江省烈士馆、请辅导员何维民讲党课（图5.19）、电影《焦裕禄》观后座谈等。在毕业前，我和小组的其他大部分成员都成了中共预备党员。

1990年6月7日是哈工大建校70周年校庆，学校准备了简朴但又隆重的校庆活动。四爷和四奶应学校邀请回到哈工大。四爷、四奶回哈工大的消息已经在校园内传开，来

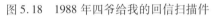

图 5.18　1988 年四爷给我的回信扫描件

图 5.19　在第二学生宿舍，听辅导员何维民老师讲党课（曾学群摄）

看望的人络绎不绝，6 月 5 日晚上，先见到四爷的我们专业王世杰教授委托班主任苏传信到宿舍通知我，让我去见四爷、四奶。

由于来人太多，四爷的老秘书张绛不得已把第六宿舍大会议室改成接待室，同时把每批来访限制在 20 分钟内。我在小客厅与四奶先见了面，在人稍微少些时到会议室见到了健康矍铄的四爷（图 5.20）。四爷与我亲切握手，并把我向在座的人进行了介绍："这是我哥哥的孙子，在 13 专业。"四爷也把在座的校领导和老师们介绍给我。我清楚地记得大家共同追忆过去一起奋斗的岁月,现场充满了欢乐气氛。四爷说,这次是自调离后第三次回来。1986年参加哈尔滨解放四十周年纪念活动顺便回校,1987年航天学院成立被邀请回来参加典礼。谈话中,看出四爷对哈工大有非常深的感情,同时也感受到了哈工大人对四爷、四奶的爱戴之情。第二天四爷约我一起吃晚饭,四爷对我讲:学好功课,尤其要重视英语和计算机,学英语要重视听说的练习;年轻人要能吃苦,不要贪图享受。四奶还给了我一些钱和粮票,希望我加强营养,好好学习。

在此以前,同学和老师都不知道我与四爷的关系,我也没有对任何人讲,因为我不想通过这个关系来说明什么和改变什么,我就是一个普通的学生,能考入哈工大,更能圆满完成学业。但通过这次与四爷会面,我高兴的同时心中有一种压力,我只有更加努力学习,积极上进,不辜负四爷、四奶对我的关怀。

图 5.20　1990 年 6 月 5 日,在第六宿舍与参加建校 70 周年庆祝活动的四爷见面(曾学群摄)

在临毕业时,关于将来工作问题我与四爷又通了两次信。四爷教导我:年轻人要有远大理想,扎扎实实干;分配到哪里并不重要,关键要有真本事;能考入哈工大很不简单,但今后还有很长的路要走,要继续学习。

临毕业专业实习在北京航天部几家单位,期间我几次来到四爷家,又当面得到他的教诲。他得知我第一次来北京,除了告诉我珍惜这次实习机会认真参观学习外,还为我介绍了北京古建筑中最有特色、最值得去参观的天坛等名胜古迹,希望我能了解中国古代灿烂的文化。当他得知我即将分配到航天部生产火箭导航器件的第230厂时,认为这与所学专业正对口,能够学有所用,非常高兴。他推荐我去哈工大袁哲俊教授负责的测试陀螺漂移的实验室去看看,先增加对工作单位产品的感性认识,进而更快适应产品的制造工艺。四爷离开学校这么多年,还对学校的实验室如此熟悉,可见他始终把哈工大装在心中。更难得的是,他老人家能够对我在学习上如此关心,这使我非常感动,也激励着我一定不辜负他的希望。

我在北京工作后,更有机会常常当面得到他老人家的教诲(图5.21)。他直到患病住院都一直关心我的工作、学习和生活,希望我趁年轻多学些本事;作为哈工大的校友,应该为国家做更大贡献。当他得知我考入专利局做专利审查员时,赞同人才合理流动,认

图 5.21　1997 年在四爷家里

为知识产权保护会越来越重要。他常常把学校寄来的《哈工大报》给我看,也时常讲述哈工大的历史,但他从不讲自己的功劳。直到他去世,我从纪念专辑《润物无声——纪念教育界高铁》一书中才了解到:他老人家在哈工大工作了27年,见证了哈工大的接管、改建和扩建,也见证了哈工大南迁北返,见证了哈工大的风风雨雨。他与其他校领导及广大师生一道开创了哈工大的第一个黄金时代,是新哈工大的创建者和奠基人。四爷在患病期间,应学校领导邀请写了律诗《忆哈工大》及大段注释,他跟我说:"这是我在哈工大的总结。"我理解当时他的心情,他似乎有某些预感。当我跟他说应该把"一生中最宝贵的时光是在哈工大度过的"这句话加入注释里时,他却说:"这样有吹嘘自己的嫌疑,这是国家需要,也是个人的光荣。"

2004年10月,我因出差回到母校哈工大。毕业离开哈工大12年了,学校也发生了很大变化,但我所熟悉的主楼、新教学楼、第二宿舍仍然如过去一样。站在校园里,我仿佛进入了时光隧道,立即回到了12年前。在母校的学习是人生重要里程碑,母校的培养特别是专业老师的培养奠定了我人生道路的基础,更难得的是,这期间有幸得到四爷——高铁老校长对我的教诲,这成为我奋发向上的动力乃至今后人生道路的指路明灯,这些教诲与在母校学习生活一起是我永远最珍贵的记忆。

作者情况：

高东辉,现任北京三聚阳光知识产权代理有限公司副总经理,研究员。1988—1992年,在哈工大精密仪器系精密机械与仪器制造工程专业学习。1992—1996年在航天部第一研究院230厂,任助理工程师、团委书记;1996年考入专利局,先后任专利审查员、副处长、处长;2013年任专利局专利审查协作河南中心总审查师、工会主席。2009年曾在江苏省知识产权局挂职任局长助理。

1408503 班回忆录

1. 相遇篇

我们的故事从一次军训开始(图 5.22)。谁还记得我们练不完的军姿和正步？又是谁总想着偷懒,结果被教官罚站？还记不记得我们每晚留下来练习校歌？记不记得最后和教官分别时的不舍？又或是第一次见到北方大雪的兴奋？还有一起学习滑冰时的快乐。一群刚入校园的小伙伴,与哈工大结下了不解之缘。

图 5.22　军训时练正步

2. 生活篇

全班一起去敬老院做义工(图 5.23),一起去自闭症儿童康复训练中心陪孩子们玩耍,还有在班主任的茶室里喝茶谈理想。每到五一的时候班级里还会组织爬山,一起去户外踏青。有时还会去班主任家做客,感受班级这个大家庭的温暖。

图 5.23　敬老院门前合影留念

3. 校园篇

学校的社团活动丰富多彩,学校里的实验课也总能引起我们的兴趣。我们曾在运动场上一起拼搏,也曾在课堂和实习中不断学习着知识(图 5.24)。

图 5.24　实习结束的合影

4. 完结篇

天下没有不散的筵席,所有的故事最后都有完结(图 5.25、图 5.26)。记得我们在毕业典礼上留下的眼泪。互相道别时的不舍,但我们还是要说再见。每一个不会磨灭的深深脚印都记录着风风雨雨,每一个不能忘却的足迹都铭刻着深深的回忆,每一个不可抹去的脚印都镌刻着种种情感。

不要难过,不要回头,愿你所愿,终能实现。

图 5.25　1408503 毕业合照(一)

凝心聚力 砥砺前行
哈工大机电控制及自动化系发展史简记

图 5.26　1408503 毕业合照（二）

我的大学

孔倩茵（1408501 班）

作为 2018 届毕业生，我们毕业尚不到一年。本以为，想要回顾大学四年，我应当是能洋洋洒洒写下长长篇章。殊不知，反倒无从下笔……

我自幼成长在广东佛山，却来到了哈尔滨求学。四年里，每每有人提及家乡与学校，几乎所有人都会惊叹于此。遥想初来报到之日，还是九月初秋，在家乡仍是炎炎夏日，到哈尔滨却要披上外套。父母带着我在哈尔滨游览两日，城市之景与我们想象的大相径庭。街道上鲜见高楼，多是欧式建筑，隐隐透着沧桑感。而到我毕业之时，城市里已建成如哈尔滨大剧院等许多现代建筑，加上四年间在城市里游玩，加深了对城市的了解，哈尔滨留给我的印象与初印象已大不相同。

谈及哈尔滨，抑或谈及东北，许多人第一印象均是冰雪。在哈尔滨，初雪一般都在十一月，且确是"撒盐空中差可拟"。雪花正如盐粒，且是磨细了的精盐，轻轻飘下，落到地上却不见痕迹，欲伸手抓雪，掌心亦是了无一物。尽管如此，从未见过雪景的南方孩子已兴奋至极，连忙掏出手机，想拍下"雪盐"的模样。广东学子的群聊里，聊天消息接连不断，大家讨论着这雪的模样和触感，憧憬着大雪时"恢弘"的雪仗。

终于等到雪大了些，地上有浅浅一层积雪了。还记得那时我们还在黄河路二校区，和室友起了早，囫囵吃下早饭，飞快奔到操场。我先是捧起一把雪，凑近去观察这雪的模样，说不清的神奇，松松散散的雪竟能堆起高度。再撒到空中，看着雪被风吹散，扬起，又一次落到地上，消失在先前的积雪中。十几分钟后，手已经冻僵，室友怕我生病也叫我一同回去，我还一直说着再玩一会儿吧……回去之后室友笑着，兴奋的南方孩子，以后还有更大的雪呢！

之后亦是三天两头下着雪，等雪再积得厚一些，社团的朋友、班级的同学，经常约着打雪仗。原以为打雪仗都是如小说电视剧里的样子，用双手团起雪球朝对方扔去，也不一定能投中。没想到北方的孩子都是装备满满的，其中有制雪球的夹子，往雪堆里一夹，便出来一个雪球了，效率奇高，还有塑料雪橇，在校园里就能滑雪了。而大孩子如我们，更是疯闹，随机抬起一个同伴，扔到雪堆里，旁人再往上堆些雪，整个人就像被埋在雪里一般。

进入隆冬，雪势越来越大。在二校区时，宿舍楼离教学楼还近些，下雪亦不会太影响我们上课。搬到一校区后，女生宿舍与机械楼可是分别坐落在学校的对角线上，步行距离要二十分钟。基本上每次冒着大雪走到机械楼上课，都会落了一身的雪，脸颊冻得失去表情。进入教室之后，赶忙脱去渗着寒气的大衣，掏出热水来喝。

人们常说，近处没有风景。其实，各处都有风景，只是当人对一个地方太了解的时候，同时看到了它的美与丑，却因为对丑的敏感，而忽略了身边的美。

凝心聚力 砥砺前行
哈工大机电控制及自动化系发展史简记

冬天的时候，哈尔滨的雾霾总是很严重，几乎所有人都戴着口罩，有时甚至看不清楚旁人，有时着实让人不舒服。但不要忘记下着瑞雪的时候，玩雪时的欢愉，也别忘了春天百花齐放的哈尔滨。经过萧条的冬天，校园里栽的柳树冒出新芽，嫩绿的枝丫昭示着春天的到来。一般，樱花桃花先开，而后飘起了柳絮，像一团团的棉花；之后，丁香花也开了，花香四溢，经过的时候，觉得自己身上也沾染了一丝香气……

到了夏天，好像所有的树都悄悄地换了颜色，变成了深绿色的。即使在纬度高的哈尔滨，夏天也是很热的，小伙伴们总喜欢到水果摊买半个西瓜，特意叮嘱店主不要切开，拿回宿舍分着吃，你一勺我一勺的。夏天的阳光总是充足，也没有雾霾，每日都能看到蓝天白云，色彩分明得像画一样。天亮得早，黑得迟，觉得一日的时间都变长了，傍晚不那么热的时候，就到校园里散散步，习习凉风，也很舒服。

无论小学、中学还是大学，似乎所有的学校外围都会有小吃街，大型如哈师大旁边的，已发展成哈尔滨一个标志夜市了。嘴馋了就去二校区西门外吃烧烤、煎饼果子、臭豆腐、凉皮，经济宽裕些了就去二校区东门外的饭店改善伙食，粤菜、赣菜、川菜、东北菜应有尽有。搬到一校区之后，女生宿舍外就是众多小摊，学生之间众口相传的"阿姨的烤串""叔叔的炸鸡柳""叔叔的手抓饼"，大家好像都不记得小吃摊上的招牌，但隐隐都能认准好吃的摊位。

也许入学时，想象大学四年会很漫长；可毕业时，才感受到时光飞逝，一千多个日子，转瞬即逝；一眨眼，我们已经毕业十个月了……回顾着那些年月，能忆起的都是日常的小美好。有如回想那时通宵工作，印象更深的不是熬夜的辛苦，而是一起战斗的热血澎湃；想起"规格严格，功夫到家"，先想到的不是备考时背书的痛苦，而是小伙伴给我们讲题时的热情。回想大学时光，首先想起的也不是食堂里拥挤的人潮，而是有趣的同学。和同学们交往的点点滴滴，一下子都冒了出来，可能要写下来就都是流水账了，课间开的玩笑，课后提的问题，日常给予我的帮助。这段日子仿佛是一部长长的电影，且似乎是文艺片，犹如小桥流水，波折不多，平平淡淡的，却又很美好。观众不知不觉沉浸其中，却在某时戛然而止，被提醒道，"影片结束了"，该散场了。

我们便奔向四方，各自奋斗，只能祝福彼此，前程似锦。

1508501 班同学寄语

光阴荏苒,日月如梭,四年寒窗转瞬即逝。我们来自五湖四海,我们跋涉过万水千山。但我们现在有一个共同名字:机电人。

原本天各一方,我们却在这里齐聚,一起在筑梦的四年里分享这个共同的归属——1508501班。在这四年里,我们有欢笑有沮丧,有汗水有成长。这四年,是人生的又一转折。

2015年9月,我们在冰城集结。肥大的军装遮不住我们的雄心豪情;炎炎烈日下我们动作整齐划一。我们的故事,从这里开始。

2019年6月,在明媚的阳光下,高呼"我们毕业了",伴随着把学士帽抛向空中,大学生活也翻页而过。这四年里,我们一起熬了不知多少个夜,与尺规为伍,以图纸为伴,只为让梦想之花绽放笔尖。这四年里,我们一起跨过了无数的艰难险阻,将一个个大作业斩于马下,与一门门考试"厮杀",但求砥砺前行,收获成长。这四年里,我们一起举办各式各样的活动,每个人都为班级的建立尽心尽力,风雨同舟,携手并进,唯望班级成为每个人的大家庭(图5.27、图5.28)。面对机电这个体系,我们用一次次实际行动去了解,去探索,去规划,去实践,尽管现在我们还只算初出茅庐,有朝一日,我们也将独当一面。

We are a team, we are family。我们建设自己独特的空间,我们坚持自己独特的风格,我们分享喜怒哀乐。

这四年,忙碌而充实,磨砺之后,我们收获的是成长。也许我们的羁绊还不够坚定,也许逐梦之路漫长艰辛。剩下的路,纵使天各一方,我们还将一起走下去!

刘青媛:

十年树木,百年树人。母校百年诞辰之际,愿哈工大谱写新章,再创辉煌。

唐洪福:

恰同学少年,风华正茂;书生意气,挥斥方遒。曾记否,到中流击水,浪遏飞舟?

蒲星瑞:

百年峥嵘,世纪华章。学风不朽,正气依旧。四载光阴,永刻脑内。谆谆教诲,铭记心间。

祝母校和501班都越来越好,前程似锦。

图 5.27　石胜君老师组织本班学生开班会

图 5.28　1508501 合影

1508502 班同学寄语

1508502 班是机电学院机械电子工程专业第二届的班级,属于机电控制及自动化系,班主任是董惠娟。学业支持一直是 1508502 班级建设的重中之重,"让优秀成为习惯"是我们班的七字学风。大三结束全班 24 人中,保研人数达到 13 人,班级平均学分绩位列专业第一。班级曾荣获十佳学习型班级、优秀团支部、优良学风班等荣誉称号。

一、边浩东

四年时光转眼即逝,在滔滔的松花江畔,我们学习成长,学校教会我们要规格严格,功夫到家。恰逢母校百年校庆,祝母校科研教学继续进步,早日建成"双一流"大学。

二、黄卫金

顾往昔,一百载精神底蕴谁与争锋;看今朝,数万工大子弟风流创伟业;展未来,学子辉煌母校荣光举世望。在母校周年华诞之际,祝愿母校:积历史之厚蕴,更展宏图,再谱华章!

三、姚剑锋

祝机电小二班同窗师兄们历尽千帆,初心不改;学海无涯,顺遂平安。

四、汤闻天

大学四年,在机电工程学院,在哈尔滨工业大学,和四位室友兄弟走过了很多风风雨雨,经历了很多起起落落,到了离别的时候,这只是一个开始,属于我们自己的生活的开始,加油!我们都明白,无论新兴行业也好,传统行业也罢,要想成功,都离不开一步一个脚印。不要再用业余的态度去挑战专业。只有努力把自己变专业,才是正道。未来,属于我们!

五、于豪

光阴似箭,倏忽四年;酸甜苦辣,百感交集;个中滋味,唯有自知。要说一所好的大学能给一个学生带来什么,很容易说得很空泛。我只知道在这里我遇到了陪我度过青春的伙伴,他们都很优秀;在这里我还遇到了很多恩师,他们给我知识、启迪、方向甚至信念;在这里我还遇到了各种挫折和挑战,让我成长进步。我很感谢这里的一切,我爱哈尔滨工业大学,我爱机电控制及自动化系。愿未来,大家都好。

六、亢宇飞

在校四年,光阴似箭,岁月如梭。
在校四年,往事难忘,温馨如昨。
在校四年,我们感恩!感恩时代,感恩母校,感恩老师,感恩同学!
祝愿母校兴旺发达,桃李遍天下!
祝愿老师们健康长寿!
祝愿同学们一切都好!

七、邢璐

如意言辞今少作,但凝只语祝风鹏。

八、吴俊玉

我喜欢清晨奔赴正心楼时熙攘的人群;喜欢讲台上奋笔疾书可爱的老师们;喜欢傍晚跑步时洒在操场上金色的余晖;喜欢实验时的认真态度;喜欢每一次探索时的进步;更喜欢你,亲爱的母校——哈工大。十年树木,百年树人。你经历了百年风雨,孕育了硕果累累,桃李芬芳。一个大学的美,并不在于目力所能及的范围,而你用百年的底蕴,散发着无穷的魅力与生机。春风化雨,浇灌出无数灿烂之花;风雨兼程,铸造了无数灿烂辉煌;国之所托,夯实了祖国科技力量;大国上庠,承载莘莘学子的梦想。哈工大,祝福你,那一百年不变的忠诚,再谱写新的华章;那一百年铸造的名牌,永远闪耀光芒。

九、班广

回顾过去,我们无比自豪;展望未来,我们信心十足。在这个特殊的日子里,让我们再次向母校致以最诚挚的祝福,原母校永远辉煌,永远充满生机。

十、高峰

百年历史,共载兴旺。在哈工大百岁诞辰到来之际,祝愿机械电子工程的同学学有所成,老师桃李芬芳;祝愿机电工程学院人才辈出,越办越好;祝愿母校繁荣昌盛,再创辉煌!

十一、隋明扬

祝愿哈工大校园里树木常青!

十二、王源

大学四年像是弹指一挥,可这所学校教会我的却刻骨铭心,无论是学识上的充实、严谨、刻苦,还是认真、积极、乐观的优良品格。

对于学校我有着复杂的情感,在这里,我度过了充实而又忙碌的四年,我遇到了不少挫折,也为此灰心丧气过,深刻感受过自己的不足。但是,在这里,我感受更多的是有所收获的喜悦,以及如同家一般的温暖。

转眼这所学校已度过百年风雨,真心祝愿母校能在历史的洪流中屹立不倒,历久弥新。

十三、孟繁斌

转眼到了毕业之际,本科学习即将结束,在哈工大读书生活的日子竟然已经长达四年之久。四年的时间可以改变一个人,也给了我们足够的时间去感知并探索一座高校、一座城市。在最美好宝贵的大学时光里,哈尔滨工业大学以她特有的深厚底蕴和学术氛

围持续有效地影响着我。这里的建筑历史感强,一草一木、一砖一瓦背后都是这所学校历史的缩影。而哈工大最为宝贵的是那些发着光的教职员工和服务人员,德高望重、平易近人的老教授,醉心于科研却不忘关心培养新人的年轻老师,校园中随处可见为大家提供暖心服务的后勤人员……值此百年校庆之际,我也将以哈工大研究生的身份同众多校友一起见证这个激动时刻,佑工大前程大好,望工大人不忘初心!

十四、秦树亮

箐箐校园,承载四年悲喜,四度春秋,褪了少年稚气。
曾经,满座教室里神采飞扬,佳肴珍馐前壮语豪言;
如今,岁月刀刀刀切磨棱角,光阴箭箭箭试炼真心;
未来,我们定会翱翔在更广阔的天空!

十五、高凌翔

长乐未央,长毋相忘。

十六、卢建钢

21世纪人才最重要,智力是最宝贵的资源。祝愿我们机电控制系有最好的人才教育,最强的学习能力。祝愿我们控制系紧跟时代潮流又不断开拓科研疆域。祝愿我们系代代为祖国输出强兵猛将。

附录 机电控制及自动化系历届师生名单照片

哈尔滨工业大学
HARBIN INSTITUTE OF TECHNOLOGY
—— 1920-2020 ——

附录一 "机械电子工程"专业历届本科生名单

1959 届本科生名单
仪制 54 级
王　绅	张保康	景芳盛	游俊魁	金春成	王从生	袁宝春	董嘉祥
郑守义	钟景生	朱学成	张志礼	王　琦	王金钊	徐振廷	李振山
张厚民	张定安	顾宝泽	李锡栋	李约翰	鲁崇恭	李福宁	郭永渤
冯彩立							

1960 届本科生名单
仪制 55 级
高树栋	张瑞纯	陈仁柱	黄一清	金祚康	施广锡	钟永亨	毪启兰
杨景玉	高体成	戴德川	王瑞林	陈庆萱	李凤春	韩焕臣	王舜承
张育春	刘访学	郎爱蓉	乔蕴芝	刘国强	张继山	杨长青	王本正
刘　振	邰永生	杨天维	孙元福	马　涛	金华靖	于凤飞	曾希圣
李　庄	朱玉荣	陆家运	尤成顺				

1961 届本科生名单
仪制 5613-1 班
张恩选	顾启林	陈在礼	龚桂中	郭素云	付纯玉	卢露珂	刘淑芳
黄兆铭	王　冲	严崇勋	王于西	周　逊	李文铎	田自耘	郁昌能
崔耀堂	韩建学	李俊杰	李万祥	朱孝恩	龙宗姜	张春芝	于相尧
宫玉文	郑仔波	庄圣治	李景禄	姜淑彬	徐天笠		

仪制 5613-2 班
许大均	康叔禹	徐敬庶	李敬恭	聂久田	张世诚	吴钦德	常庆正
杨雨森	孙凤池	李学柏	李宗泽	张心如	倪植铭	丁永铂	王心作
徐文恒	常玉琴	叶惠生	杨栋林	王育山	胡永源	郭德箈	刘洪章
张德新	林勇军	曹天河	刘法权	程淑娟	周　杰		

凝心聚力 砥砺前行
哈工大机电控制及自动化系发展史简记

1962 届本科生名单

仪制 5713-1 班

陆　中	苏显富	李冬生	杜佩金	张洪昌	武健颖	田玉书	田培础
沈维奇	朱志成	刘英年	高世俊	洪沅芷	杨嫦俊	陈格非	艾　明
富遵义	张菊年	叶玉清	赵文珂	葛浩然	张立娟	陈年舞	魏长宏
施福树	唐萌圣						

仪制 5713-2 班

张喜龄	杜汝纯	詹纪明	李炳伦	许俊礼	杨志田	石崑章	孙坤范
王世萍	陈大可	孙大畏	孔令时	王泰耀	吴继文	吴凌霄	甄桂生
夏国栋	王以筠	覃万潮	高　星	孙文策	邓村元	沈国鑫	王薪和
樊　伟	刘文瑞	赵惇殳	陈文贤	徐林祥	伍德煌		

1963 届本科生名单

仪制 5813-1 班

罗　杨	李原春	金久杨	王志刚	刘焕元	勋天津	勋维四	陶玮时
夏作田	刘恩芳	祝桂芝	王春元	胡嘉庆	赵在中	奚宝兴	葛惠生
岳凤林	刘　祥	邓祝寿	张明义	都稹琪	刘振山	杨柏全	李献忠
郝宝田	李桂芳	华配度	成金兴				

仪制 5813-2 班

王　中	沈文杰	叶长礼	王维东	洪　音	胡兆文	马重芳	李忠琪
王殿香	陈国庆	方春凤	张巨郷	郭景民	王培江	郑广纯	杨叶松
田范青	宗士惠	张德铭	孔令沛	刘忠汉	徐维安	邱柏仁	曾顺喜

1964 届本科生名单

仪制 5913-1 班

薛德英	马陆霞	严万生	薛世勤	郭维城	杨树森	张玉琴	孙傑夫
王宏昇	谭述良	罗蒲春	徐永隆	徐明生	吕福涛	邓以鼎	张田文
余礼品	王慕梁	韩烈源	赵龙馨	肖德仁	刘纪大	边玉林	戴盛德
陈克孝	陈吉宽	朱启泉	黄克熙	王增铎	谢黎明	曹保生	许三才
王育乱	房春凤	洪　音					

仪制 5913-2 班

祝玉光	张其馨	王晨麟	余志高	陈　璋	马泽深	杨伟民	许文斌
张喜德	刘丽君	吴昌璠	周洁民	吴　纹	赵酉岩	周　风	朱英豪
边　𠇑	王振纲	张文彬	陈新涛	吴绍成	隋文硕	梁景鸿	徐端钧
郭亨畅	杨有昌	孙素琴	陆孝孟	杨秀媛	刘维智	陈永山	邹本璋

林菊仙　陈新陆　曾顺喜

1965 届本科生名单

仪制 6013-1 班
赵朝名　任有坤　赵秀娟　朱美芳　李嘉兰　张莉琴　陈媛强　戚其尖
鲁开昉　王子阅　李锡明　付玉恩　王乃光　沈忠连　王修明　邹仁德
邱主仪　刘伟生　艾竟成　周斯富　于年鹤　魏书坤　谢涤文　李云曼
林宝真　李万清　苏显富

仪制 6013-2 班
张　莉　王素华　阮卯燕　祁秀文　邵　军　李荫堂　高云最　张志盛
刘秋生　杨敬彬　孙常风　杨全玉　刘满林　孙尚俭　何全才　张作民
孔令星　关吉礼　贾　纲　刘仁源　刘永恩　聂铁臣　宁汝新　孔繁荣
李洪枞　李振良　梁景鸿　吴德仁　左泽风　陈新陆

仪制 6013-3 班
李福正　郑金荣　郑连喜　张吉鹏　郭玉来　钟华清　黄威生　金朝生
龚振起　颜艮坤　闫文祥　张发能　仪得吉　潘俊礼　殷春生　区藻秀
闫芝芳　曾昭道　王　坤　李桂兰　宋玉琴　苏文印　于守芳　黄孟录
胡志才　蒯振刚　陈惠民　许慰娣　杨广勇　吕　有　沈明理　林惠宜
王耀云　谢克岐　邢连群　张秉衡

1966 届本科生名单

仪制 6113-1 班
胡　哲　刘绍祥　侯国章　于永仁　孙维德　常庆时　高　颖　郭长永
王兆馨　王家安　刘有春　代淑贤　邓泽兰　强金润　栗保恩　刘瑞芬
王志江　卢增兴　魏俊英　姜云礼　张洲南　张本毅　王晨光　陈锁正
苗增秀

仪制 6113-3 班
徐义侠　李传兰　张　灏　张秀娥　关海达　李忠礼　周玉泉　张　荣
荣道勤　屈振亚　张宝森　李宝伦　于克志　刘士党　徐尚华　吴永飞

仪制 6113-4 班
王有臣　苑振坤　马树贵　陈美秀　王青山　佟仲文　江学峰　刘友勤
王振国　刘　品　田克华　张龙祥　刘沛春　胡雪筠　顾连生　阳文秀
谢冰青　朱瑞汉

1967 届本科生名单

仪制 6213 班

夏玉茹	谢素珍	刘　敏	万秋玉	朴吉湘	赵维智	张明助	莊宝成
古立文	任锡泰	朴英杰	王昇堂	曲知沛	梅振兴	廉双喜	徐晶实
王振远	吴锡岳	柏守成	王玉琢	李延荆	李天文	李阳春	刘华生
王志刚							

1968 届本科生名单

6313-1 班

王治中	叶发泉	安凤桐	任良玺	王阳秋	申厚俭	翟淑芳	郑大炎
吕淑芬	何成德	房忠昌	刘传恩	宋殿元	魏述瑞	单忠臣	丁士奎
王朝宰	牛西禄	蒋国栋	战勇祥	刘云鹏	周保民	杜光复	林纪华
王欣	杨齐生						

6313-2 班

张松茂	金庆华	魏亚光	林元圭	安建春	刘联元	肖克东	张明义
刘文剑	裔福全	文志侠	赵崇明	贺宜生	丁俊英	沈玉民	王崇业
温国华	戴毫良	刘明志	王盛会	姚俊善	张国仁	孙　健	程西岑
顾乾康	陈兆臣						

1969 届本科生名单

仪制 6413-1-2 班

王道德	吴莲凤	彭志忠	雷鸣祥	金又清	苏德明	王英魁	高云亮
刘殿铭	邱三川	李春莲	李广信	韩吉成	陈远安	郑光恩	陶国眞
高木金	郭释修	郎青山	纪　宏	徐锦苓	高菊香	郭惠莉	郭历弘
刘淑芬	李淑敏	赵焕章	戴少银	彭云生	刘应平	许庆生	刘远香
王云喜	张魁山	钱永生	汪孟舟	马继铭	陈卫平	赖怀福	王德福
吴文伶	张文丽	姜德复	侯志敏	于　华	吴永凯	夏春来	李俊琴
周占祥	李德文						

1970 届本科生名单

仪制 6513-1 班

程尔权	金光华	尚庆山	洪来向	王占山	朱守顺	叶继宗	马子乾
朱松涛	王振家	许玉羨	唐延明	杨树宇	严建华	丁念国	杨玉新
白文全	肖国金	戴吉森	赵方训	苏锦铭	熊和生	李晓阳	薛淑卿
张学兰	高亭亭	湛细英	张秀华	张春兰	高天照	吴永馨	张晓茹
王丽芬	张秀英	顾爱珍	李润遵				

仪制 6513-2 班

龚著贤	李德奎	钱福泰	杨嘉信	刘景阳	王仁昌	穆　参	孙晓明
周文圖	赵可来	赵汝怀	肖日东	刘万春	陈朝柏	郭清有	付炳南
范振荣	赵孟凯	修永会	阎立凯	庄惠凯	雷保秋	周永志	郑金华
王梅英

1977 届本科生名单

7313 班

刘兰毅	陈晓光	俞方才	宋景华	田照信	石望远	孙　鹏	周美玉
银耀宇	刘　敬	徐　昶	崔光德	赵　义	樊苏林	李金香	董湘妮
连志坚	张永久	张维群	将士珍	刘新生	周　璐	沈梅芳	向中华
贾　抚	张昌文	杨永群	黎必虎	李永亮	李豫黔	高保中	谭常勇

1978 届本科生名单

7413 班

吕淑芹	王世英	周健伊	葛元英	朱景全	林玉杰	吴国庆	丁乃丹
毛黎明	王登记	张彦峰	王玉胜	靳爱国	马贵增	郑希文	杨志际
章学云	严　军	刘文波	罗建伟

1979 届本科生名单

7513 班

赵新华	任正祥	张春光	石德凤	刘三卫	安雨生	刘惠莲	姚智慧
王德平	丛爱黎	李建平	李筱林	吴士英	周耀生	聂英华	王长利
孙连奎	赵答正	张爱东	刘时武	强忙道	高志茂	高建新	王淑娟
贾成华	余清华	骆永明	赵　璋	姬宏玉	张海涛

1980 届本科生名单

7613-1 班

刘华兰	谭晓春	张育安	张　颖	徐富彬	胡丙申	杨冬恒	徐　智
吴　志	李何福	王晓波	车殿福	林诚晖	谢淑霞	李景萍	王五松
郭淑香	马敬德	王景存	吕晓澎	李明霞	徐　玲	黄励思	杨敦荣
韩治成	张　德	李有平	韩建军	王咏才	孙大林	简元金

7613-2 班

夏碧波	杨　俊	彭厚德	张地明	赵　进	徐正芳	韩富渝	梁　斌
郭　晶	胡桂芬	熊建伟	王贵和	宋学英	马凤祥	金　勇	冯自彪
于志强	张丽花	周以忠	张志诚	王松海	覃日生	钱德元	韩庆荣
张清泉	孙卓丽	张新京	郝　峰

1981 届本科生名单

7713 班

刘少明	邵　林	张禹文	沈立明	万　强	闵延玲	蒲瑞茂	左　兵
刘诗荣	陈维灿	焦　红	金春林	邹立民	叶国庆	郭丹丹	权成根
张青青	洪艳伟	张守智	周绍杰	黄显林	方　杰	王晓红	曹　波
黄跃武	宁　桓	郭　岱	黄越平	詹克银	徐进进	方永祥	史滨生
丰艺文	季正华	孙长发					

1982 届本科生名单

7813 班

付杰民	王雪峰	李逢春	苏传信	程延江	那晓凤	秦长生	马跃宇
王守志	黄　泊	胡忠辉	金文成	郭　焰	李　旭	张文全	沈　彦
许　东	赵芬恋	李建成	李建国	唐道全	施家明	房成林	薛亚红
朱伯忠	戴春祥	方　波	冯福来	潘小军	王海涛	黄金云	黄伟平
李晓波	肖德群	李卫平	陈迈群	张尽忠	张钟庆	魏红兵	张　驯
王秋勇							

1983 届本科生名单

7913 班

陈丽艳	姜原子	潘淑媛	顾忧红	马川利	遇晓祥	吴　羡	马　亮
孔德伟	张歆炜	董沛武	金光日	姜　洪	邢海涛	陈英社	任正华
常　平	安　杰	谢　勇	唐　焱	王贵生	葛晓旭	夏远征	代卫兵

1984 届本科生名单

8013 班

章梅珍	阚国丽	孙　宏	王晓珺	王丽娟	姜　伟	杜　枫	姜宗文
潘高峰	霍宝群	王　玉	纪晓岗	王春海	陈　岩	王德辉	马　奎
张广玉	黄　臻	吕检明	姚国海	彭　建	樊　锐	齐学贵	李先乾
石　端							

1985 届本科生名单

8113 班

张建民	纪德清	王庆平	于殿勇	李惠春	关振寰	王岩羽	刘增贺
刘建杭	邱昌达	周延周	周世革	马宗让	杨志强	宋健朗	徐　真
肖　飞	徐双根	张万程	林学光	唐殿辉	吕向辰	韩　颖	秦永清
栾　昇							

1986 届本科生名单
8213 班
刘孟德	李钟明	徐光辉	马 静	刘培广	卢晓斌	杨崇有	曹建元	
金宝臣	戴其涛	刘帝芳	陈元明	杨利芳	赵 辉	马维志	刘春伟	
高晓辉	吕伟新	姜登绅	井志飞	肖渊壮	张 明	杨建军	夏福君	
呆复军	李海生	陈维山	王红梅	郑永石	刘劭民			

1987 届本科生名单
8313 班
安丽俐	王海成	李希钢	叶 军	邱季壮	孟 怀	田苗雨	丁万章	
颜 静	周 涛	何延文	涂 绮	刘长顺	陈 娟	王爱珍	李丽娟	
孙兆武	谢 涛	李小舟	代移凤	郝晓霞	黄晓明	王 力	母庚礼	
吴桓勋	王清平	蔡同舟	范燕平	高 峰	柯金川	卢晓斌	张 明	

1988 届本科生名单
8413-1 班
陈永祥	胡传华	曲 彭	范立欣	王生国	沈胜三	刘 斌	刘红卫
彭仁辉	李昌龙	马英昌	吴敏仙	郭玉林	孙向东	刘时美	王 斌
周木水	江守忠	潘维英	王玉全	金 香	张宗旺	林 斌	王百明
许 蕊	阮少华	陈 宇	方献良	马勉军	郝 影		

8413-2 班
罗尔浜	朱继光	王分良	黄建军	白绍平	杨 珍	刁永革	崔继仁
高 霞	林映存	马 健	徐先庆	曹 东	黄善清	穆 军	褚加新
赖跃辉	兰晓辉	王炳德	李艳梅	杨 浩	吴成洪	马桂秋	江 超
陈 光	金 鹏	孔凡杰	孙柏涛	任婵利	庄 宁		

1989 届本科生名单
8513-1 班
车兆平	唐新明	左永上	阎换新	徐兴中	黄洪成	柯友权	李志洪
廖泽敏	祁洪友	陈玉宝	高丽军	赵小兵	田志同	张 勤	王建伟
王姣妍	郭卫党	崔红卫	王敬东	赫英明	于 真	陈 中	曲春到
肖有才	王万宇	梁 毅	伍 刚				

8513-2 班
孙世宇	朱遂伍	刘丽丽	付 俊	徐 彤	王泽敏	吴小平	赵红春
梁洪峰	冯留欣	范志杰	赵 武	李立胜	卢荣军	李 磊	马成羲
史景春	王 澜	唐为群	林永成	康锦海	荆青春	黄仁祥	王来荣

姜炳慧　黄业东　韩　利　李大洲

1990 届本科生名单

8613-1 班

陈凡凡	冯怀中	屈颂辉	刘干新	吴汉夫	吴月红	赵焱彤	杨险峰
石　毅	杨　堆	陈海峰	杜江波	王子强	柏合民	朱晓岗	赵　杰
王丽颖	索来春	于秀艳	张崇峰	杨唯实	王东宇	黄云飞	王雪峰
董惠娟							

8613-2 班

何　明	金永恩	曹　健	张红凯	吕　波	付国宏	陈争亮	王　珂
徐思源	张云乔	宗国强	陈　卫	于海军	易发胜	李惊涛	周业林
黄柒莲	马炳文	徐　晶	朱纪念	周　明	张国义	戴建勇	马文哲
裘海东	赵红春						

1991 届本科生名单

8713-1 班

李振明	金天国	陈军捷	汪立波	高　文	丁少军	李建国	刘品宽
陈君阵	朱志文	聂文新	刘万宇	徐海波	王伟新	徐　涛	郭晓军
陈宗辉	蒋　靖	张肇富	周　强	常彦洲	花象清	陈　晶	王希捷
李立毅	刘天远	王连占	许之伟	张江礼	白小云		

8713-2 班

姚炳林	阮志坚	屠锡富	梁明湖	龚帮明	许文华	李丹东	邹柳辉
黄　浩	刘朝霞	文　斌	唐应伟	王冰伟	薛丽莉	孙文胜	范　波
韩胜利	姜　澎	贺永胜	方树功	李淑斌	吴清文	彭　涛	魏　蔚
王海伟	张　松	鲍红庆	崔　彤	马洪哲	王子强		

1992 届本科生名单

8813-1 班

吴思伟	阮黎明	孙国江	方　红	叶松林	杨　飞	朱　锋	孟春才
汪　军	陈　雪	叶志刚	黄　勇	张超群	陈春义	焦维佳	徐　鹰
肖　利	郭　鹏	李国锋	宋桂荣	许东活	吴　菁	金文罡	吴　越
吕　青							

8813-2 班

| 毕德学 | 张丽娟 | 常　伟 | 王计斌 | 马　壮 | 庞志向 | 袁　尚 | 王　晖 |
| 李丽霞 | 曹广德 | 田长虹 | 高东辉 | 刘维东 | 许京荆 | 曾学群 | 梁洪波 |

邓镜勇　郝利军　刘咏梅　吴　涛　杨　民　吕　华　陈本江　龚海涛
周　海

1993 届本科生名单

8913-1 班

张云峰　吴　赟　隋鲁波　周龙江　王　军　傅义好　李　健　许玉良
高冠明　金　峰　李　东　关　怀　杜秋实　金声海　王江涛　李　晶
李保昌　杨　斌　陈　刚　陈晓晖　丁国富　高　鹏　王云攀　李标炜
陈　谦

8913-2 班

张德灿　阙桂霞　程　亮　张福祥　林建成　贺思源　肖　宇　于京全
余庭豹　刘　琨　于长红　苏宝华　易龙兵　何宝东　朱英东　许成民
左黎鈞　李玉贵　石　海　蔺宇辉　叶培林

1994 届本科生名单

9013-1 班

邓友华　陆　伟　邓春梅　孙剑飞　袁松梅　贾国武　褚祥城　印朝晖
路　强　毕卫东　符　勇　张　宏　江国欣　冯天兵　吴　平　蒋建洲
王瑞志　杨会娟　吕玉龙　吴　焱　李国华　郭一通　宋　玥　曲　芳
徐孝继　李井忠　虞奇忠　郑健航

9013-2 班

丁彩红　朱万旭　张国友　吴界中　赵空勤　王宇宏　黄永强　罗震涵
张晓超　康　亮　张淑英　魏柏军　贾成武　肖　伟　罗　艺　季延军
张　谦　徐子威　徐　波　刘　波　刘　炜　都兴钢　李清山　刘　静
王卫国　杨建敏

1995 届本科生名单

9113-1 班

刘　宇　李家泳　宿圣海　彭　涛　刘德广　孙　丽　刘宇辉　欧　翔
董利红　杨　宏　杜天旭　苏　瑜　代树武　郑云青　孙　威　钟祥伟
马建文　徐　华　马德辉　金国仁　耿　涛　李　宁　兰　晓　金钟哲
胡凌云　王　晔　姚　明　刘　桦　彭文青

9113-2 班

陈顺根　马国强　黄　翔　仇　刚　袁格侠　胡林泉　徐优亚　王力刚
李海刚　谢清友　吴明杰　文　杰　王国良　刘军考　姚国强　齐伟哲

蒋丹弘　陈立东　尹晓伟　袁景阳　李松梅　刘建国　赵明国　付　哲
侯　静　刘宏伟　赵建立　周　力　徐国青　甘　霖

1996届本科生名单

9213-1班
王玉明　张薇薇　郝祥勇　赵大威　张　艇　谭庆友　李斌奎　罗　清
时庆勇　郑　双　李立京　聂振金　郭　勇　金仁淑　王连丛　陈焕林
董　玮　罗　冰　王永刚　李　明　李　洋　谭继礼　吕　绘　王　博
杨仕红　李洪宾　王宏波　雷宇红　阚忠彦　马力军　方志林

9213-2班
郭之栋　张海涛　尹云河　孟祥斌　齐林斐　顾　琳　彭成春　孙丽葳
王征应　金红萍　杨金山　陈日汉　马兰芳　李　璐　王安林　肖景芳
费春东　吴　尚　朱志强　孟繁普　齐立军　李连杰　孟庆达　沈　光
秦瑞杰　刘海臣　莫建亮　姚庆江　黄　辉　任　勃

1996届专科生名单

Z93013-1班
王学斌　孔玉云　毕思涛　赵彦林　刘　新　张建生　吕国锋　陈晶田
周新宇　黄利军　李志强　李贵峰　胡晓军　纪绍山　刘冠宇　方中雷
刘恩波　潘建伟　曹金铃　刘　辉　王　嵩　王世平　齐　伟　王体民
孙秀丽　于慧丽　韩晓朋　吕俊峰　杜贻超　赵凤侠　郭红梅　高　英
马克斌

Z93013-2班
郝　平　王　素　宋宜建　高　敏　蒋建国　张　成　孙青春　周广亮
周川煜　徐丽娟　王东睿　白岩松　白延军　刘汉国　刘春波　王建强
兰学锋　王　波　王彦春　宫　键　张　爽　田　夏　陈新技　张祥义
孔文芳　张晓东　杜　峰　周长安　魏　民　刘振新　霍　岩　郭英飞

Z93013-3班
陈满生　邓铁军　马　闯　陈　友　王立新　金虎俊　罗　琦　张公武
罗春艳　李金星　王　萍　张忠军　周晓丽　李　滨　姜　杨　刘亚娟
程　义　刘霄莉　宫　伟　崔学松　范金刚　陈立斌　朱丽红　宫荣刚
张洪哲　胡东波　于　波　刘焕彬　张汉利　张国栋　田辉鹏　白吉烈
王雪晨　刘喜军　孙亚娟　荣中华　代守凤　霍世福　高　勇　丁世馨
苗春雨　李　良　郭和全　李　亮　郭庆伟

1997 届本科生名单

9313-1 班

杨洪亮	吴洪有	陈焕林	赵长江	孙 伟	徐志伟	苑伟涛	张东方
梁 磊	杨新利	张 琳	刘立果	廖 蕾	李春明	段海涛	许建军
聂卫平	宋秀臣	王 军	余新燕	高继传	李俊和	姬 钢	黄 焱
赵月娥	崔轶凡	田建华	郑远素	张晓升	白 颖	崔 黎	武建涛
许明伟

9313-2 班

庄永亮	胡建宇	张忠武	杨红强	廖忠源	张文崙	钟 禹	田 健
王 朋	苏征宇	洪 琨	熊晓东	付卓勇	牛警惕	周成英	刘晨光
杨清权	曲胜君	孟庆达	张浩哲	王忠辉	李 波	孙永信	顾剑刚
杜 斌	孙英辉	高 扬	杨晓丹	路鹏程	王璐璐	李 睿	季春凯

1998 届本科生名单

94220-1 班

王隽峰	刘宏宇	荣国柱	何学平	卢官凯	黄文涛	全 勇	梁 凯
王贺宇	陈 宇	刘 源	金 明	张 亮	胡光宇	李 斌	金来华
刘永菊	刘丛姣	王 伟	王建平	张 玉	杨俊茹	梁正志	尧小平
李 峰	刘海鹏	赵 勇	张明伟	苑新胜	刘钢志	谢 龙	秦炳永
陈广锋	戴分涛	张旭堂	徐启英

94220-2 班

袁 林	李春雨	郑 松	王靖武	许 宁	顾宪辉	董智文	赵玉红
李 斌	冯立荣	王 柏	孙晓飞	张广宇	冯绍睿	刘春斌	佟 岩
廖忠凯	潘泽鑫	王 明	齐 亮	张连生	曹 磊	肖俊峰	徐 颖
李 昊	刘俊峰	章 静	张 丽	夏玉华	刘洪国	朱延河	薛新文
杨延竹	冻伟东	关轶峰	闫发军

94220-3 班

蔡宇平	乔志宏	刘生财	周庆峰	孙晔峰	李万辉	宋利辉	薛利刚
吴松涛	姜秀艳	杨梅胜	王 焕	于淑萍	刘力新	赵鑫龙	周 琦
稽治刚	谢竟远	井忠海	许彦刚	崔 宁	德 广	及红娟	续 飞
王大志	陈 敏	樊占林	徐启英	宋丽红	高 勇	王立新	霍 岩
郭英飞

1999 届本科生名单

952301 班

李进新	祁枝超	姜哲宇	韩庆辉	鲍治坤	章细眼	李　斌	李云峰
林忠华	常彦学	邵　兵	刘彦艳	梁　冰	魏　然	刘晓伟	田立辉
何玉龙	刘昱实	谢　凯	金　鹏	赵　核	姜　山	曹万鹏	赵海涛
张　涛							

952302 班

彭军强	龙晓星	雷　群	刘　博	陈　钢	陈汉锋	顾先冰	陈伯强
刘敬鹏	赵万海	张立奎	赵雪刚	邵广涛	张俊山	曹柏荣	张　煜
汪玉峰	张国成	蒋本刚	王春鹏	靳宝柱	金志国	张建柱	李先卫
孙卫民	邹承源	由立明	王新杰	杨继军			

952303 班

吴向东	付晨宇	林　森	何　平	陈新亮	费秀艳	邵四喜	林美宏
于　雷	高　峰	杜来柱	孙宝忠	邹双喜	王东林	徐东升	罗高生
左　蒙	陈立维	夏立平	刘　鑫	高鸿军	王　刚	李永盛	李　剑
侯　煜							

952304 班

赵飞林	王志国	陈剑霞	宋明莹	丁玉兵	黄乃华	李　林	闫向彬
杨　磊	许　斌	葛　清	曾纪勋	王庆丰	朱　政	赵铁森	左云宝
佟振博	邢　亮	王　健	孟凡坤	邵海丰	延　波	王胜盛	朱映远
曹喜峰	李丽虹	靳　保	李　戈				

2000 届本科生名单

962301 班

何　勇	赵树明	李　华	常　虹	吴永清	高有将	陈艳军	陈广文
刘玉环	何绪龙	靖文涛	马金平	蔡永涛	黄红云	曲　刚	王双喜
岳洪浩	李万刚	景凤海	徐广志	李念滨	任跃飞	刘明军	郭向华
郑宇峰	苏　剑	胡海鹰	冷树芳	王　军	王春梅	张　超	杨　永
将哲宇							

962302 班

楼朝飞	李　骏	于东海	蔡金祥	董继峰	杨斌荣	杨迪辉	程志欣
何青松	张雪松	王　为	王鑫伟	耿　凯	王全福	张　帆	薛振宇
马　微	王建学	陆章杰	魏鹏威	赵瑞民	孙吉阳		

962303 班

沈爱强	裘东兴	于海源	叶 伟	张建华	彭献清	冯淑红	王晓宇
李 浩	徐国飞	孟晓明	韩念超	邵建南	郝大新	姚 娜	郭永亮
张 伟	王 禹	王国柱	杨明伟	王 峻	藏 翼	徐长奎	

962304 班

陈新明	左圣涛	邱 峰	沈国锋	高贵山	曹 雷	高崇武	怀 南
徐建刚	赵国鹤	王寄远	危前进	曹立龙	赵研峰	陈春旭	原 野
翟英臣	赵芝全	高 嵩	王春雨	刘世娟	董庆锋	黄娜娜	王希贵
王晓光	高 静	赵京东	曹世昌	于凌涛	张海波	徐 晶	

962305 班

丛建华	刘 群	廖谨伟	陈 冬	张清喜	李 海	黄双红	朱 立
韩 勇	计国英	阎长亮	解孝文	宋吉祥	吕开元	景光辉	赖海江
喻学才	石昌雷	姜海全	王立旭	何小朋	洪 超	王经莆	樊 蕾
曹秀芳	季妮芝	陈莹霞	栾晓华	金 龙			

2001 届本科生名单

972301 班

王轶群	蔡 勇	任 博	张寒冰	洪光太	节德刚	张仁鹏	莫浩桔
侯兆锋	辛永亮	董 翠	王 力	李 琦	杨 光	王 术	赵志涛
陈 聪	李 明	王彩霞	苟强源	关宇美	李 罡	张 涛	王 捷
张 熙	吴 飞	单连广	曹后平	朱 疆			

972302 班

黎 坚	杨中巍	廉莉莉	赵宝发	姚胜进	孙承伟	张 琳	李 喆
崔贤基	梁彦明	陈士忠	司旷远	张海龙	孙业明	刘 明	范炳宇
唐学燕	王胜利	王海鹏	蒋公见	雷 淼	周培良	陶 金	韩 锋
吴述超	李 睿	和凤起	杨 冬				

972303 班

史 磊	钟 华	张 琦	赵继宇	李 伟	叶 涛	连金华	肖勇军
杨 瑛	王 奎	王学影	苏文滨	张国强	付心钊	崔德印	舒华锋
高 军	杜颖财	王大治	程继民	丁海峰	郦 铂	周湘一	黄 颖
路 涛	韦 伟	刘冬婷					

972304 班

| 熊先锋 | 冯杰鸿 | 史士财 | 徐德众 | 孙春阳 | 孔 翔 | 余含源 | 李文锋 |

刘 鋆	陈 芳	李静艳	徐 征	朴 昱	耿 超	葛 涛	张洪伟
高 睿	张 钺	罗照宇	刘 越	刘桂英	江宇财	张 雁	罗 军
王小彬	张锦娜	于英重	刘 冰	刘 沂	刘立成	张 财	樊绍巍

972305 班
郭晓军	宋章超	延 晧	吴 雄	王建强	黎剑坤	马敏权	王增龙
吴晓东	刘宝民	童 贺	李 琦	王燕波	张勇哲	沈 强	常小龙
王其钰	姚 恒	潘嘉明	韩 飞	郑淑涛	张临彤	李 辉	任媛媛
刘 舢	李 霞	刘 芳	周文漪	李 娜	韩松杰		

972306 班
张 滨	苏奕堂	张昭政	胡勇德	王家伟	裘光远	谢文建	薛龙献
韩 琦	杨 勇	杨志东	王恩奎	姜 浩	向 东	皮 譩	黄敏俊
耿海峰	李建英	黄胜达	钟 雷	垄 鑫	孟祥超		

972307 班
毛明明	刘亚君	陈 卓	王子瑾	陈靖华	付 刚	蒋销雄	金 浩
程 宇	路小平	何学文	王 晶	秦余成	刘铁民	李 阳	张越佳
李大良	李 陆	李双军	邹 立	王玉瑧			

2002 届本科生名单

982301 班
全红花	张明志	王新峰	朱海东	李俊峰	姚德安	朴 恩	韩晓玉
刘静森	邢立峰	邱 岩	潘 鑫	栾志博	胡东东	孙 凯	李正大
刘洋洋	张俊山	张凤祥	杜 雷	付昱飞	夏 涛	张 阳	谭 超
宋一乐	赵 岩	权哲洪	吴宏伟				

982302 班
鹿长征	任洵涛	叶 亮	张诚臣	王 罡	孙国鹏	刘 娜	胡晓东
齐立健	金成国	贾明钢	李 瑧	许平非	竺宏亮	余 铚	于 洋
杨 巍	付继波	刘 洋	武凤伍	曹 为	江 伟	马志刚	阳小军
史文华	顾晓宇	邱 峰					

982303 班
高中亚	石 武	郭自卫	杨景晓	罗宁林	付晓飞	马正臣	赵景斐
刘新宇	赵 楠	李 嘉	王秋枫	于 东	赵晓光	赵 冰	王 昕
李琳骁	陈小天	董建伟	马 超	肖术华	管小明	程越琳	杨秀山
朱 亮	王 新	韩振峰	陈永海				

982304 班

王 晨	张明辉	邵炳清	毕 博	张宏伟	王 嘉	陈国晓	彭 京
刘 列	梦青年	杨东海	高 伟	刘柏严	赵 阳	刘光辉	张 斌
谭贤顺	吴春燕	蒋 丹	方 超	夏 热	曾发祥	郑 毅	高虎灵
陈庭森	熊双辉	胡志莲	王志刚	贺永喜	周彬彬	李 春	杨英华
葛洪志	张明辉	王志洋					

982305 班

李增兴	张杨波	刘洪军	李杨冰	曹永军	王 凌	刘智涛	王俊生
王一双	张学伟	胡玉波	曹金峰	刘仕良	王焱宁	张国平	徐秀龙
蒋增辉	张 蕊	李 兰	闫东泽	钟春强	田 兵	王 焱	罗 洁
梁莉莉							

2003 届本科生名单

9908101 班

逯 海	李 戈	蒋 威	杨立平	单 彬	杨树风	罗书保	谢国良
李继贤	郭双滨	田 鑫	张小政	王科研	于永会	张宏伟	李 吉
刘祥锋	马 宁	江 涛	赵永金	黄晓兵	佶传兴	李 凯	索伟成
刘俊秀	闫 鹍	王海滨					

9908104 班

王小平	杨 飞	田 帅	祖立业	郝昭慧	赵宇斯	高声亮	孟庆顺
何文亮	何 利	陈 剑	郭光磊	刘晓星	吴 迪	刘 琦	梁艳超
钟 鸣	陈东用	刁嘉庆	张彦东	王逸然	吴昌桂	马伟强	胡左厚
熊立辉	张政伟	刘亚欣	张小平	徐 伟	左小陈		

9908107 班

韩 静	马伟杰	干凤光	宋 铎	姚春明	刁飞萌	李 鑫	王其柱
楼 挺	邢冠培	章雪祥	李喜梅	李 冬	吴亚明	蒋再男	倪修华
王成伟	寇江伟	盛小银	李延福	吕 恒	郭 鹏	张 鹏	宋海军
郝 鸣	宋德祥	王奉君	孙 殊				

9908111 班

邓春霖	张文平	叶海麟	陈佳莹	余 涛	杨 鹏	刘国才	吕鹏翔
黄文骏	薛宜童	杨国柱	王 强	胡海军	柴俏青	王孟杰	姜吉涛
刘玉喜	马长波	王国文	初文江	张 鹏	王 府	冯 军	丛 琳
徐少亮	陈振雄	王宏宇					

9908112 班

陈 黎	李 琦	刘尚芬	柴 兴	韦晓峰	奚宝华	陈 凯	李 威
唐 伟	路国亮	黄 振	张金超	茆建华	李增强	李 娜	曹国锋
刘晓刚	王毅鹏	龚巍巍	司嘉斌	何 磊	王 飞	王 传	乔 徽
翟 晶	马樟平	安振威	张豫秦	高 强			

2004 届本科生名单

0008111 班

刘姣容	吕亚楠	许 冰	姚应江	谢红日	吴银亮	杨 勇	张秀峰
王 涛	薛 鹏	李 龙	周 威	蔡 晨	赖建博	陈 劲	高 凤
程文明	王陈琪	赵永进	郝永辉	马仕龙	董友强	马海东	陈 强
肖 英	董 涛	费玖海	雷 军	侯 鑫			

0008112 班

王微微	于丰源	芦 鹏	王 翀	郝延男	肖哲文	揭会斌	官孝峰
徐小伟	徐超峰	张良安	徐新建	彭秋阳	张熹焱	韩子安	侯 雪
邵卫荣	张云平	马瑞堂	蔡建军	高 翔	林 栋	曾 杰	覃 艺
刘昌雄	罗 雯	张金平	杨小军	祁 锋	刘 源	张金平	

0008113 班

孙明岩	李平川	吕鸿亮	李力坤	何 俊	甘洪波	周特威	王新辉
雷 青	王毓明	曹平易	杨 青	赵 鑫	杨永敏	陆明伟	傅长川
唐建宏	刘 晖	孙景一	郭先概	俞宏波	钟 吉	崔永鹏	钟玉生
黄武军	李汉平	杨 沁	王光国	付兴铭			

008114 班

王 磊	付建辉	马 凯	杨显清	李 康	王洪伟	姜 洋	张海蛟
刘晶石	赵 伟	夏 丹	董 超	赵彦驰	李光明	赵 维	王 乐
陈 雷	胡静波	张文巧	阳开华	焦廷友	秦经招	孔德刚	刘瑞宝
胡志亮	程 伟	林达世	侯大伟	姜秀英			

2005 届本科生名单

0108109 班

高俊飞	于占海	朱 伟	詹世涛	崔源根	王宝宇	王左一	丁振佺
史学思	张 翔	朱连双	盛明伟	朱 磊	张海涛	魏宾宾	常 佩
黎世文	高 鹏	高 阳	赵保恩	张 以	周 科	陈宇涛	石成林
汪文东	曾志蛟	马 亮					

0108110 班
刘英想	李玉涛	韩庆虎	郝景洋	冯旭伟	杨　帆	李楠楠	王　涛
潘　宇	李开彬	王明亮	李佳亮	黄志鹏	徐　进	沈晓成	朱成中
朱康武	岳　伟	钮俊涛	赵建国	乔晓林	侯嵌之	卢文豪	李　波
邹　雄	唐小刚	高文俊	徐　渊				

2006 届本科生名单
0208107 班
黄兴强	张如样	康炳泰	潘　翔	李　胜	王卫星	介党阳	陈湛青
张　鹏	赵　健	刘德强	张元飞	屈新雯	汪　鹏	谷　柱	雷　亭
郭　海	陈　鹏	林绍勇	彭　承	石　玙	郭芳磊	潘智昊	李瑞林
程新根	张晓娜	翁倩玉					

0208108 班
丁强强	许少强	李晓强	雷　静	张雪超	韩现伟	宫　晓	邹　爽
杨宗鹏	王瑞亭	徐济安	苏明磊	崔铁铮	王　平	程　雄	杨　亮
郑　龙	梅　毅	李　林	吕　宾	苗江波	付鹏强	姚一杰	余　达
徐　敏	明金龙	邵小琴	薛　璞				

02081 实验学院班
霍军旗	牛永超	何晓峰	李德伦	王　伟	刘　振	王　展	申　涛

2007 届本科生名单
0308101 班
王洪翠	张　苓	蔡　一	王晓明	姜志超	李长义	张　洋	李广会
姜立峰	詹洪宇	李　国	梁　辉	杨会生	李明建	庞冠伟	赵云鹏
蔡焕平	胡　强	胡林涛	胡　洋	苟军喜	范荣超	陈荣华	刘　庆
孙晓强	沈红明	谢　磊	爱新觉罗·札蓉				

0308102 班
张晶晶	张秀丽	刘欣欣	张　勇	韩路辉	王东萃	张　敏	刘　智
郑小飞	周国龙	韩远烨	蔡小兵	殷攀伟	郭会清	甄　瑞	应家扬
刘振东	王景峰	柳志权	王金昌	高　岩	王再明	孙　伟	刘红玉
魏光超	张艳国	邹慧苗	王　鑫	肖剑山			

2008 届本科生名单
0408109 班
孙海宽	蔡　威	胡海龙	陈振知	王保山	陈寅昕	马如意	马同飞

艾婷德	李 远	乔 兵	赵德明	田慧卿	高尊冉	顾海巍	周建成
柏贵阳	胡庆龙	赵彦琛	罗旭东	赵子海	顾晨磊	王 凯	吴超楠
张 涛	朱晓峰	钟成堡	何显能	阿哈旦			

0408110 班

关 震	胡 斌	张建国	廖 鑫	宋 鹄	樊仲斌	李 有	王绍治
周立峰	姜 洋	高腾宇	张元晶	杨 帅	李全罡	周 游	林 源
于天泉	石 磊	杜田民	宋维占	潘 军	林永勇	姜 洪	王司光
高 兴	王书付	朱 弘	王朝松	张 昭	许永鹏	邓海峰	宫喜明
陈 勇	谭炜军	LAU,OW	陈润笙	伍 星	刘建峰	苗 宏	黄文泰
张岩岭							

2009 届本科生名单

0508108 班

余 江	陈 熠	宗福才	王浩威	赵亚南	李 宽	张 智	高安柱
刘金程	王成磊	王玲启	张 雷	张宏伟	张 弛	包为刚	赵 岑
晁凉杰	周成康	张 勇	曾 兵	刘施阳	黄 乐	苏达秋	田 勇
谭胜龙	乔 博	许 钰	袁旭锋	江颖燕			

0508110 班

王 波	李思明	曾 斌	于 洪	刘 珩	龙 飞	孙起春	肖长志
李 彬	刘承宗	孙一美	郭永泽	吴宏博	全利民	何宇耀	居桂强
陈 泓	孙洪楠	廖欢欢	苏 耀	池广文	李 博	谭 耀	张 瑾
陈 定	张晓虎	彭秋菊	李 军	曹 犇	李大威	曾旭东	

2010 届本科生名单

0608101 班

朱 辰	刘立钊	刘 玲	倪海波	李 立	黄意新	曹小平	罗 睿
岑乐君	王文云	杨弼杰	任 伟	李 博	黄 楷	冷 月	冯 超
罗源峰	苏伟康	周志伟	吕文斌				

0608102 班

陈智弘	张惠萍	闫秋实	张 瀚	李建发	赵 俊	姜慧文	刘 吉
刘 鑫	徐 逊	刘 丹	梁铁柱	吕相山	金 菲	秦 磊	王 鹏
许辰磊	韩永贞	高冬石	刘文超	林艺军	吴星辉	郑 辉	王 威
卓国辉	谢 昊	朱继学	巴玉玺	王秀超	李永绍		

2011 届本科生名单
0708101 班
龚科瑜　刘俊刚　刘梦晗　付　磊　翟艳鹏　付　亮　孙　超　贾丽君
邓　洋　付志江　张　俭　李晔卓　徐　伟　范芳凯　游洋威　熊　斌
刘俊伟　王正顺　蔡文杰　邹博年　王尔奇　谢锦姣
伊力亚尔·麦麦提　端木嘉龙　恰力哈尔·马纳依　玛伊热·塔衣尔

0708102 班
孙树永　葛衍明　王开元　周雨辰　陈　航　姜允川　王　磊　徐　宁
陈遨宇　许洪铭　荣海涛　吴　琼　曹俊章　韩西达　沈秦如　万丽丽
江宵龙　蔡昌荣　张忠涛　杨少鹏　杨定卓　龚　海　蔡汝旭　谭智龙
王伟平　任泰营　岑礼君　申方圆　李晟诚　李峻维　林正昌　刘昭安
龚科瑜　李晟诚　王亚顺

07081 实验学院班
李永恒　胡冰梅　张振林　曾启文　华　磊　范兆凯　于天宇　周维江
吴楠楠　高奉宽　尹晓琳　陈宏伟　郭振杰　林世瑶　王学文　王丹丹
徐　明　刘　岩　任书楠　王嗣颖　曹　江　李　康

2012 届本科生名单
0808101 班
王聪伟　杨旭东　王　一　徐志搏　徐照岩　孔维钢　李　晖　张卓磊
高梦州　吴翔宇　李天鹏　赵　望　王芳琳　刘　巍　梁　琼　郝俊伟
韩文彬　鲍晨兴　王利明　闫　原　孙九霄　徐方达　肖雪松　胡延铎
李聪会　康　骁　曲　健　曾锐南　朱炜平　周伟勇　赵明辉

0808102 班
杨　峥　殷　越　谢　纯　车海鸥　庞春超　赵志锟　朱凯歌　王昊成
韩文龙　郑　琳　王苏南　白易欣　朱子鑫　董士豪　包雨恬　关　健
黄丽爽　段博文　王金鹏　张　也　程鑫鑫　吴达祺　黎上达　黄　晶
李春龙　张　力　吴谢浩　周玉清　陆　洋　李春龙　曾悦南　朱炜平
张　力　周伟勇

08081 实验学院班
庞新源　罗健文　仲钊群　沈孝通　黄自力　园　帅　张腾飞　赵进宝
杨　斌　李　云　魏善明　罗　松　段云飞　白　杰　杨　哲　黄安康
蔡　翱　陈松涛　潘永成　刘星群　高　鹏　杨伟成

2013 届本科生名单

0908101 班

李　京	包满达	王晓雪	宋雨轩	李　江	孟庆超	尹　鹏	李成福
赵梓旗	王子嘉	高岳鑫	代云轩	张　航	何文博	邱成波	张　力
吴文吉	魏雅君	吴德飞	刘良检	徐礼威	郁万涛	田景文	郭　颖
刘　路	刘　阳	郭旭晓	吴云祥	王　明	张　凯	张　函	

0908102 班

张明皓	宋高鹏	卢薪宇	乔　智	王雨珩	宋健民	张　楠	韩泽慧
孙旭彤	刘贵立	王杨扬	陆亚辉	张　磊	叶　华	曹煊洲	刘　星
吴　优	郑冬凯	李耀平					

09081 合班

张世杰	薛心智	李智涛	刘伟民	娄会超	李宗峰	丁　飞	李　爻
刘　泽	高力扬	王　悦	马清伍	吕泽堃			

09081 实验学院班

雷　昱	王贝贝	侯　峰	娄会超	王励豪	于昭洋	郭志勇	王翔宇
张镇川	李耀鹏	吴云翔	刘　赫	汤　柳	许士海	张清润	唐群瑞

2014 届本科生名单

1008103 班

赵　赫	冯小天	自鹏翰	王乐乐	吕少龙	周羽佳	翟天博	张　玥
张　明	程春雷	龚旭龙	吕　岩	李　奎	钟瑞琼	李雨辰	杨年丰
尤国旗	姚庆睿	杨晓荷	吴夷杉	史东东	田　申	吴佳露	闫　开
王　哲	马赛博	王　鹏	赵燕军	孙　昊			

1008105 班

郑蔚光	赵　哲	刘　畅	孟维田	童　浩	李金炜	陈建园	陈博阳
林建宏	耿宏凯	袁斯洋	张　迪	曾祥旺	董　伟	李腾云	谢明江
王竹贤	赵永恩	操　宇	杨　梓	徐　娜	耿德强	李青泽	曲兆森
陈　舟	赵蕊洁	陈　汐					

1008111 班

朱学渊	随聪颖	杨立冬	杜　野	刘力宇	尹明非	李脊森	赵晓宇
闫佳雯	郭　宁	周泽瑞	石　凯	陈巍巍			

10081 实验学院班

马耀宇	魏 楚	王鼎汶	张 祥	李海洋	刘思齐	赵旭辉	张宇泰
李文鹏	朱传睿	何 洋	赵 玉	孙欣然	商婉茹	张明明	李晓辉
赖志锋	苏 星	郝亚强	蔡雪风	何其佳	杨天航	董红兵	

2015 届本科生名单

1108103 班

胡志泉	林本末	邵思佳	赵 航	解增辉	马 巍	张 鹤	于 俊
何文强	周中奇	于 震	陈佳杭	董 宸	贾金达	袁宇涛	杨 缘
林泽君	朱兴晨	闫纪朋	朱 强	聂 磊	腊晓林	张金锋	熊怀银
赵紫炎	何 凯	刘建宇					

1108107 班

韦 曦	杨 桥	石龙涛	王 凯	李 超	滑宇翔	谭天宇	张 可
汪珈右	韩 星	郭 阳	郑 帅	王治华	林相相	李霓羽	杨 锐
葛继允	王 曦	刘呈宏	刘宇阳	李 浩	赵亮亮	张 鹏	董清华
徐晨凯	郭新颜						

1108110 班

翟 辉	王 硕	王立献	郭美丹	崔晓蒙	王广大	盛 隆	刘雨田
邴宇涵	潘云峰	郝宝坤	袁青尧	张 伟	王兴国	张 煌	程 晗
董兴超	张凯亮	卢江林	戴军成	杨林冲	邱 耀	万浩涵	何正飞

11081 实验学院班

阮恩朴	康 鹏	纪凤同	于熙洋	赵 垒	崔 醒	罗俊清	邵广斌
朱晓辉	高 敏	李佳鑫	宫 荧	周 超	李宇超	段案清	于占海
毛大超	王天昊	王天楚	张阳光	丛恩博			

2016 届本科生名单

1208101 班

姜 涛	李天然	王立刚	留嘉豪	程 枫	赵 威	宋 吉	张之龙
金 铭	王 强	陈 卓	张春阳	甘 田	朱紫薇	吉孟宇	都日苏拉
胡 政	应高阳	程 凯	王 云	郑志文	王振楠	张 帆	石 瑞
田彭振	朱秉铎	柳俊先	李柏毅	王浩然	李佳奇	陈永坤	董金昕
徐 昊							

1208106 班

| 王 明 | 郭 珣 | 孙如昊 | 吉万炜 | 韩 威 | 李瑞瑞 | 孙 硕 | 张一丁 |

杨云龙　高　巍　武丹阳　吴宇佳　李　凯　薛凯磊　刘华健　沈　涛
李宏亮　李明洋　李明姝　任明可　黄郅博　曹　宇　于　川　张　凯
申志航　杨　益　沈强强　彭若愚　裘叶展　廖　路　魏士翔　曹　伟
张文奇　王建峰

1236005 实验学院班
付　宇　余泽顺　邓兴泓　吴英丹　李政阳　高　源　王敬轩　俞中委
朱　磊　苏宇鸿　唐心田　齐欣达　贺少鹏

2017 届本科生名单
1308102 班
李雁开　孙笑云　林泽光　梁志宇　蔡璧丞　王楚天　赵博程　周文婷
王抒予　苏迪佳　刘瑞廷　王成佳　陈　龙　万修宽　吕绍哲　向文迷
黄　鑫　张兰霜　刘　嘉　尤开灵　汪世玉　李　钰　杨富中　朱智宇
张成程

1308103 班
张程博　杜　为　田国强　王子文　张恭博　白云龙　马美娜　李继峰
赵天宇　张可为　黄凯强　王封旭　矫日华　丁话戈　管城豪　李永强
毕　盛　许世龙　范乃浩　李炎奎　甄睿辰　王　钤　唐　蕞　陈理达
叶子龙　沈锦华　韩忠义

1336005 班
张耀隆　于洪鹏　连文康　胡运强　杨　磊　朱　珊　袁　皓

2018 届本科生名单
1408501 班
王润举　任　浩　周弘毅　包安博　孔倩茵　赵　畅　邹　韬　张　梁
赵　越　孙友邦　王久铭　李佳轩　邹向前　肖以正　刘竞阳　时东凯
刘生辉　周新瑜　曹恒强　李　珏　付　兴　董林飞　张栗寅　曹亦盛
高　远　袁　方　张　晗

1408503 班
唐成顺　侯　腾　张彬瑞　赵　禹　赵旭航　孙玉峰　王健丞　崔文博
邵英奇　顾力闯　胡钰茹　霍东方　王松风　刘鹏飞　邓　鑫　肖凯鹏
徐魏斌　应京容　谭杰闻　谭　帅　吴佩航　强碧瑶　单润柳　程世伟
陈远航

2019 届本科生名单

1508501 班

张 震	张舒航	曲申威	张艺楠	袁 飞	刘治利	刘青媛	张子正
唐洪福	廖芝凡	于溟阳	易嘉伟	蒲星瑞	刘 奕	金 坤	刘方洲
魏兴国	杨均懿	徐 威	王靖松	刘轶男

1508502 班

崔冬岩	边浩东	黄卫金	姚剑锋	汤闻天	于 豪	刘世凯	关彦晨
毛成轩	亢宇飞	曹 涵	邢 璐	吴俊玉	班 广	周振宁	高 峰
隋明扬	王 源	孟繁斌	董艺超	秦树亮	高凌翔	卢建钢	孙宪超

2020 届本科生名单

1608501 班

余志凌	徐大智	许昕瑞	谢光虎	周春明	蔡 广	王 镐	赵云鹏
黄琪程	李希铖	陈殿睿	万宇阳	丰文浩	王情帆	张元昊	刘 鹏
赵 锐	杨潇迪	董天利	魏鹏聘	聂 伟	王振华

1608502 班

王 者	杨宏宇	陈 钱	杨 鹏	马祥安	孙浩然	王志阳	刘浩鹏
张昊日	李啸天	贾 皓	王鑫龙	陈 逸	江宇轩	马 立	权家乐
鄢 胜	黄 昱	杨 力	耿翰林	杨超杰	徐天一	刘博瑜	祝启程

附录二 "电子精密机械"专业历届本科生名单

计时仪器专业培养本科学生名单

精密仪器系

1962 届精密仪器专业计时仪器专门化

5712-2 班

杨文传　姚明德　关宝琴　安福生　徐丽娜　郑雅然　沈　工　程寿山
潘人龙　高保康　李晨光　卢梅坤　刘哲祥　张福和

1963 届精密仪器专业计时仪器专门化

5812-2 班

柏玉珍　闫　森　王世珍　姚元馨　张满山　王敏超　杨景芳　刘常令
郑桂英　沈孝熙　迟文发　承平华　肖荣焱　王家驹　罗贤渭　薛绍宏
宋时珍

1964 届精密仪器专业计时仪器专门化

5912-2 班

于永泉　于启民　马万和　王春林　王树玮　王文忠　王荣凤　王素香
刘玉春　朱　荣　邰伯彦　迟庆瑄　吴秋雯　李瑰贤　李金凤　李国政
李恩孝　陈　旸　张仲春　张聚良　武振东　金龙基　范丽梅　韩柱铁
崔兴福　崔贵学　葛树新　詹锡良　康国栋　殷绍忠　谢伯良

1965 届精密仪器专业计时仪器专门化

6012-2 班

王淑娟　韩　瑛　毛羽国　刘林章　王万柏　杨凤智　陈良康　李全有

闫贵生　郭秋海　谭学润　吴　斌　马惠英　杜俊岭　任吉章　张素梅
张秀琴　林家驹　陈学栋　黄怀昆　吴常禄　刘锡成

1966届精密仪器专业计时仪器专门化
6112-2班
李灿英　黄跃山　杨贵蓉　巫云干　沈小培　郝书生　王子贵　李万玲
孙国政　汪兴芬　蔡玲玲　高洁苓

1977届本科生名单
7311班
胡群英　张春发　魏冬智　张家琪　金湘林　党建荣　郭俊杰　方锡清
刘卓慧　王春红　陈广山　陈光欣　刘文生　郭平香　马爱兰　刘强华
张本安　王建东　羅远梅　陈玉霞　王　艳　魏晓燕　李玉梅　宋学华
赵春竹　庄文正　郑大海　王振宇　沈小龙　魏雨清　李永昌　高剑娟
邢凤惠　关柏林　张　杰　董玉范　瞿荣凤　欧循康　张小平　尹晓玲

1978届本科生名单
7411班
李荣娥　胡凤云　韩晓波　杜亚男　刘两法　刘英剑　孙曙光　王丽艳
阎桂芬　田悦华　张秋军　秦小牧　马爱华　吴廣小　顾玉琴　胡珊玲
徐立武　吴忠明　周　滨　孙本清

1979届本科生名单
7511班
刘进才　张桂春　马玉玲　朱凤芹　蒋秀珍　刘丽梅　顾惠萍　刘淑荣
高若云　付雪春　刘　宇　王季青　王洪安　解永业　梁保华　刘春梅
赵滨尔　何维民　岳　娟　李真茹　闫丽菊　刘雅茹　孔会淑　谢秀芬
邢明康　李建华　杜文海

1980届本科生名单
7611班
于　琨　王占文　杨卫红　周　萍　陶永青　姜充銼　史兆义　王宗纲
姜立明　于善泽　王　琦　崔宁博　单士华　熊和平　宋小明　王晨声
卢福堂　黄　力　迟大伟　刘　姝　丛玉林　殷家元　马彩霞　王晓梅
徐英玉　徐凤珍　孟　伟　贾景华　付廷海　蔡世昌　郝　峰

1981 届本科生名单

7711 班

李庆明	韩进宏	刘晓平	张爱莲	沈恩荣	付金声	张新义	方超英
许文海	鲁丽艳	王丽萍	陈小平	李 鸣	孙 颖	唐英姝	罗 强
王绍宁	张冰奇	罗昌三	林 英	逯灿彪	张恩全	刘华斌	魏淑梅
高 卫	王 莉	何 森	明国华	叶伟强	李 洪	王 勇	朱松宝

1982 届本科生名单

7811 班

袁一凡	张昭樑	尹伟佳	徐 彤	金春霞	侯珍秀	王武义	陈红伟
陈 钢	徐立新	陈宏伟	赵云刚	朱 辉	姜节波	朱 青	孙 刚
陈华亮	陈荷娟	孙 健	张秋玲	方 琼	张幸强	熊 宁	侯小波
罗谷清	莫展雄	毛 崑	王文毅	张 健	谷 枫		

1983 届本科生名单

7911 班

张晓梅	张今瑜	黑 净	张荣艳	任宇征	江元英	谢 莉	崔 丽
高士彬	毛玉春	焦琦琳	陈历生	宫 枫	高 扬	周康生	胡 敬
陈健民	唐毓军	钟炳华	张 新				

1984 届本科生名单

8011 班

李静文	王晓慧	朱慧娟	汪翔云	任伟宁	余祖元	王兆利	劳建明
李铁军	迟兆光	李广才	陈 刚	孟宝明	吕晓明	俞维华	刘邵生
张 宏	孙晓明	石 峰	赫伟刚	熊晓陵	李学思	黄新伯	姜衍刚
许晓成							

1985 届本科生名单

8111 班

袁 峰	赵明智	薛 强	徐 恒	郭文华	李正仁	董 亮	高 慧
吴簌坚	谭逢喜	张 枚	刘晓峰	张明华	陈 刚	许 军	张伯宏
陈良荣	周文刚	庞艳秋	纪树海	胡晓平	边凤梅	管传勇	李元作

1986 届本科生名单

8211 班

| 陈 权 | 李中卫 | 朱敏芳 | 张 晅 | 严 军 | 高德玉 | 陈 军 | 周熙祖 |
| 郭陶冶 | 王 江 | 何 凛 | 周建越 | 范晓东 | 姜英大 | 李晓霞 | 代大海 |

顾立红　王宝君　宋文同　郑　亮　章乐平　陈　平　张凤霞　高　蕾
欧阳怀霜

1987 届本科生名单
8311 班

黄　波	李　俐	郑伟昕	高利民	李朝红	赵国荣	李　涛	王三民
田京华	王说一	武新学	王贵鹏	曾燚懿	李美成	王　勇	白　杰
瞿明生	梁木养	陈玉庆	邓　雄	陈加美	杨京红	高忠强	谢光勤

1988 届本科生名单
8411 班

洪美琴	任宪德	苏有德	胡春凯	张　培	胡英泉	陈瑞霞	陈网林
郑胜宏	于化英	聂英兰	叶银龙	刘艳芬	张海英	李金原	金毅峰
刘　莹	张　慧	刘艳华	褚成江	周瑞敏	周　军	孙欣明	董琎珏
张　强	迟　伟	钟炳军	毛玉琴	王立新	但毅波		

1989 届本科生名单
8511 班

王其行	揭新建	张广军	张国民	胡玉梅	朱艳红	苏小平	徐锦英
杨春光	许宏武	陈　理	汪文宝	王君波	宋长虹	黄晓征	王铁山
梁昌强	王人成	杨　玉	翁　伟	藤晓东	范中凡	宋海英	郝燕宁
温倞谖	赵传敏	王凤芝	李伟红				

时间计控技术与仪器

1989 届专科生名单
85010 班

王树宝	王英海	陈海宴	孙秀红	李永波	王国栋	冯文东	张玉林
付志超	金熙焕	李怀森	刘春青	王际文	王忠敏	赵玉琴	赵才龙
陈润秋	尹国智	李少锋	沙玉啄	孙振义	计　刚	盖德云	盛新宇
孟庆生	蒋新梅	李建忠	张德平	王　崇	闵　杰	李文清	陈江勇
李浩军	张中华	罗　伟	安文军	孟凡荣	周兆坤	徐艳霞	初宏伟

1990 届本科生名单

8611 班

张志贤	陈明忠	张琦忠	吴晓东	牛晓彧	任玉霞	朱晓帆	饶　晖
吴德蝉	迟晓珠	张俊峰	于　虹	谢　涛	赵　剑	刘　静	王劲松
王志远	姜　雁	周林青	王　炜

1991 届本科生名单

8711 班

孙挺汉	任晓波	邹淑芬	罗　军	范晓红	蒋祖军	李向兵	朱璐文
胡益群	刘焕洪	李成钢	陈　素	叶云青	南建波	陈　岐	尹逊明
禹丽花	冯洪亮	朱桂英	吴开荣

1992 届本科生名单

8811 班

林雪原	王　颖	张传军	许家龙	曹明贵	管齐军	张　纲	潘东云
牟英彤	姚　军	张俊夫	施元春	谢建英	曾旭东	杨永利	郭江宁
王　丹	金泰华	陈　硕	罗　为	冯　谨	石　宇	黄　侃	王爱田
黄明生	李洪波	李红雨	罗皎璇	余晓东	代春杰

1993 届本科生名单

8911 班

韦利群	王志伟	舒春雷	徐　懋	瞿宝森	刘允公	李风雷	聂仁涛
侯　斌	李　纲	张芙霞	曲全利	李志洲	陈国清	朱化冰	谭定忠
左美云	刘　全	赵　宇	白军才	张海艳	李浩林	李　晖	林穗明

1994 届本科生名单

9011 班

李双学	刘素芝	邵容平	李建国	闫为新	房　芳	顾先立	王湘江
李常申	杜政修	王国宏	龙　洋	王发欣	徐济生	张　勇	曲　静
刘　颖	王　强	刘宇婷	杨立国	朱朝晖	胡春成	冯　军	王　训
曾梅辉	王丽莉

1995 届本科生名单

9111 班

李成龙	吴立宝	马兆岭	夏克国	唐　飞	曹　斌	葛文奇	陈群星
孙利强	马　炘	叶永孝	黄　锦	褚　巍	孙兴军	李宏程	王　武
侯颖锋	谢荣歆	郑明东	马　杰	申延利	文毅森	魏张军	彭世藩

董军清　腾　琰　刘建林　罗　成　陈永铨

1996 届本科生名单
9211 班

孔德宝	丁建明	张　锐	李春龙	王久龙	马云飞	刘林强	葛曙光
田立中	李向辉	周志龙	狄军法	朱尽崎	赵贵庚	李蕴娥	吴德钟
陈　功	祝俊生	周一平	王铁钧	严　伟	张冬生	张振庆	姜　维
毕云锋	陈　全	龙柏林	钟啸剑	郑永娟	赵殿滨	徐鹿眉	

1997 届本科生名单
9311 班

范绍凯	徐鹿眉	张学林	米加鑫	赵丹阳	吴开波	吴青松	闫继先
王　波	李　彦	蓝长根	许志勇	张海林	何华波	赵伟峰	翟振艳
孙志焱	周兴强	周晓辉	柴　桦	郭洪文	包彦省	黄钟胜	

1998 届本科生名单
9411 班

张争争	曾昭灶	代　敬	马小月	禹小平	梁建奇	苏　颖	魏孔银
隆　利	左长魁	李　嵩	齐晓志	王　群	赵立波	骆再飞	吴　军
王　婕	施达敏	朱晓蕊	顾文华	管建南	邹　芳	袁耀辉	刘　昀
郭辰昕							

计时仪器模块

2004 届本科生名单

李　斌	周家泽	卢金环	王建邦	徐宏伟	孟召帝	宋晓东	丁新凯
王　琳	董雅会	王跃强	路来振	侯喜双	王家淳	田园园	赵婷婷

2005 届本科生名单

李露妮	顾海栋	刘胜勇	郭　超	乔小锋	王　瑧	杜光明	欧胜军
周永朋	李明涛	耿圆圆	李志科	石永利	王强伟	谭良恒	牛　文
卢加涛	于团结	周　超	石建军	李耿恒			

2006 届本科生名单

朱　洋	谢建华	张　强	杨晓东	刘辉勇	薛银峰	姚明东	张洪涛

吴宇锋　卢洪涛　张洪友　乔尚宇　孙洪涛

2007 届本科生名单

王燕娜　陈晓明　张　乐　周汉英　王　雪　魏光超　李慧雪　张晶晶
张　勇　谢　磊　范松岩　宗　魏　张瑞生　韩乐平　姬永刚　唐　宇
蔡焕平　秦福焱　霍　华

2008 届本科生名单

白荣华　刘瑞萍　王云龙　包欢欢　刘英才　吴公兵　陈文利　马伯松
薛钊强　陈月松　前德门　张博文　邓双丰　田慧卿　赵文涛　李华夏
王冬剑　周延志

2009 届本科生名单

毕　磊　邓朝义　李　勇　吴　越　赵起超　薄亚美　封文涛　宋文成
徐　宁　朱从尧　陈　迪　富崇君　王　冰　杨　发　陈尚校　高江江
王洪雪　杨启良　陈智明　黄一万　王文盛　杨唯辉　成万帅　江　云
吴树春　赵晨辉

2010 届本科生名单

杜　昊　柳晓川　杨玉龙　高德泉　盛鲁英　张　君　古　田　王海荣
赵秀文　韩成龙　王乾元　姜　艳　王昕宇　李　鹏　尹春晖

2011 届本科生名单

曹荣林　刘玉龙　张海滨　陈　漪　马　帅　张　晶　崔　伟　秦海龙
赵令杨　费　林　徐　峰　朱应林　李晔卓　肖　鹏　刘俊伟　谢宇正
乌麦尔江　伊力亚尔

2012 届本科生名单

董士豪　向　帆　洪圆圆　俞忠达　李树白　张士宁　刘　野　朱子鑫
单　晨　王思聪

2013 届本科生名单

高　强　刘　星　肖　洒　耿占潇　刘雨晴　尹俊亚　姜　飞　罗　涛
曾洪翔　姜宏宇　缪　洁　张　鹏　李殿鑫　王　凯　李玉锋　吴　忧

2014 届本科生名单

韩　锐　丛　林　王思淼　秦兴元　梁云雷　张兴旭　李俊慧　袁豪谦

张　云　田鑫琦　赵林杰

2015 届本科生名单
范俊伟　卢　意　高婷婷　吕文达　桂新星　邱青筠　季宗智　苏　琪
李　健　修佳琦　李云昊

2016 届本科生名单
付彦哲　陈宣丞　曹文武

2017 届本科生名单
易　澈　张　睿

附录三 历届硕士研究生培养名单

序号	姓名	导师	毕业时间	类别	是否优秀毕业生(金牌或者银牌)	论文题目	所属学科
1	姚智慧	吴永孝	1992 年	硕士		苏尔泽片梭织机片梭制造技术的研究	精密机械与仪器制造工程
2	金红萍	陈在礼	1998 年	硕士		三轴飞行模拟转台的动力学分析和结构优化设计	机电控制及自动化专业
3	刘品宽	陈在礼	1998 年	硕士		三轴飞行模拟转台轴系的动力学分析	机电控制及自动化专业
4	龙柏林	陈维山	1998 年	硕士		基于有限元方法的超声波马达建模与优化	机电控制及自动化专业
5	李德峰	金长善	1998 年	硕士		双晶探头激励工具的电火花微小孔加工方法研究	机电控制及自动化专业
6	孙丽威	金长善	1998 年	硕士		超声减摩进给机构应用于电火花机床的可行性研究	机电控制及自动化专业
7	陈功	姚智慧	1998 年	硕士		轴承钢磨削表面残余应力的建模与仿真	机电控制及自动化专业
8	张晓超	张广玉 张其馨	1998 年	硕士		复合材料界面超声处理技术的研究	机电控制及自动化专业
9	董玮	张其馨	1998 年	硕士		超声加工系统匹配技术的研究	
10	陈学生	陈在礼	1999 年	硕士		目标定位用机器人运动学分析及计算机仿真	
11	张日安	陈维山	1999 年	硕士		基于超声微驱动的摩擦力补偿技术研究	
12	金飞虎	金长善	1999 年	硕士		超声波气体流量测量技术的研究	
13	雷宇红	金长善 罗建伟	1999 年	硕士		超声波热疗仪探头矩阵的温度场分析及实验研究	

续表

序号	姓名	导师	毕业时间	类别	是否优秀毕业生（金牌或者银牌）	论文题目	所属学科
14	胡建宇	姚智慧	1999年	硕士		水银滑环电传输装置的设计与研究	
15	常疆	姚智慧	1999年	硕士		频差法超声波气体流量测量技术的研究	
16	巩明德	杨乐民	1999年	硕士		石英摆片激光切割工艺试验研究	
17	郑剑	张广玉	1999年	硕士		复合材料界面超声处理技术的研究	
18	崔轶凡	张广玉	1999年	硕士		超声纵振钻削机理研究及计算机仿真	
19	冯天兵	张其馨 张广玉	1999年	硕士		四象限探测器检测系统的研究	
20	李旭	张其馨	1999年	硕士		超声加工中振幅控制技术的研究	
21	吴强	赵学增 吴羡	1999年	硕士		双量程测力传感器关键技术研究	
22	秦炳永	陈在礼	2000年	硕士		基于模糊理论的超声马达位置控制技术研究	
23	戴分涛	陈维山	2000年	硕士		基于超声微驱动的减摩技术实验研究	
24	徐祯祥	侯珍秀	2000年	硕士		大功率聚焦超声热疗中的无损测温的研究	
25	赖一楠	罗建伟	2000年	硕士		介入式超声血栓消融技术的研究	
26	黄文涛	王伟杰	2000年	硕士		基于神经网络的汽车发动机点火系统故障诊断的研究	
27	刘源	姚智慧	2000年	硕士		用扩频技术实现低压电力线上数据传输的研究	
28	吴尉林	姚智慧	2000年	硕士		汽车踏板力检测及其信息无线传输技术的研究	
29	王小勇	杨乐民	2000年	硕士		基于LonWorks总线的变电站自动化系统设计	
30	崔继文	张广玉 张其馨	2000年	硕士		空间对接机构实时图形仿真的研究	
31	陈志刚	张广玉 张其馨	2000年	硕士		快速客车转向架综合性能试验系统及轮对载荷测量研究	

续表

序号	姓名	导师	毕业时间	类别	是否优秀毕业生（金牌或者银牌）	论文题目	所属学科
32	林建成	张广玉	2000年	硕士		碳纤维复合材料超声加工研究	
33	杨延竹	赵学增	2000年	硕士		基于计算机视觉的针叶造林苗木分级理论及实验的研究	
34	聂 鹏	赵学增	2000年	硕士		低温高压电气设备绝缘在线监测传感器的研究	
35	褚 巍	赵学增	2000年	硕士		腈纶叠丝装置的研制及运动参数的建模求解	
36	马洪宇	陈在礼	2001年	硕士		基于神经网络的超声波马达速度控制研究	
37	孔民秀	陈在礼	2001年	硕士		空间对接仿真机构工作空间和正解研究	
38	郝相君	陈在礼 左洪波	2001年	硕士		铝合金表面PECC层组织结构性能及成膜模型的研究	
39	赵学涛	陈在礼 商雷明	2001年	硕士		基于小波中线的表面粗糙度测量及表征的研究	
40	安继民	陈维山	2001年	硕士		腈纶实验装置垂环控制系统的研究和实现	
41	黄成义	陈维山	2001年	硕士		自动包装码垛生产线监测系统的研究	
42	王 理	陈维山	2001年	硕士		仿鱼水下机器人动力学基础理论分析	
43	王海玲	陈维山 商雷明	2001年	硕士		双向工频自动通信系统信道编码及纠错技术的研究	
44	夏祥东	侯珍秀	2001年	硕士		热气压胀形法加工聚碳酸酯板材工艺参数的研究	机械电子工程
45	孟范源	侯珍秀	2001年	硕士		基于连续型灵敏度分析方法的结构优化设计与应用研究	
46	陈新亮	侯珍秀	2001年	硕士		超声无创聚焦刀定位肿瘤的三维图像重组方法研究	
47	周自君	侯珍秀 程常松	2001年	硕士		粮库温度监控系统的研究	
48	高 波	罗建伟 王春明	2001年	硕士		OSR片激光切割工艺的研究	
49	黄乃华	罗建伟	2001年	硕士		超声无创聚焦刀剂量控制及肿瘤三维定位研究	

续表

序号	姓名	导师	毕业时间	类别	是否优秀毕业生（金牌或者银牌）	论文题目	所属学科
50	吴尚	王伟杰	2001年	硕士		基于FFT的高压电气设备绝缘在线监测技术的研究	
51	张晓秋	王伟杰 陈凤山	2001年	硕士		机器人柔性腕力传感器的研究	
52	宫伟	王伟杰 杨彬彦	2001年	硕士		聚丙烯包装带超声焊接装置的研制	
53	彭军强	王伟杰	2001年	硕士		基于神经网络的表面粗糙度测量技术的研究	
54	张崇峻	王玉胜 周占祥	2001年	硕士		便携式旋转超声钻的研究	机械电子工程
55	王晟	姚智慧	2001年	硕士		基于ERP的流程工业设备管理监测一体化系统设计	
56	潘政刚	姚智慧 商雷明	2001年	硕士		配电网工频通信系统信息检测技术的研究与实现	
57	刘新合	姚智慧	2001年	硕士		智能储存式电子流量计的研制	
58	付风木	姚智慧 闫伟林	2001年	硕士		注采剖面动态监测数字遥控系统的研究设计	
59	郭振良	杨乐民 有旻	2001年	硕士		腈纶纺丝线定型入口垂环位置控制系统的研究	
60	郑军	杨乐民	2001年	硕士		基于CCD的石英摆片参数测量关键技术的研究	
61	崔建文	张广玉	2001年	硕士		再热汽温优化控制研究	机械电子工程
62	何阿新	张广玉 刘尧则	2001年	硕士		大功率氨压机制冷系统智能控制的研究	
63	李维群	张广玉 刘振江	2001年	硕士		锅炉再热汽温自适应预估控制研究	
64	赵增和	赵学增	2001年	硕士		顺丁橡胶生产线控制系统在线状态监控及故障诊断的研究	
65	陈昭阳	赵学增	2001年	硕士		SYY双量程测力传感器动态建模的研究	机械电子工程
66	李天书	赵学增 孟昭月	2001年	硕士		腈纶丝装箱设备的系统结构设计与控制过程的研究	
67	侯旭光	赵学增	2001年	硕士		超声波塑料焊接工艺参数的研究	机械电子工程

续表

序号	姓名	导师	毕业时间	类别	是否优秀毕业生（金牌或者银牌）	论文题目	所属学科
68	李有光	陈在礼	2002年	硕士		柱面驱动行波超声马达研究	机械电子工程
69	关山松	陈在礼	2002年	硕士		无轴承超声马达及其控制研究	
70	杨青	陈在礼	2002年	硕士		基于锥面驱动的超声马达研究	
71	张帆	陈维山	2002年	硕士		基于超声微驱动的蠕动减摩实验研究	机械电子工程
72	魏鹏威	陈维山	2002年	硕士		基于虚拟滚动体的超声波摩擦改性技术研究	
73	陈世哲	侯珍秀	2002年	硕士		基于计算机视觉的HIFU技术中肿瘤图像处理及定位的研究	机械电子工程
74	吴菁	侯珍秀	2002年	硕士		聚碳酸酯板材热气压胀形的研究	航空宇航制造工程
75	朱新建	侯珍秀	2002年	硕士		HIFU技术中肿瘤轮廓识别及三维重构的研究	
76	许显志	侯珍秀 刘顺生	2002年	硕士		油井下数据无线传输装置研究	机械电子工程
77	王克胜	罗建伟 曹长华	2002年	硕士		超高压输电线路工程新工艺的研究	
78	王志伟	罗建伟	2002年	硕士		大功率聚焦超声肿瘤刀超声剂量控制及肿瘤三维定位研究	机械电子工程
79	赵龙军	王伟杰	2002年	硕士		基于CAN总线的汽车安全性能检测系统研究	
80	国绍文	王武义 张其馨	2002年	硕士		手持式振动钻削装置及其控制系统研究	
81	张付祥	姚智慧	2002年	硕士		仿人行走机器人脚部六维力传感器研究	
82	朱映远	姚智慧	2002年	硕士		滚齿加工过程的计算机仿真	
83	李阁强	杨乐民	2002年	硕士		变频空调中特定消谐式变频器单片机控制技术的研究	机械电子工程
84	杨晓冬	张广玉 张其馨	2002年	硕士		对接缓冲试验台对接过程动力学研究	
85	郑宇峰	张广玉 张其馨	2002年	硕士		股骨头保护假体研究	

续表

序号	姓名	导师	毕业时间	类别	是否优秀毕业生（金牌或者银牌）	论文题目	所属学科
86	牟宪民	张广玉 张其馨	2002年	硕士		对接缓冲试验飞行器质量惯量模拟研究	
87	孔庆慧	赵学增	2002年	硕士		用于变压器在线监测的光纤氢气传感器的研究	
88	周莉莉	赵学增	2002年	硕士		基于激光散斑的表面粗糙度在线检测技术研究	
89	赵国鹤	赵学增	2002年	硕士		单匝贯穿式电流传感器的研究及其信号处理	
90	姚青文	陈在礼 黄 进	2003年	硕士		液体喷丸强化技术的研究与应用	
91	张 健	陈在礼	2003年	硕士		柱面驱动直线行波超声波马达实验研究	机械电子工程
92	吴宏伟	陈在礼	2003年	硕士		回转体纤维缠绕数学模型的研究	
93	李 营	陈在礼	2003年	硕士		基于脉宽调制方法的超声马达驱动与控制系统研究	机械电子工程
94	赵伟明	陈维山	2003年	硕士		仿鱼水下机器人运动学基础理论分析及实验研究	机械电子工程
95	白 旭	陈维山	2003年	硕士		新型换能器式超声马达的理论与实验研究	机械电子工程
96	李宏刚	陈维山	2003年	硕士		基于夹芯式换能器的行波超声马达设计与实验研究	
97	李 寒	罗建伟	2003年	硕士		超声血栓消融技术及其智能化的研究	机械设计及理论
98	康元福	王伟杰	2003年	硕士		基于小波神经网络的汽车发动机故障诊断的研究	机械电子工程
99	卫 军	王伟杰	2003年	硕士		零磁通电流传感器的研制	机械电子工程
100	肖勇军	王伟杰	2003年	硕士		基于粗糙集理论的汽车发动机故障诊断的研究	机械电子工程
101	何宗波	姚智慧	2003年	硕士		基于虚拟样机技术的双足机器人研究	机械电子工程
102	马 立	姚智慧	2003年	硕士		水银导电滑环的设计和试验研究	机械电子工程
103	陈 华	姚智慧	2003年	硕士		仿人机器人踝关节六维力传感器的研究	机械电子工程

续表

序号	姓名	导师	毕业时间	类别	是否优秀毕业生（金牌或者银牌）	论文题目	所属学科
104	高 军	杨乐民	2003年	硕士		空调变频器自适应模糊控制器的研究	机械电子工程
105	陈 华	杨乐民	2003年	硕士		多功能材料试验机的测力计和测试软件的研究	机械电子工程
106	贾学先	张广玉	2003年	硕士		分导舱优化设计及模态分析	
107	王恩善	张广玉	2003年	硕士		数显精密双轴倾斜回转台设计研究	机械电子工程
108	宋 伟	张广玉	2003年	硕士		起拨道器自动化检测系统的研究	机械电子工程
109	王洪秀	张广玉	2003年	硕士		基于神经网络的再热汽温控制系统的研究	机械电子工程
110	王志刚	张广玉 高善东	2003年	硕士		对接缓冲试验台三轴姿态检测调整与锁定的研究	
111	刘 坤	张广玉 李秋明	2003年	硕士		感应同步器测角系统的鲁棒性分析与设计	机械电子工程
112	谢伟华	张广玉	2003年	硕士		股骨头保护假体的研究	
113	赵雨旸	张广玉 赵玉春	2003年	硕士		多功能三轴模拟转台的动态特性分析与结构优化设计	机械电子工程
114	孙业明	赵学增	2003年	硕士		基于彩色视觉的针叶造林苗木分级理论与实验研究	机械电子工程
115	张 彬	赵学增	2003年	硕士		彩色CCD终点计时系统的研究	机械电子工程
116	金典顺	赵学增	2003年	硕士		低漂移高稳定半导体激光器稳光强技术的研究	机械电子工程
117	李 华	赵学增	2003年	硕士		嵌入式视觉传感器的研究	机械电子工程
118	刘 越	陈维山	2004年	硕士		面向IC封装技术的高速高精度平台的设计建模及仿真	
119	王志松	陈维山	2004年	硕士		夹心换能器式直线超声马达的研究	机械电子工程
120	苏长龙	陈维山 温成绪	2004年	硕士		基于软开关技术的变电站操作直流系统改造方法研究	
121	许 榕	陈维山	2004年	硕士		基于电导法的井下油水两相流含水率测量的研究	机械电子工程

续表

序号	姓名	导师	毕业时间	类别	是否优秀毕业生(金牌或者银牌)	论文题目	所属学科
122	于洋	陈维山	2004年	硕士		双面齿行波超声波马达研究	机械电子工程
123	杜皓	陈维山	2004年	硕士		仿行波式直线超声波马达的理论与实验研究	
124	岳通	董惠娟	2004年	硕士		小孔超声加工振动系统及其匹配技术的研究	机械电子工程
125	艾淑华	侯珍秀 郝明晖	2004年	硕士		NC指令解释及数控仿真系统的研究	机械电子工程
126	刘智	侯珍秀	2004年	硕士		聚碳酸酯板材高温拉伸试验及数值模拟的研究	机械电子工程
127	张丽莉	侯珍秀	2004年	硕士		HIFU治疗设备专家系统的研究	机械电子工程
128	郑学成	侯珍秀	2004年	硕士		采油螺杆泵地面驱动装置密封技术的研究	机械电子工程
129	何小飞	罗建伟	2004年	硕士		OSR片激光切割工艺参数优化	机械电子工程
130	潘洪亮	罗建伟	2004年	硕士		基于人工智能的超声融栓功率控制方法的研究	机械电子工程
131	王旭东	罗建伟	2004年	硕士		配电网故障区间判断的新型矩阵算法研究	
132	谭苗苗	王伟杰	2004年	硕士		欠膨胀射流中气泡的运动及几何参数研究	机械电子工程
133	温泰传	王伟杰	2004年	硕士		基于粗糙神经网络的发动机故障诊断方法的研究	机械电子工程
134	朱维明	王伟杰 董国兴	2004年	硕士		基于过零调制技术的相线测试仪研制	
135	高立潮	王伟杰 丁竹生	2004年	硕士		立式数纸机的研究与设计	
136	关山	王伟杰	2004年	硕士		基于图像处理的汽车牌照自动识别技术的研究	
137	张嵩	王伟杰	2004年	硕士		基于谐波检测技术的氢气气体传感器的研究	机械电子工程
138	邓广宇	王伟杰	2004年	硕士		两层合采井分层压力测试技术研究	机械电子工程
139	宋红运	王武义 张其馨	2004年	硕士		基于虚拟样机技术的空间对接试验台的建模与仿真	机械电子工程

续表

序号	姓名	导师	毕业时间	类别	是否优秀毕业生（金牌或者银牌）	论文题目	所属学科
140	苗建锋	王武义 张其馨	2004年	硕士		航天器对接六自由度试验台重力平衡器研究	机械电子工程
141	周详宇	姚智慧	2004年	硕士		基于虚拟样机技术的新型双足机器人研究	航空宇航制造工程
142	秦宇	姚智慧	2004年	硕士		双足机器人踝关节六维力传感器及其信号处理系统的研究	机械电子工程
143	刘峻岫	姚智慧 温成绪	2004年	硕士		高精度动态扭矩测量系统的研究	机械电子工程
144	雷深皓	姚智慧	2004年	硕士		基于虚拟样机技术的陀螺仪二维摇摆台的设计与研究	机械电子工程
145	张永杰	姚智慧	2004年	硕士		滚齿切削过程的计算机仿真	机械电子工程
146	崔慧	姚智慧 章小芳	2004年	硕士		逆向式气体减压器动态特性分析及应用	机械电子工程
147	于庆东	姚智慧	2004年	硕士		螺杆泵专用抽油杆的研制	机械电子工程
148	卢艳君	杨乐民	2004年	硕士		光存储晶体生长实验研究	机械电子工程
149	王乐锋	杨乐民	2004年	硕士		基于串级模糊控制的提拉法晶体生长系统研究	机械电子工程
150	桑传东	杨乐民	2004年	硕士		光纤涡街流量计的研究	机械电子工程
151	刘继春	杨乐民	2004年	硕士		注入剖面相关示踪测井系统的研制	机械电子工程
152	程显敏	张广玉	2004年	硕士		超声波马达真空驱动特性研究	机械电子工程
153	赵名	张广玉 董慧娟	2004年	硕士		超声旋转钻用超声发生器的设计与研究	机械电子工程
154	董国军	张广玉 曲建俊	2004年	硕士		纳米金属颗粒二相流体润滑剂对陶瓷的润滑性能研究	机械电子工程
155	刘万丰	张广玉 王德喜	2004年	硕士		有载调容变压器的研制	机械电子工程
156	马金平	张广玉 吴宏	2004年	硕士		智能网络运动控制器的研究与开发	机械电子工程
157	杨小波	张广玉 张其馨	2004年	硕士		液压起拨道器自动检测试验台的研制	机械电子工程

续表

序号	姓名	导师	毕业时间	类别	是否优秀毕业生（金牌或者银牌）	论文题目	所属学科
158	高睿	赵学增	2004年	硕士		普通发票税控开票管理软件及其相关技术的研究	机械电子工程
159	李文锋	赵学增	2004年	硕士		KTD-1210税控收款机税控实现与软件开放性、可靠性设计	
160	郑俊丽	赵学增	2004年	硕士		基于动态散斑的圆柱面表面粗糙度测量方法研究	机械电子工程
161	郁翔	赵学增 冯惠恒	2004年	硕士		高精度数字化压力传感器的研制	
162	王凌	赵学增	2004年	硕士		基于AFM的纳米线宽计算模型和测量不确定度的研究	机械电子工程
163	牛黎军	赵学增 钟毅成	2004年	硕士		电力电缆现场试验用调频串联谐振装置的研制	
164	隋玉秋	赵学增 张全	2004年	硕士		变电站蓄电池组在线自动维护系统的研制	
165	管荣建	赵学增 邰爱民	2004年	硕士		电容式数字型物位限位传感器的研制	
166	高纯良	赵学增	2004年	硕士		涡街式井下流量计的研究	机械电子工程
167	刘刚峰	董惠娟	2005年	硕士	金牌	大型弯管冷成形计算机数值模拟及模具参数的优化	机械电子工程
168	寇江伟	陈维山	2005年	硕士		空间交会对接运动模拟器误差模型的研究	机械电子工程
169	方艳	陈维山	2005年	硕士		基于DSP的行波型超声波电机驱动控制系统的研究	机械电子工程
170	笪可静	陈维山 王文起	2005年	硕士		大型载热体加热系统控制方法的研究	机械电子工程
171	许光辉	谢涛 陈维山	2005年	硕士		六自由度并联机器人位置求解及其工作空间分析的研究	
172	王为	刘军考 陈维山	2005年	硕士		仿鲹科加新月型尾鳍仿生机器鱼的研制	
173	梁士波	陈维山 关宁	2005年	硕士		抽油机井设备匹配及参数优化技术研究	机械电子工程
174	李威	董惠娟	2005年	硕士		两轮自平衡机器人控制系统研制	机械电子工程
175	李明博	侯珍秀	2005年	硕士		蛇形仿生机器人的研究	机械电子工程

续表

序号	姓名	导师	毕业时间	类别	是否优秀毕业生(金牌或者银牌)	论文题目	所属学科
176	李 强	侯珍秀	2005 年	硕士		聚碳酸酯板材热气压胀形过程加工工艺参数的研究	机械电子工程
177	施连灯	侯珍秀	2005 年	硕士		脑肿瘤微波热疗仪的测控及管理系统的设计	航空宇航制造工程
178	孟凡雷	侯珍秀	2005 年	硕士		基于电磁波理论的井下数据无线传输装置的研究	航空宇航制造工程
179	刘云猛	侯珍秀	2005 年	硕士		高低温 X 形丁腈橡胶密封件有限元分析与实验研究	航空宇航制造工程
180	余志洋	侯珍秀	2005 年	硕士		丁腈橡胶 X 形密封结构及失效分析的数值模拟研究	
181	曾庆兵	刘文剑	2005 年	硕士		三相流测量及解释方法研究	机械电子工程
182	郭光磊	刘文剑	2005 年	硕士		导弹结构件组合夹具快速设计与装配技术	航空宇航制造工程
183	李国春	罗建伟	2005 年	硕士		井下远程载波通讯技术的研究	航空宇航制造工程
184	董金莲	罗建伟	2005 年	硕士		高压宽幅可调节直流开关电源的研究	机械电子工程
185	祝贺	罗建伟 寇宝泉	2005 年	硕士		水平井牵引机器人无槽无刷直流电动机的研究	航空宇航制造工程
186	靳成学	罗建伟	2005 年	硕士		碳纤维复合材料磨料水射流加工工艺参数优化设计	航空宇航制造工程
187	李占山	王伟杰	2005 年	硕士		基于网络的汽车发动机远程故障诊断研究	航空宇航制造工程
188	何磊	王伟杰	2005 年	硕士		基于多 Agent 的汽车发动机故障诊断的研究	机械电子工程
189	司嘉斌	王伟杰	2005 年	硕士		基于计算机视觉的小孔测量技术的研究	机械电子工程
190	张世林	王伟杰 王德辉	2005 年	硕士		航空发动机叶片工作边缘检测技术研究	
191	徐晓梅	王伟杰	2005 年	硕士		基于神经网络和激光散斑的表面粗糙度测量技术研究	机械电子工程
192	王海鹏	王武义 张其馨	2005 年	硕士		光学合成孔径成像系统子镜驱动机构的设计与分析	机械电子工程
193	梁维奎	王武义 张其馨	2005 年	硕士		导弹预警系统二维摆镜技术及系统模态分析	航空宇航制造工程

续表

序号	姓名	导师	毕业时间	类别	是否优秀毕业生(金牌或者银牌)	论文题目	所属学科
194	李 季	姚智慧	2005年	硕士		基于虚拟样机技术的小型仿人机器人的设计与研究	机械电子工程
195	唐术锋	姚智慧	2005年	硕士		三自由度重型摇摆试验台运动学和动力学仿真	机械电子工程
196	郭宏伟	姚智慧	2005年	硕士		三自由度重型摇摆试验台的设计与研究	机械电子工程
197	郝 博	姚智慧	2005年	硕士		机器人嗅觉系统的研究	机械电子工程
198	高建华	杨乐民	2005年	硕士		蓝宝石红外导引罩加工工艺研究	
199	洪 剑	杨乐民	2005年	硕士		列车转向架综合试验台设计研究	航空宇航制造工程
200	侯 绯	杨乐民	2005年	硕士		桥式起重机主梁挠度激光测试技术的研究	机械电子工程
201	李世强	杨乐民 周 岩	2005年	硕士		超细石英粉体制备技术及工艺参数的试验研究	机械电子工程
202	刘祥锋	张广玉	2005年	硕士		基于机器视觉技术的零件尺寸检测系统的研究	航空宇航制造工程
203	曹 为	张广玉	2005年	硕士		光电式锥螺纹参数自动测量系统的研究	机械电子工程
204	高 绘	张广玉 曲建俊	2005年	硕士		超声波微驱动摩擦机理研究	机械电子工程
205	孙义忠	张广玉 宋宝玉	2005年	硕士		数控往复式摩擦磨损试验机及其测试系统的研究	机械电子工程
206	胡东东	张广玉 张其馨	2005年	硕士		光学合成孔径成像系统并联微调机构的研究	机械电子工程
207	王海燕	张广玉 张其馨	2005年	硕士		重力平衡器及其DSP控制系统研究	机械电子工程
208	范佳堃	张广玉 张其馨	2005年	硕士		针对视场角和中心盲区的四象限探测器检测系统的研究	机械电子工程
209	李 宁	赵学增	2005年	硕士		基于原子力显微镜的半导体刻线边缘粗糙度的研究	机械电子工程
210	韦晓峰	赵学增	2005年	硕士		基于嵌入式Linux的网络图像采集系统的研究与实现	机械电子工程
211	闫亚琴	赵学增	2005年	硕士		基于三坐标测量机自由曲面的反求技术研究	机械电子工程

续表

序号	姓名	导师	毕业时间	类别	是否优秀毕业生(金牌或者银牌)	论文题目	所属学科
212	周伟召	赵学增	2005 年	硕士		基于蚁群算法的自动化仓库作业调度研究	机械电子工程
213	姚锡钢	王伟杰	2006 年	硕士		基于肤色的人脸检测和性别识别的研究	机械电子工程
214	马 伟	王伟杰	2006 年	硕士		油田分层注水恒流堵塞器的研究	机械电子工程
215	王恩刚	王伟杰	2006 年	硕士		人体便携式自动输液器的研制	机械电子工程
216	姜庆昌	王武义	2006 年	硕士		汽车轮廓尺寸测量机的研究	机械电子工程
217	孔凡斌	王武义 包亦望	2006 年	硕士		多功能脆性材料力学性能试验仪的研制	机械电子工程
218	顾 军	王武义 陈志刚	2006 年	硕士		光学合成孔径原理演示样机动力学仿真及实验研究	机械电子工程
219	孙德伟	王武义 张其馨	2006 年	硕士		红外成像仪结构设计与有限元分析	航空宇航制造工程
220	简继红	张广玉	2006 年	硕士		基于 CCD 的锥螺纹尺寸测量技术的研究	机械电子工程
221	陈佳莹	张广玉	2006 年	硕士		原油磁化防结蜡技术的研究	机械电子工程
222	吴松涛	张广玉 张其馨	2006 年	硕士		导弹预警系统二维摆镜结构及其控制系统研究	航空宇航制造工程
223	王 丹	张广玉 周 智	2006 年	硕士		光纤光栅压力与温度双参量传感器的研究	机械电子工程
224	盛培军	张广玉 周 智	2006 年	硕士		光纤光栅应变传感器的研制	机械电子工程
225	赵 冰	陈维山	2006 年	硕士		旋转型行波超声波马达的理论和实验研究	机械电子工程
226	戴 坡	陈维山	2006 年	硕士		仿生机器鱼的控制系统设计与实验研究	机械电子工程
227	吕晓宇	陈维山	2006 年	硕士		超声波微量物料传送装置的研究	机械电子工程
228	韩子安	陈维山	2006 年	硕士		六自由度并联机器人安全机构算法的研究	机械电子工程
229	张 磊	陈维山	2006 年	硕士		基于神经网络的行波超声波电机驱动控制系统的研究	机械电子工程

续表

序号	姓名	导师	毕业时间	类别	是否优秀毕业生(金牌或者银牌)	论文题目	所属学科
230	刘高才	陈晓峰	2006年	硕士		802.11a 无线局域网视频图像传输实验系统的研究与实现	机械电子工程
231	李庆阳	董惠娟 包亦望	2006年	硕士		玻璃材料的摩擦磨损性能测试及其装置的研制	机械电子工程
232	张小政	董惠娟 周 智	2006年	硕士		工程化光纤光栅系列传感器的研究与开发	机械电子工程
233	赵 维	顾慧萍	2006年	硕士		基于虚拟仪器技术的半导体激光器特性测试系统的研究	机械电子工程
234	王 慧	顾慧萍	2006年	硕士		双探头式激光发散角测量系统的研究	机械电子工程
235	滕国栋	侯珍秀	2006年	硕士		机床传动系统空载功率测定的网络虚拟实验研究	航空宇航制造工程
236	乔江东	侯珍秀	2006年	硕士		基于数值模拟的精密摆角铣头气体静压轴承的研究	机械电子工程
237	汪 波	侯珍秀	2006年	硕士		聚碳酸酯拉伸试件几何尺寸与塑性变形指标关系的研究	机械电子工程
238	王 敏	侯珍秀 刘 宏	2006年	硕士		四自由度机械臂/多指灵巧手运动规划及其仿真研究	机械电子工程
239	高文俊	金天国	2006年	硕士		面向军工产品制造过程质量跟踪与管理技术	机械电子工程
240	龚 伟	金天国	2006年	硕士		制造执行系统中生产作业计划与调度技术研究	机械电子工程
241	夏 丹	刘军考 陈维山	2006年	硕士		大过载精密离心机负载盘的优化设计	机械电子工程
242	薛振宇	刘军考 陈维山	2006年	硕士		一种环型直线超声波马达的研究	机械电子工程
243	许春波	刘文剑	2006年	硕士		水平井牵引机器人扶正器的优化设计与仿真	航空宇航制造工程
244	金 雨	刘文剑	2006年	硕士		基于PDM的工装设计过程及图档管理	机械电子工程
245	王瑞光	罗建伟	2006年	硕士		无刷直流电机无位置传感器控制的研究	航空宇航制造工程
246	姚永庆	罗建伟	2006年	硕士		水平井牵引机器人空心杯直流伺服电动机的研究	机械电子工程
247	张海蛟	王 艳	2006年	硕士		图像压缩率失真算法的研究	机械电子工程

续表

序号	姓名	导师	毕业时间	类别	是否优秀毕业生(金牌或者银牌)	论文题目	所属学科
248	郭先概	王艳	2006年	硕士		电能质量参数检测系统的研究	机械电子工程
249	吴振军	谢涛	2006年	硕士		超声波拉丝的建模与仿真研究	机械电子工程
250	肖晓	谢涛	2006年	硕士		钢丝滚道球轴承点接触问题分析与运动过程有限元仿真	
251	贾昌华	谢涛	2006年	硕士		一种新型驻波超声波电机的设计	机械电子工程
252	李涛	谢涛	2006年	硕士		基于FPGA的外骨骼手的底层控制系统	机械电子工程
253	李亚煜	谢涛	2006年	硕士		基于边界元法的钢丝滚道球轴承的理论及实验研究	机械电子工程
254	刘静	谢涛	2006年	硕士		交会对接运动模拟器横梁的结构优化研究	机械电子工程
255	徐保港	姚智慧	2006年	硕士		基于气体传感器阵列的嗅觉机器人的研究	机械电子工程
256	高娟	姚智慧	2006年	硕士		基于虚拟样机技术的三自由度重型摇摆试验台的研究	机械电子工程
257	何立波	姚智慧	2006年	硕士		六自由度摇摆台动力学仿真及优化	机械电子工程
258	尚蒙	姚智慧	2006年	硕士		陀螺仪漂移检测系统的研究	机械电子工程
259	王海滨	姚智慧	2006年	硕士		四自由度机器人机械系统的研究	机械电子工程
260	王波	姚智慧	2006年	硕士		液浮摆式加速度计测试系统的研究	机械电子工程
261	赵建东	杨乐民	2006年	硕士		光通讯器件用多层陶瓷-金属蝶形管壳的研制	机械电子工程
262	朱斌	张广玉	2006年	硕士		数显双轴精密倾斜回转台测角系统研究	机械电子工程
263	董树晶	赵学增	2006年	硕士		显示器颜色校准器的研制	机械电子工程
264	李平川	赵学增	2006年	硕士		基于Bragg光纤光栅的测温模型及抗串扰方法研究	机械电子工程
265	周法权	赵学增	2006年	硕士		AFM工作台扫描控制系统的研究	机械电子工程

续表

序号	姓名	导师	毕业时间	类别	是否优秀毕业生（金牌或者银牌）	论文题目	所属学科
266	于勇衡	赵学增	2006 年	硕士		A356.2 合金直接水冷半连续铸造法相关技术研究	
267	李培艳	赵学增	2006 年	硕士		基于零磁通的无源单匝穿心式小电流互感器的研究	机械电子工程
268	石新生	赵学增	2006 年	硕士		汽轮机组甩负荷及岛运行预知技术研究	机械电子工程
269	王宏亮	赵学增	2006 年	硕士		基于中压电力线载波的通信技术研究	机械电子工程
270	徐 明	赵学增	2006 年	硕士		便携式智能化医用输液系统的研究	机械电子工程
271	罗秀峰	王伟杰	2007 年	硕士		螺旋焊管成型参数的优化设计	机械电子工程
272	丁振强	王伟杰	2007 年	硕士		一种新型腈纶铺丝机的研制及铺丝质量研究	机械电子工程
273	付心钊	王伟杰	2007 年	硕士		人体便携式自动输液器的可靠性及安全性研究	机械电子工程
274	张立建	王伟杰	2007 年	硕士		基于阻抗匹配的电力线载波通信结合滤波器的研制	机械电子工程
275	周生元	王伟杰	2007 年	硕士		螺旋钢管焊缝在线检测及跟踪系统的开发研究	机械电子工程
276	秦 宇	王武义	2007 年	硕士		碳纤维复合材料界面超声表面改性技术的研究	机械电子工程
277	衣正尧	王武义	2007 年	硕士		起拨道器自动检测试验台控制系统的研究	机械电子工程
278	张冰华	张广玉	2007 年	硕士		用于偏心分层注水的可调堵塞器的研制	机械电子工程
279	王正斌	张广玉	2007 年	硕士		地震模拟振动台的研制	机械电子工程
280	齐立群	张广玉	2007 年	硕士		桥梁结构健康监测的无线传感技术研究	航空宇航制造工程
281	孟庆顺	董惠娟	2007 年	硕士	金牌	大型起重工程船吊钩减摆系统的研究	航空宇航制造工程
282	覃 艺	王武义	2007 年	硕士	银牌	变强变频电磁防蜡降粘器的研制与实验	机械电子工程
283	刘 川	张广玉 张春巍	2007 年	硕士	银牌	直线电磁驱动 AMD 主动减振控制系统的研究	机械电子工程

续表

序号	姓名	导师	毕业时间	类别	是否优秀毕业生(金牌或者银牌)	论文题目	所属学科
284	李浩	陈维山	2007年	硕士		惯性器件数字化测试技术的研究	机械电子工程
285	赵晓冬	陈维山	2007年	硕士		高过载精密离心机精度指标可行性研究	机械电子工程
286	盛明伟	陈维山	2007年	硕士		四足机器人静态步行建模与仿真研究	机械电子工程
287	黄晶晶	陈维山	2007年	硕士		环境障碍物超声波探测技术的研究	机械电子工程
288	郭鹏	陈维山	2007年	硕士		谐波式行波超声波马达的研究	机械电子工程
289	焦洪柱	陈维山	2007年	硕士		钻井井底压力环境试验装置控制系统的研制	机械电子工程
290	鲁德泉	陈维山	2007年	硕士		6-RSS 并联机器人动力学及输入引起的不确定度分析	机械电子工程
291	李培彦	陈维山 盛文斌	2007年	硕士		济钢1750炼铁高炉造渣系统关键技术研究	机械电子工程
292	刘英想	刘军考 陈维山	2007年	硕士		两关节机器鱼本体及动力学研究	机械电子工程
293	郭鑫民	董惠娟	2007年	硕士		便携式铁路巡检电子记录仪的研制	机械电子工程
294	丁立超	董惠娟 柏合民	2007年	硕士		月球探测器软着陆缓冲机构方案设计及关键技术研究	机械电子工程
295	赵华振	董惠娟 张其馨	2007年	硕士		背景/目标测量仪关键部件的设计与有限元分析	机械电子工程
296	周超	顾慧萍	2007年	硕士		半筒焊接进给工作台伺服控制系统的研究	机械电子工程
297	王涛	侯珍秀	2007年	硕士		常温和超低温橡胶金属复合密封机构的有限元分析与优化	机械电子工程
298	訾进锋	侯珍秀	2007年	硕士		基于SMA的蠕动机器人的研究	机械电子工程
299	王广宇	侯珍秀	2007年	硕士		基于Micronet Plus 双冗余控制的水轮机调速器研究	机械电子工程
300	王新庆	侯珍秀	2007年	硕士		厚壁大尺寸半球形封头热成形数值模拟与参数优化	机械电子工程
301	张吉涛	侯珍秀	2007年	硕士		透平式气马达叶栅气动设计与数值模拟的研究	航空宇航制造工程

续表

序号	姓名	导师	毕业时间	类别	是否优秀毕业生（金牌或者银牌）	论文题目	所属学科
302	孙宗辉	侯珍秀	2007 年	硕士		基于相似性理论的铁水脱硅实验设备及实验研究	机械电子工程
303	于春玲	侯珍秀	2007 年	硕士		中板轧机板形控制技术的研究	
304	高会林	金天国	2007 年	硕士		基于 Petri 网的型号产品制造过程建模与仿真技术的研究	机械电子工程
305	刘英想	刘军考 陈维山	2007 年	硕士		两关节机器鱼本体及动力学研究	机械电子工程
306	赵永铸	刘文剑	2007 年	硕士		牵引机器人动作单元动力学仿真与关键部件优化设计	机械电子工程
307	李大琦	刘文剑	2007 年	硕士		基于知识的型号产品工艺性审查技术研究	机械电子工程
308	马　驰	刘文剑	2007 年	硕士		基于事例推理的大型工装设计技术研究	航空宇航制造工程
309	李佳亮	罗建伟	2007 年	硕士		拖拉器电磁离合器的优化及动态特性研究	航空宇航制造工程
310	焦增超	王　艳	2007 年	硕士		基于虚拟仪器技术的电能质量检测系统的研究	机械电子工程
311	郭　威	谢　涛	2007 年	硕士		钢丝滚道球轴承的接触特性及失效分析	机械电子工程
312	李志佳	谢　涛	2007 年	硕士		高频响三轴转台 O 型框架的拓扑分析和优化设计	机械电子工程
313	袁江波	谢　涛	2007 年	硕士		超声振动拉丝机理及实际应用实验研究	机械制造及其自动化
314	金　宇	姚智慧	2007 年	硕士		重载六自由度电动摇摆台关键件的结构设计与优化仿真	机械电子工程
315	逯　海	姚智慧	2007 年	硕士		水下目标角模拟器工作状态的仿真研究	
316	吴　昊	姚智慧	2007 年	硕士		捷联式寻北仪机械系统设计及冲击响应分析	
317	寇植达	姚智慧	2007 年	硕士		基于误差补偿技术的高精度数控分度头的研究	
318	范　佐	张广玉	2007 年	硕士		非合作目标对接机构的研究	
319	魏承志	赵学增	2007 年	硕士		低成本高强度热轧带肋钢筋生产工艺研究与应用	

续表

序号	姓名	导师	毕业时间	类别	是否优秀毕业生（金牌或者银牌）	论文题目	所属学科
320	庞慧玉	赵学增	2007年	硕士		基于光声光谱理论的变压器DGA技术的研究	
321	李东伟	赵学增	2007年	硕士		电网谐波动态检测与控制技术研究	
322	叶仁杰	赵学增	2007年	硕士		供用电在线监测系统及其关键性技术的研究	
323	李 晨	赵学增	2007年	硕士		大电网中心变电站无功补偿技术的研究	
324	汪明达	赵学增	2007年	硕士		低压电力线载波高速通信技术的研究	
325	赵慧宇	赵学增	2007年	硕士		一种避雷器在线监测系统研制	
326	李洋流	赵学增	2007年	硕士		基于光声光谱理论的变压器DGA技术的研究	
327	刘 阳	赵学增	2007年	硕士		基于振动分析的高压断路器故障诊断技术的研究	
328	吴 迪	赵学增	2007年	硕士		基于特征脸改进算法的人脸识别技术的研究	
329	刘自民	赵学增 盛文斌	2007年	硕士		RMS型立式辊压磨系统工艺参数优化研究	
330	苗 蕾	赵学增	2007年	硕士		基于AVR单片机光纤温度解调系统研究	
331	李国强	王伟杰	2008年	硕士		变压器油绝缘在线监测技术研究	机械电子工程
332	熊 涛	王伟杰	2008年	硕士		分体漫反射式汽车玻璃透光率和反光率检测仪的研制	机械电子工程
333	张允霞	王伟杰	2008年	硕士		基于载波通讯的智能路灯控制系统的研究	机械电子工程
334	李广鑫	王武义	2008年	硕士		稠油电磁防蜡降粘机理分析及实验研究	机械电子工程
335	刘永进	王武义	2008年	硕士		真空脂润滑传动系统中典型活动件温场分析	机械电子工程
336	马晓亮	王武义	2008年	硕士		基于结构振动的储换能型混合控制系统关键技术的研究	机械电子工程
337	张 赫	王武义	2008年	硕士		基于宽频带换能器的原油超声防蜡降粘技术研究	机械电子工程

续表

序号	姓名	导师	毕业时间	类别	是否优秀毕业生（金牌或者银牌）	论文题目	所属学科
338	李瑞敏	张广玉	2008年	硕士		单芯电缆传输特性及其中高速率传输技术研究	机械电子工程
339	顾海栋	张广玉	2008年	硕士		股骨头保护体研制	航空宇航制造工程
340	和彦光	张广玉	2008年	硕士	银牌	合金材料的阻垢机理及实验研究	机械电子工程
341	王健力	陈维山	2008年	硕士		基于滚剃法加工的乘用车齿轮齿形齿向精度控制的研究	
342	柴志坤	陈维山	2008年	硕士		机器鱼柔性脊骨的仿真和实验研究	
343	李 林	陈维山	2008年	硕士		鲹科鱼类游动力学特性的理论与仿真研究	
344	佐景涛	陈维山	2008年	硕士		某航空发动机轴承的研制	机械设计及理论
345	陈 思	陈维山	2008年	硕士		纵弯复合型多自由度超声电机的研究	机械电子工程
346	刘玉刚	陈维山	2008年	硕士		准四足被动行走机器人的动力学仿真研究	机械电子工程
347	曲俊法	陈维山	2008年	硕士		双足被动步行机器人行走稳定性的研究	机械电子工程
348	李宝占	刘军考 陈维山	2008年	硕士		轮腿混合式六肢体轮滑机器人运动学模型与仿真研究	机械电子工程
349	张 敏	刘军考 陈维山	2008年	硕士		纵振夹心换能器式圆筒型行波超声电机理论与实验研究	机械电子工程
350	陈明山	陈维山	2008年	硕士		龙凤热电厂热网控制系统的研究	机械电子工程
351	林 坤	陈晓峰	2008年	硕士		基于IEEE802.11i的无线AP安全机制的研究	
352	艾大云	陈晓峰	2008年	硕士		汽轮机模拟装配技术的研究	机械电子工程
353	毕元波	董惠娟	2008年	硕士		桥梁结构健康监测无线传感器网络的设计与实验研究	机械电子工程
354	郑 练	董惠娟	2008年	硕士		硬脆材料超声旋转套料加工系统的研制	机械电子工程
355	于昌江	董惠娟	2008年	硕士		油田分层注水智能测调仪的研制	机械电子工程

续表

序号	姓名	导师	毕业时间	类别	是否优秀毕业生（金牌或者银牌）	论文题目	所属学科
356	金鑫	董惠娟	2008年	硕士		基于光纤传感器的油井套损监测系统研究	机械电子工程
357	张冲	董惠娟	2008年	硕士		油田抽油机运行状态远程监测系统研究	航空宇航制造工程
358	徐振	顾慧萍	2008年	硕士		基于TDC的时间间隔测量技术的研究	机械电子工程
359	屈胜男	顾慧萍	2008年	硕士		模糊神经网络和D-S证据理论在齿轮箱故障诊断中的应用	
360	范秀红	侯珍秀	2008年	硕士		足底动态压力分布测量装置的研制	机械电子工程
361	陈国栋	侯珍秀	2008年	硕士		常温低温组合密封结构的有限元分析与优化设计	机械电子工程
362	董桂鹏	侯珍秀	2008年	硕士		基于虚拟样机的汽车点火线圈装配系统的设计与仿真	机械电子工程
363	郗宁宁	侯珍秀	2008年	硕士		厚壁大尺寸椭圆形封头热成形数值模拟与神经网络预测	机械电子工程
364	翁倩玉	金天国	2008年	硕士		基于UG的叶片建模与检测技术的研究	
365	林绍勇	金天国	2008年	硕士		支持工艺性审查的知识库的研究	机械电子工程
366	张敏	刘军考 陈维山	2008年	硕士		纵振夹心换能器式圆筒型行波超声电机理论与实验研究	机械电子工程
367	李宝占	刘军考 陈维山	2008年	硕士		轮腿混合式六肢体轮滑机器人运动学模型与仿真研究	机械电子工程
368	刘振	刘文剑	2008年	硕士		水平井牵引器机构分析和建模仿真技术研究	机械电子工程
369	张金戏	刘文剑	2008年	硕士		面向夹具虚拟装配的零件建模技术研究	机械电子工程
370	于成龙	刘文剑 王洪潮	2008年	硕士		钻井套管损坏预防技术的研究与应用	机械制造及其自动化
371	潘旭	罗建伟	2008年	硕士		核桃壳过滤器及其工艺技术研究	机械电子工程
372	程新根	罗建伟	2008年	硕士		基于图像处理的导弹半筒焊点质量检测技术研究	机械电子工程
373	修晓	谢涛	2008年	硕士		复合超声振动拉丝的理论与实验研究	机械电子工程

续表

序号	姓名	导师	毕业时间	类别	是否优秀毕业生（金牌或者银牌）	论文题目	所属学科
374	卜祥艳	谢 涛	2008年	硕士		钢丝滚道球轴承的预紧与支承刚度理论及实验研究	机械电子工程
375	贾广生	谢 涛	2008年	硕士		基于cymbal换能器能量采集系统的研究	机械电子工程
376	吕海泉	姚智慧	2008年	硕士		氢氧发生系统的研制	机械电子工程
377	邓祖军	姚智慧	2008年	硕士		水下目标角模拟器动力特性分析与仿真研究	机械电子工程
378	王丽红	姚智慧	2008年	硕士		基于DSP的捷联式寻北仪旋转机构电控系统研制	机械电子工程
379	王铁军	姚智慧	2008年	硕士		基于传感器阵列的嗅觉机器人及搜寻算法研究	机械电子工程
380	丰 飞	张广玉	2008年	硕士		非合作目标欠驱动对接捕获机构的设计与研究	机械电子工程
381	曲晓峰	赵学增	2008年	硕士		汽轮机组甩负荷及岛运行控制技术研究	机械电子工程
382	周 丹	赵学增	2008年	硕士		纳米导电防腐涂料导电性能影响因素及其制备技术的研究	机械电子工程
383	柴仲冬	赵学增	2008年	硕士		腈纶生产线移动装箱机的设计与研究	机械电子工程
384	杨绍令	赵学增	2008年	硕士		烧结机自动布料活页门液压装置的研制	机械电子工程
385	霍军旗	赵学增	2008年	硕士		汽轮机岛运行控制技术的研究	机械电子工程
386	秦晓辉	赵学增	2008年	硕士		矿井老顶来压监测系统的研制	机械电子工程
387	曹 荣	赵学增	2008年	硕士		供热网温度监测系统的研制	机械电子工程
388	刘殿宝	赵学增	2008年	硕士		厚壁TP2紫铜管不预热电弧熔化焊接工艺技术研究	机械电子工程
389	许志铭	黄文涛	2009年	硕士		基于不完备信息的故障诊断知识获取技术研究	机械电子工程
390	肖广顺	黄文涛	2009年	硕士		基于射频识别技术的导游用游客管理器的研制	机械电子工程
391	闫永巍	王伟杰	2009年	硕士		分布式太阳能自动气象监测系统研究及其应用	机械电子工程

续表

序号	姓名	导师	毕业时间	类别	是否优秀毕业生(金牌或者银牌)	论文题目	所属学科
392	王晓明	王伟杰	2009年	硕士		振荡气泡内超细粒子迁移研究	机械电子工程
393	李 强	王武义	2009年	硕士		合金材料的防垢防腐蚀机理及实验研究	航空宇航制造工程
394	李顺平	王武义	2009年	硕士		原油远程集输的电磁防蜡降粘技术实验研究	航空宇航制造工程
395	宋文平	王武义	2009年	硕士		基于载波通信的电控找堵水装置控制系统研制	机械电子工程
396	魏 源	王武义	2009年	硕士		基于光纤传感的套管应力监测系统关键技术研究	机械电子工程
397	王仲楠	张广玉	2009年	硕士		铁路轨道主要静态参数测量技术中的关键问题研究	机械电子工程
398	王晓雪	张广玉	2009年	硕士		非合作目标对接捕获机构的研究	航空宇航制造工程
399	潘东青	张广玉	2009年	硕士		油井多普勒光纤流量传感器的研究	机械电子工程
400	刘欣欣	张广玉	2009年	硕士		油田分层注水测调仪机械臂的研究	机械电子工程
401	蒋 楠	张广玉	2009年	硕士		球形机器人控制系统的研究	机械电子工程
402	贺乐昌	张广玉	2009年	硕士		水力深穿透射孔自进旋转喷头关键参数研究	机械电子工程
403	张如意	董惠娟	2009年	硕士	银牌	自发电式注水井压力流量监测系统的研制	机械电子工程
404	刘 际	陈维山	2009年	硕士		金属硬密封球阀的研制	机械电子工程
405	李 培	陈维山	2009年	硕士		内嵌PZT陶瓷环形行波超声电机的研究	机械电子工程
406	甘永利	陈维山	2009年	硕士		基于MRF技术的薄壁圆筒件加工工艺研究	机械电子工程
407	李 巍	陈维山	2009年	硕士		油田配电网节电技术研究	机械电子工程
408	韩路辉	陈维山 刘军考	2009年	硕士		机器鱼被动推进的理论分析与仿真研究	机械电子工程
409	张健伟	陈晓峰	2009年	硕士		低压加热器计算机辅助设计系统研究	机械电子工程

续表

序号	姓名	导师	毕业时间	类别	是否优秀毕业生（金牌或者银牌）	论文题目	所属学科
410	余辉	董惠娟	2009年	硕士		基于小波的空间典型活动件振动监测和诊断	机械电子工程
411	王林	董惠娟	2009年	硕士		硬盘磁头悬架窝点与舌尖的微动接触力学分析及仿真研究	机械电子工程
412	杜国飞	董惠娟	2009年	硕士		基于中压电力线载波的油井视频监控系统关键技术研究	航空宇航制造工程
413	李玉梅	侯珍秀	2009年	硕士		聚碳酸酯板材本构方程建立的实验及数值模拟研究	
414	刘金利	侯珍秀	2009年	硕士		基于虚拟样机的航母跑道涂层热性能试验机的设计与仿真	机械电子工程
415	陈敬辉	侯珍秀	2009年	硕士		基于虚拟样机的航母跑道涂层耐冲击试验机的设计与仿真	机械电子工程
416	韩天文	金天国	2009年	硕士		柔性生产线平台调度算法研究	机械电子工程
417	赵亮	金天国	2009年	硕士		基于本体的型号产品制造资源建模	机械电子工程
418	张海劲	刘文剑	2009年	硕士		基于人脸识别技术的智能钥匙柜研制	材料加工工程
419	黄忠念	刘文剑	2009年	硕士		基于虚拟环境的鱼雷拆装技术研究	航空宇航制造工程
420	范德智	刘文剑	2009年	硕士		树脂基复合材料成型工艺可行性评价技术研究	机械电子工程
421	周亮	刘文剑	2009年	硕士		基于PLC的热媒炉加热系统温度控制技术研究	
422	董志立	罗建伟	2009年	硕士		加固机箱设计及其UG二次开发	机械电子工程
423	李永彬	罗建伟	2009年	硕士		导弹半筒压力焊接系统中托架变形及处理方法研究	航空宇航制造工程
424	张东伟	罗建伟	2009年	硕士		基于逆向工程的弧背齿型圆锯修磨仿真研究	机械电子工程
425	刘智	谢涛	2009年	硕士		槽铰型俘能器仿真与实验研究	机械电子工程
426	卢有为	谢涛	2009年	硕士		复合型悬臂梁压电俘能器理论与实验研究	机械电子工程
427	李博文	姚智慧	2009年	硕士		基于虚拟样机的机载干扰弹投放系统的研究	机械电子工程

续表

序号	姓名	导师	毕业时间	类别	是否优秀毕业生（金牌或者银牌）	论文题目	所属学科
428	史科科	姚智慧	2009年	硕士		基于虚拟样机技术的嗅觉机器人机械系统的研究	机械电子工程
429	何智磊	赵学增	2009年	硕士		基于GPRS通讯与太阳能供电的温度监测系统的研制	机械电子工程
430	姜志超	赵学增	2009年	硕士		超高压输电线下电磁场分布状况分析及检测技术研究	
431	黄守志	赵学增	2009年	硕士		基于ZIGBEE的高速公路车辆间通信技术研究	航空宇航制造工程
432	吴红兵	赵学增	2009年	硕士		上行超速保护用钢丝绳制动器的研制	
433	李越	赵学增	2009年	硕士		三维气悬浮天线测试台方案设计与试验研究	
434	陈德富	赵学增	2009年	硕士		VAH46复合加工中心Z向进给系统定位精度分析	
435	韦素红	黄文涛	2010年	硕士		基于射频识别技术的导游用游客管理系统的研制	机械电子工程
436	冉令峰	黄文涛	2010年	硕士		基于图像检索的机动车安检机构监管系统关键技术的研究	机械电子工程
437	赵亮	王伟杰	2010年	硕士		基于光纤通讯的远程温度监测系统研制	机械电子工程
438	张岩岭	王伟杰	2010年	硕士		基于B/S结构的安全阀管理信息系统的研制	机械电子工程
439	郭智广	王武义	2010年	硕士		硬盘磁头悬架窝点的微动磨损动力学及三体磨损状态的研究	机械电子工程
440	李贵祥	王武义	2010年	硕士		影响空间齿轮磨损的主要因素分析	机械电子工程
441	李长军	王武义	2010年	硕士		面向外科手术的力反馈型遥操作主手研究	机械电子工程
442	杨衎	张广玉	2010年	硕士		基于光纤传感技术的油井热洗过程温度监测系统研制	机械电子工程
443	刘育良	张广玉	2010年	硕士		旋转膨胀系统膨胀技术的研究	机械电子工程
444	陈秋丽	张广玉	2010年	硕士		抽油机减速器加载测试系统的研究	机械电子工程
445	张慧	董惠娟	2010年	硕士	银牌	原油超声电磁复合防蜡的实验研究	机械电子工程

续表

序号	姓名	导师	毕业时间	类别	是否优秀毕业生（金牌或者银牌）	论文题目	所属学科
446	徐红星	陈维山	2010年	硕士		四驱动足纵振复合超声驱动器的研究	机械电子工程
447	王冉冉	陈维山	2010年	硕士		仿鱼机器人稳态游动的水动力性能研究	机械电子工程
448	刘 岗	陈维山	2010年	硕士		基于CFD的压电喷油润滑装置的仿真研究	机械电子工程
449	赵天承	陈维山	2010年	硕士		CCD光电自准直仪的设计与研究	机械电子工程
450	曹忠亮	陈晓峰	2010年	硕士		汽轮高中压缸数控加工程序自动生成与仿真研究	机械电子工程
451	张春强	陈晓峰	2010年	硕士		电站给水加热设备智能CAD平台及关键技术研究	机械电子工程
452	王显飞	陈晓峰	2010年	硕士		涡轮机的数字化装配工艺规划与仿真	机械电子工程
453	刘传世	陈志刚	2010年	硕士		空间非合作目标对接机构的研究	机械电子工程
454	白良浩	董惠娟	2010年	硕士		水力深穿透射孔自进式喷头流场及破岩的数值模拟研究	机械电子工程
455	殷凤磊	董惠娟	2010年	硕士		基于光纤传感技术的套管应变及管外压力的在线监测技术	机械电子工程
456	颜吉昌	侯珍秀	2010年	硕士		大尺寸聚碳酸酯透明件注塑压缩成型关键技术的研究	机械电子工程
457	官 喆	金天国	2010年	硕士		基于实例的树脂基复合材料构件设计与仿真分析	机械电子工程
458	卢兴国	金天国	2010年	硕士		基于实例的复合材料热压罐成型工艺设计与仿真	机械电子工程
459	董慧军	刘军考	2010年	硕士		悬臂弯振换能器式圆筒型行波超声电机的研究	机械电子工程
460	顾 斌	刘军考	2010年	硕士		鱼体利用流场能量的推进行为及游动轨迹规划研究	机械电子工程
461	曾华军	刘文剑	2010年	硕士		水平井牵引器驱动系统关键技术研究	机械电子工程
462	李 鑫	刘文剑	2010年	硕士		基于虚拟环境的拖拉器运动部件装配仿真技术研究	材料加工工程
463	刘夏杨	刘文剑	2010年	硕士		航天飞行器复合材料上面级结构设计与分析	机械电子工程

续表

序号	姓名	导师	毕业时间	类别	是否优秀毕业生（金牌或者银牌）	论文题目	所属学科
464	谢 非	刘文剑	2010年	硕士		船舶建造生产设计及管理技术研究	机械电子工程
465	刘文松	罗建伟	2010年	硕士		压感电动控制器找堵水及分层配产技术研究	机械电子工程
466	孙文才	罗建伟	2010年	硕士		方滑枕变形处理及补偿的研究	机械电子工程
467	房目稳	谢 涛	2010年	硕士		压电俘能器俘能性能数学建模及仿真分析	机械电子工程
468	王志彬	谢 涛	2010年	硕士		固支梁压电俘能器宽频规划及其仿真与实验研究	机械电子工程
469	杜田民	姚智慧	2010年	硕士		24V车载电动工具的研制	机械电子工程
470	吴伟宾	姚智慧	2010年	硕士		影响氢氧机转换效率关键技术的研究	机械电子工程
471	谢云峰	姚智慧	2010年	硕士		基于虚拟样机技术玻璃生产线用重载机器人的研究	机械电子工程
472	王春磊	赵学增	2010年	硕士		基于ZigBee的高速公路车辆防碰撞预警系统研究	机械电子工程
473	何 鹏	赵学增	2010年	硕士		变压器油中溶解气体分离和检测技术研究及实验平台研制	机械电子工程
474	董海波	赵学增	2010年	硕士		弹簧直接载荷式安全阀数流场数值仿真及泄放特性的研究	机械电子工程
475	王 锋	赵学增	2010年	硕士		运载火箭天基中继遥测通信中若干关键技术研究	机械电子工程
476	李 通	赵学增	2010年	硕士		高空作业车臂架动力学及结构有限元分析	机械设计及理论
477	郑 权	赵学增	2010年	硕士		脉冲中子氧活化注水井流量计研制	
478	谢亚梅	赵学增	2010年	硕士		高可靠性直流电源关键技术研究	
479	朱邦祥	黄文涛	2011年	硕士		基于射频识别技术的旅游团队管理系统研制	机械电子工程
480	黄晓童	黄文涛	2011年	硕士		基于质量并调方式的热网控制技术研究	机械电子工程
481	林 彬	黄文涛	2011年	硕士		基于图像处理的智能交通信号灯控制系统的研究	机械电子工程

续表

序号	姓名	导师	毕业时间	类别	是否优秀毕业生（金牌或者银牌）	论文题目	所属学科
482	刘奇	王伟杰	2011年	硕士		汽油发动机电子节气门控制系统研究	机械电子工程
483	张鑫	王伟杰	2011年	硕士		基于无线传感器网络的螺杆泵工况监测系统的研制	机械电子工程
484	徐振龙	王伟杰	2011年	硕士		微管道式氢气传感器关键力学特性研究	机械电子工程
485	程国娟	王武义	2011年	硕士		油井热洗热流耦合场及温度监测系统研究	机械电子工程
486	李鹏飞	王武义	2011年	硕士		路面材料加速加载自动实验车的研究	机械电子工程
487	李振将	王武义 胡丽国	2011年	硕士		超高速燃气涡轮泵关键技术的研究	机械电子工程
488	刘晓辉	张广玉	2011年	硕士		温差式单井产液量计量装置的研制	机械电子工程
489	菅翠营	张广玉	2011年	硕士		磁头与离散磁道式磁盘瞬态接触的仿真分析	机械电子工程
490	贾丹	张广玉	2011年	硕士		微纳米开关多物理场复合接触研究	机械电子工程
491	郝磊	张广玉	2011年	硕士		基于储能型多功能作动器的结构振动控制技术研究	机械电子工程
492	陈华男	董惠娟	2011年	硕士	银牌	油田双电机式注水井测调臂研制	机械电子工程
493	周杨	陈维山	2011年	硕士		基于CFD的鳐鱼水动力学数值模拟研究	机械电子工程
494	杨守琦	陈维山	2011年	硕士		大半径精密离心机可行性研究	机械电子工程
495	刘振波	陈维山	2011年	硕士		45号钢锥筒焊接工艺研究	材料加工工程
496	杨小辉	陈维山	2011年	硕士		弯振复合型超声电机的研究	机械电子工程
497	石磊	陈维山	2011年	硕士		地震救援训练虚拟仿真系统设计	
498	韩志乐	陈维山 刘军考	2011年	硕士		仿鱼推进复合翼水动力学仿真研究	机械电子工程
499	杨宝春	陈维山	2011年	硕士		基于双压力传感器的原油管道泄漏检测技术研究	机械电子工程

续表

序号	姓名	导师	毕业时间	类别	是否优秀毕业生（金牌或者银牌）	论文题目	所属学科
500	张春晖	陈晓峰	2011年	硕士		硬盘磁头/图案化盘面瞬态接触的热力场耦合研究	机械电子工程
501	白艳来	陈晓峰	2011年	硕士		基于结构光三维视觉技术的牙模反求系统研制	机械电子工程
502	朱丙奇	陈志刚	2011年	硕士		基于摩擦的空间齿轮系统振动特性分析与试验研究	机械电子工程
503	邢 洋	陈志刚	2011年	硕士		基于光纤传感技术的套管外压力实时监测系统研制	机械电子工程
504	包为刚	董惠娟	2011年	硕士		基于非对称式自动稳速控制方法的超声波电源研制	机械电子工程
505	夏 彬	侯珍秀	2011年	硕士		中小直径波纹管内压成形技术的研究	材料加工工程
506	乔 刚	侯珍秀	2011年	硕士		工艺参数对聚碳酸酯注塑压缩成型制品性能影响的研究	机械电子工程
507	张 涛	侯珍秀	2011年	硕士		聚碳酸酯板材断裂准则的研究	机械电子工程
508	王一东	侯珍秀	2011年	硕士		一种新型高压开关功率放大器的研制	材料加工工程
509	杨 波	金天国	2011年	硕士		树脂传递模塑成型工艺设计及数值模拟	机械电子工程
510	耿卫停	金天国	2011年	硕士		基于特征的复杂型面数字化检测系统研制	机械电子工程
511	宋倩倩	刘军考	2011年	硕士		内嵌压电陶瓷径向弯曲模态超声电机的研究	机械电子工程
512	郁 朋	刘军考	2011年	硕士		高粘度压电微喷装置实验研究	机械电子工程
513	吴中华	刘文剑	2011年	硕士		发射车专用光电自准直仪光学系统研制	机械电子工程
514	赵 晶	刘文剑	2011年	硕士		面向数字化生产准备的游艇生产设计系统研究	机械电子工程
515	周树国	刘文剑	2011年	硕士		随钻地层压力测量装置的设计与仿真研究	机械电子工程
516	高贺鹏	刘文剑	2011年	硕士		随钻压力测量装置关键部件的振动分析与研究	机械电子工程
517	张 燕	罗建伟	2011年	硕士		液氧离心泵水力设计方法的研究	材料加工工程

续表

序号	姓名	导师	毕业时间	类别	是否优秀毕业生(金牌或者银牌)	论文题目	所属学科
518	付昱飞	罗建伟	2011年	硕士		单晶硅片磨削减薄关键技术及试验研究	机械制造及其自动化
519	岳国强	谢 涛	2011年	硕士		悬臂梁式压电俘能器俘能性能的仿真与实验研究	机械电子工程
520	吕文波	谢 涛	2011年	硕士		基于非局部摩擦的钢丝滚道球轴承接触仿真与实验研究	机械电子工程
521	任佳琦	谢 涛	2011年	硕士		基于谐振式悬臂梁的压电—电磁复合俘能技术研究	
522	侣军胜	姚智慧	2011年	硕士		舰载机拦阻系统的动力学仿真分析	
523	张 超	姚智慧	2011年	硕士		基于SAR卫星关键部件的碰撞损伤效应研究	机械电子工程
524	景大雷	赵学增	2011年	硕士		用于气体测量的压电微悬臂梁力学建模与实验研究	材料加工工程
525	魏鑫鹏	赵学增	2011年	硕士		基于虚拟仪器的多功能汽车安全性能检测系统的研制	机械电子工程
526	佟明斯	赵学增	2011年	硕士		超级电容型动力UPS的储能技术研究	航空宇航制造工程
527	王靖翔	赵学增	2011年	硕士		采油螺杆泵光杆扭矩和轴向力集成传感器的研究	机械电子工程
528	路 宽	黄文涛	2012年	硕士		基于数值模拟和风洞试验的垂直轴风力机性能研究	机械电子工程
529	薛云飞	黄文涛	2012年	硕士		基于随机共振的齿轮系统故障微弱信号提取技术研究	机械电子工程
530	张海涛	王伟杰	2012年	硕士		天然气集输系统压力容器角焊缝裂纹检测技术研究	机械电子工程
531	刘 南	王伟杰	2012年	硕士		一种垂直轴风力发电机玻璃钢叶片的优化设计与制造	机械电子工程
532	白国峰	王武义	2012年	硕士		敖东药业立体仓库控制系统的研制	机械电子工程
533	孙艳茹	王武义	2012年	硕士		基于磁记忆方法的输油管道腐蚀检测技术研究	机械电子工程
534	李继友	王武义 李隆球	2012年	硕士		注聚合物井的分层测调技术研究	机械电子工程
535	李天龙	张广玉 李隆球	2012年	硕士		光子晶体热控涂层的力学行为研究	机械电子工程

续表

序号	姓名	导师	毕业时间	类别	是否优秀毕业生（金牌或者银牌）	论文题目	所属学科
536	贾丁	张广玉 李隆球	2012年	硕士		基于分子动力学的纳米薄膜力学行为研究	机械电子工程
537	刘仁兵	董惠娟	2012年	硕士	银牌	SAGD注汽井筒温度梯度模型与温度监测系统研究	机械电子工程
538	孙倩	张广玉 李隆球	2012年	硕士	银牌	纳米马达的运动规律研究	机械电子工程
539	胡亚南	陈维山	2012年	硕士		基于柔性体模型的鲹科鱼游动的水动力学数值模拟研究	机械电子工程
540	张强	陈维山	2012年	硕士		夹心式弯振压电换能器有效机电耦合系数的研究	机械电子工程
541	李洪莲	刘军考 陈维山	2012年	硕士		面向攀爬功能的超声致动器研究	机械电子工程
542	公传伟	陈晓峰	2012年	硕士		三维CAD模型匹配与检索方法的研究	机械电子工程
543	付少龙	陈晓峰	2012年	硕士		面向设计制造集成的产品数字化定义及其应用技术研究	
544	孙明东	陈志刚	2012年	硕士		基于超声波的套管错断探测技术研究	机械工程
545	吴翠茹	陈志刚	2012年	硕士		非合作目标对接路径规划及柔顺控制研究	机械电子工程
546	蔡勇	董惠娟	2012年	硕士		基于Bragg光栅的井下流量在线检测理论研究	机械电子工程
547	司红旗	侯珍秀	2012年	硕士		工艺参数对聚碳酸酯注塑压缩制品性能的影响	
548	郑建锋	侯珍秀	2012年	硕士		不同温度下主轴复合密封结构静动态数值模拟研究	机械电子工程
549	周凯	金天国	2012年	硕士		树脂基复合材料多尺度虚拟测试技术研究	机械电子工程
550	晋传龙	金天国	2012年	硕士		基于特征的发动机管路模型反求与误差检测技术研究	机械电子工程
551	冷月	刘军考	2012年	硕士		面向航天器主动润滑的压电微喷装置研究	机械电子工程
552	李洪莲	刘军考 陈维山	2012年	硕士		面向攀爬功能的超声致动器研究	机械电子工程
553	王胜龙	刘文剑	2012年	硕士		面向游艇艇体的真空导入成型工艺系统技术研究	机械电子工程

续表

序号	姓名	导师	毕业时间	类别	是否优秀毕业生（金牌或者银牌）	论文题目	所属学科
554	梁晓纯	刘文剑	2012年	硕士		基于可配置BOM的游艇集成建造系统技术研究	机械电子工程
555	吴庆波	刘文剑	2012年	硕士		基于神经网络的油田配电网谐波预测研究	
556	熊霞元	刘文剑	2012年	硕士		多功能三轴转台台体有限元分析及结构优化	材料加工工程
557	尹 丹	彭高亮	2012年	硕士		槽式太阳能热发电装置跟踪控制系统研究	机械电子工程
558	杜亚平	王 飞	2012年	硕士		疏水表面纳米气泡特性及固液边界滑移长度关系研究	机械电子工程
559	钟德富	谢 涛	2012年	硕士		钢丝滚道球轴承接触特性与支承刚度理论及实验研究	机械电子工程
560	潘文磊	姚智慧	2012年	硕士		氢氧除碳的机理及实验研究	机械电子工程
561	甘海云	姚智慧	2012年	硕士		基于PLC的油流量装置控制系统研究	机械电子工程
562	刘耀明	赵学增	2012年	硕士		基于图像处理的枪弹弹痕自动识别技术	机械电子工程
563	郭冬妮	赵学增	2012年	硕士		分子测量机宏微结合机构的原理分析与不确定度估计	机械电子工程
564	孟晨光	赵学增	2012年	硕士		XX型火箭复合材料端头超声动态测厚技术研究	
565	刘 江	赵学增	2012年	硕士		管路用多层U形波纹管结构参数对性能影响研究	机械电子工程
566	岳 晖	赵学增	2012年	硕士		U形通道水卡式稳态大热流传感器的研制	机械制造及其自动化
567	马可白	黄文涛	2013年	硕士		刨煤机刨基体的拓扑优化分析	机械电子工程
568	郝战焱	黄文涛	2013年	硕士		推进剂吸收喷雾喷淋消防系统研制	机械电子工程
569	牛培路	黄文涛	2013年	硕士		基于小波包特征提取和流向图故障决策的齿轮故障诊断	机械电子工程
570	刘引峰	黄文涛	2013年	硕士		滚动轴承早期故障微弱信号检测技术研究	机械电子工程
571	高承兴	王伟杰	2013年	硕士		掘进机模块化设计方法及应用研究	机械电子工程

续表

序号	姓名	导师	毕业时间	类别	是否优秀毕业生(金牌或者银牌)	论文题目	所属学科
572	付晓	王伟杰	2013年	硕士		掘进机定位断面自动切割系统的研究	机械电子工程
573	郭莺莺	王伟杰	2013年	硕士		电磁铆接铆钉变形及铆模结构优化的研究	机械电子工程
574	刘旭	王武义	2013年	硕士		转移机构传递效率测试实验台的关键技术研究	机械电子工程
575	张晓丽	王武义	2013年	硕士		运载火箭上面级分配器的研究	机械电子工程
576	徐宁	张广玉	2013年	硕士		基于光纤传感的二氧化碳驱井下相态分布研究	机械电子工程
577	徐明	张广玉	2013年	硕士	金牌	磁头/磁盘瞬态接触行为多尺度研究	机械电子工程
578	王鹏飞	陈维山	2013年	硕士		弯曲振动压电超声换能器机电耦合模型的研究	机械电子工程
579	范兆凯	陈维山	2013年	硕士		流体耦合压电俘能器的研究	机械电子工程
580	王恒斌	陈晓峰	2013年	硕士		自动裁切机系统的设计	机械电子工程
581	张波	陈晓峰	2013年	硕士		基于三维模型的智能工艺设计技术研究	机械电子工程
582	王红艳	陈晓峰	2013年	硕士		三角网格曲面优化展开技术研究	机械电子工程
583	冯宇	陈志刚	2013年	硕士		基于超声波的混合介质中套管探测研究	机械电子工程
584	张鹏	陈志刚	2013年	硕士		基于触觉的空间非合作目标惯性参数辨识研究	机械电子工程
585	王嗣颖	董惠娟	2013年	硕士		基于光纤传感油藏井下产液剖面监测技术研究	机械电子工程
586	杨少鹏	董惠娟	2013年	硕士		基于光纤传感的生产井动液面实时监测技术研究	机械电子工程
587	郭丽娜	侯珍秀	2013年	硕士		聚碳酸酯汽车玻璃注塑压缩成型数值模拟与实验研究	机械电子工程
588	陈路	侯珍秀	2013年	硕士		大负载球形气浮轴承设计及流场特性的数值模拟研究	机械电子工程
589	荣清白	金天国	2013年	硕士		悬臂式掘进机回转台设计分析及实验研究	机械电子工程

续表

序号	姓名	导师	毕业时间	类别	是否优秀毕业生（金牌或者银牌）	论文题目	所属学科
590	申海平	金天国	2013年	硕士		注塑机变频调速技术研究	机械电子工程
591	王　庆	金天国	2013年	硕士		纵轴掘进机截割头计算机辅助设计研究	机械电子工程
592	王　涛	金天国	2013年	硕士		复合材料构件纤维铺覆仿真及特征建模技术研究	机械电子工程
593	段曙凯	金天国	2013年	硕士		飞机蒙皮法矢的视觉检测技术研究	机械电子工程
594	唐　超	刘军考	2013年	硕士		鳐鱼转弯特性的CFD数值模拟研究	机械电子工程
595	谢　昊	刘军考	2013年	硕士		纳米粉溶液微喷装置的研究	机械电子工程
596	刘　蔚	刘文剑	2013年	硕士		导弹装修与试验信息系统及其关键技术研究	机械制造及其自动化
597	赵鹏飞	刘文剑	2013年	硕士		闭式叶轮数控加工关键技术研究	机械制造及其自动化
598	时国友	刘文剑	2013年	硕士		现金交易型自助设备通用电控系统设计与研究	机械电子工程
599	郭克林	刘文剑	2013年	硕士		支票扫描仪设计的关键技术研究	机械电子工程
600	陈荣言	彭高亮	2013年	硕士		深井工况下机械旋转密封副泄漏分析与试验研究	机械电子工程
601	王　富	彭高亮	2013年	硕士		未知环境中移动机器人定位与建图技术的研究	机械电子工程
602	常　龙	谢　涛	2013年	硕士		基于虚拟化样机的悬臂式掘进机行走机构的设计	机械电子工程
603	张介夫	谢　涛	2013年	硕士		纵轴掘进机自动截割成形和恒功率截割控制技术研究	机械电子工程
604	宋汝君	谢　涛	2013年	硕士		基于柔性压电材料的流致振动俘能特性研究	机械电子工程
605	关世伟	谢　涛	2013年	硕士		梁式结构压电—电磁复合俘能技术研究	
606	姜　宇	姚智慧	2013年	硕士		无人机气液压发射系统的研究	机械电子工程
607	纪晓志	姚智慧	2013年	硕士		低温环境下二轴精密转台多物理场耦合仿真分析	

续表

序号	姓名	导师	毕业时间	类别	是否优秀毕业生（金牌或者银牌）	论文题目	所属学科
608	陈秀平	赵学增	2013年	硕士		某型号助推器主承力装置结构形式及其力学性能研究	机械电子工程
609	陆 勇	赵学增	2013年	硕士		亚mK恒温装置关键技术研究	机械电子工程
610	张源江	赵学增	2013年	硕士		针对分子测量机的高精度主动隔振技术研究	机械电子工程
611	邓松波	赵学增	2013年	硕士		基于机器视觉的飞机蒙皮孔几何参数检测技术研究	机械电子工程
612	张 彬	赵学增	2013年	硕士		封严涂层刮削式试验机的研制	机械电子工程
613	张振林	赵学增	2013年	硕士		面向跨尺度表面测量的宏微运动平台和激光干涉系统研究	机械电子工程
614	刘欣鑫	黄文涛	2014年	硕士		油井分层堵水装置监控及故障诊断系统设计	机械电子工程
615	李肖城	黄文涛	2014年	硕士		滚动轴承复合故障信号检测技术研究	机械电子工程
616	刘 磊	黄文涛	2014年	硕士		采煤机滚筒镐形截齿的仿真分析	机械电子工程
617	李 爽	王伟杰	2014年	硕士		微纳尺度下表面电荷对固液界面液体流动阻力影响的研究	机械电子工程
618	陆小军	王伟杰	2014年	硕士		不完备信息下基于流向图的故障诊断知识获取研究	机械电子工程
619	刘国阳	王伟杰	2014年	硕士		基于机器视觉的微小零件尺寸测量技术研究	机械电子工程
620	柳作宇	王伟杰	2014年	硕士		民用飞机翼上应急门的开启和运动机构研究	机械电子工程
621	刘艳锋	王伟杰	2014年	硕士		恶劣环境下电子组装芯片焊点疲劳寿命预测的研究	机械电子工程
622	徐继文	王伟杰	2014年	硕士		基于超声波挤压的零件表面光整加工技术研究	机械电子工程
623	丁 勇	王武义	2014年	硕士		造纸污水光催化氧化深度处理系统的研究	机械电子工程
624	付亚萍	王武义	2014年	硕士		4Y-2型背负式玉米联合收获机传动系统关键技术的研究	机械电子工程
625	何 君	王武义	2014年	硕士		电加热高凝稠油井下温度分布研究	机械电子工程

续表

序号	姓名	导师	毕业时间	类别	是否优秀毕业生（金牌或者银牌）	论文题目	所属学科
626	王树峰	王武义	2014 年	硕士		基于分子动力学的磁盘保护薄膜摩擦学特性研究	机械电子工程
627	朱海东	张广玉	2014 年	硕士		修井机井架结构分析与设计	机械电子工程
628	夏春和	张广玉	2014 年	硕士		高强度钢螺栓抗疲劳成型工艺的研究	机械电子工程
629	常晓丛	张广玉	2014 年	硕士		锥状微纳马达的制备及增速方法研究	机械电子工程
630	蔡德宇	张广玉	2014 年	硕士		某型卫星制导炸弹控制系统分析与设计	机械电子工程
631	郭木铎	董惠娟	2014 年	硕士	金牌	超声驻波声悬浮能力及其稳定性仿真与实验	机械电子工程
632	庞新源	张广玉	2014 年	硕士	银牌	非合作目标识别及多功能捕获机构的研究	机械电子工程
633	王贺龙	陈维山	2014 年	硕士		弯扭复合模态超声电机设计与实验研究	机械电子工程
634	林珍坤	陈维山	2014 年	硕士		控制力矩陀螺框架镶嵌式压电驱动器的研究	机械电子工程
635	黄自力	陈维山	2014 年	硕士		超声电机驱动与控制系统研究	机械电子工程
636	杨艳彬	陈晓峰	2014 年	硕士		自由曲面加工刀具轨迹规划和数控程序生成研究	机械电子工程
637	马银玲	陈晓峰	2014 年	硕士		口腔固定义齿数字化设计技术研究	机械电子工程
638	郝 壮	陈志刚	2014 年	硕士		超声波在井下混合介质中传播特性的研究	机械电子工程
639	吴 倩	陈志刚	2014 年	硕士		空间非合作目标惯性参数辨识研究	机械电子工程
640	张发洋	单小彪	2014 年	硕士		压电—电磁复合宽频俘能技术研究	机械电子工程
641	王 光	董惠娟	2014 年	硕士		井下产液剖面油水两相流流量测量技术研究	机械电子工程
642	李晓斌	侯珍秀	2014 年	硕士		注塑压缩聚碳酸酯挡风玻璃残余应力及其性能的实验研究	机械电子工程
643	马 杰	侯珍秀	2014 年	硕士		基于六自由度机器人自动焊缝检漏系统设计及虚拟仿真	机械电子工程

续表

序号	姓名	导师	毕业时间	类别	是否优秀毕业生（金牌或者银牌）	论文题目	所属学科
644	杨亚军	金天国	2014 年	硕士		基于有向图的装配顺序规划与仿真	机械电子工程
645	丁金涛	金天国	2014 年	硕士		复合材料加筋板屈曲和损伤的虚拟测试技术研究	机械电子工程
646	刘君英	金天国	2014 年	硕士		基于 ARM 的电动舵机控制器研究	机械电子工程
647	牟 东	金天国	2014 年	硕士		掘进机截割升降液压回路动态特性分析	机械电子工程
648	张玉勤	刘军考	2014 年	硕士		轻型弯振复合模态超声电机的研究	机械电子工程
649	李 锴	刘军考	2014 年	硕士		基于压电微喷的嵌入式轴承润滑装置的研究	机械电子工程
650	高 超	刘军考	2014 年	硕士		导弹柔性装配系统关键技术研究	
651	周伟勇	彭高亮	2014 年	硕士		基于分布式光纤传感器的固井质量评价技术研究	
652	刘保迎	彭高亮	2014 年	硕士		原油常温集输条件研究	
653	李亚宏	彭高亮	2014 年	硕士		某种钛合金框类零件高效铣削加工技术的研究	
654	刘丰军	彭高亮	2014 年	硕士		飞机大型零件振动强化装置的研究	
655	高 帅	石胜君	2014 年	硕士		仿生鳐鱼的结构设计与实验研究	
656	刘 巍	王 飞	2014 年	硕士		三轴仿真转台控制系统及其软件设计	
657	杨崇秋	谢 涛	2014 年	硕士		钛及钛合金丝的纵扭复合超声振动拉拔仿真及机理研究	
658	刘 博	谢 涛	2014 年	硕士		柔性压电振子水下俘能特性研究	
659	刘 申	谢 涛	2014 年	硕士		摆动式机械能俘能装置的研究	
660	陈兴宝	谢 涛	2014 年	硕士		基于组态软件的支架电液自动控制系统的研制	
661	杨金川	姚智慧	2014 年	硕士		变速器推力锥减振降噪技术研究	

附录 机电控制及自动化系历届师生名单照片

续表

序号	姓名	导师	毕业时间	类别	是否优秀毕业生（金牌或者银牌）	论文题目	所属学科
662	李成龙	姚智慧	2014年	硕士		新型氢氧除碳机关键技术的研究	
663	王正波	姚智慧	2014年	硕士		煤矸石制陶粒造粒机的研制	
664	施俊凯	姚智慧	2014年	硕士		垂直发射适配器分离过程虚拟试验研究	
665	欧阳芙	姚智慧	2014年	硕士		输送管位移和刚度计算方法研究	
666	段博文	张旭堂	2014年	硕士		基于CBCT与三维扫描的数字化牙列建模与应用	
667	王立春	赵学增	2014年	硕士		RAPID 6K大型转子加工专机再制造研究	
668	孟庆友	赵学增	2014年	硕士		Y12F型飞机起落架结构设计	
669	张 凡	赵学增	2014年	硕士		高温环境下互感耦合式压力测试技术的研究	
670	张 永	赵学增	2014年	硕士		侧斜井浅气区取套技术的研究与应用	
671	池 新	赵学增	2014年	硕士		某型飞机中央翼模拟量与数字量协调装配技术研究	
672	王军平	赵学增	2014年	硕士		油田用螺杆泵举升系统选配及防反转机构的研究	
673	郑 伟	赵学增	2014年	硕士		玻璃纤维夹层复合材料钻削技术研究	
674	崔红斌	赵学增	2014年	硕士		离子浓度对聚苯乙烯表面纳米气泡影响的研究	
675	王 栋	赵学增	2014年	硕士		食用白玉菇工厂化生产环境监控系统研究	
676	齐力朋	赵学增	2014年	硕士		基于虚拟样机技术的腈纶定型铺丝机的设计	
677	吕光华	赵学增	2014年	硕士		飞机近场飞行轨迹监控系统的研制	
678	郑 鑫	赵学增	2014年	硕士		航空高强度钢模锻整体结构件数控加工增效技术研究	
679	李 耸	赵学增	2014年	硕士		某型机局部曲面装配误差检测方法研究	

续表

序号	姓名	导师	毕业时间	类别	是否优秀毕业生（金牌或者银牌）	论文题目	所属学科
680	李琢	赵学增	2014年	硕士		飞机安装式导管高频感应钎焊技术研究及应用	
681	陈松涛	赵学增	2014年	硕士		移动式森林火灾观测平台的研究	
682	赵丽	赵学增	2014年	硕士		飞机油箱下壁板机器人自动钻孔技术研究	
683	王金龙	赵学增	2014年	硕士		汽车自适应前大灯系统的分析与研究	机械电子工程
684	段博文	张旭堂	2014年	硕士		基于CBCT与三维扫描的数字化牙列建模与应用	机械电子工程
685	董振振	黄文涛	2015年	硕士		滚动轴承复合故障机理及振动模型研究	机械电子工程
686	付强	黄文涛	2015年	硕士		风电齿轮箱早期复合故障信息提取技术研究	机械电子工程
687	张子强	王伟杰	2015年	硕士		伴热管网监控系统的研究	机械电子工程
688	张丽娜	王伟杰	2015年	硕士		基于并联机械手的液料自动卸车装置机械系统研究	机械电子工程
689	焦江娜	王武义	2015年	硕士		基于磁记忆的金属管道损伤检测及评估方法研究	机械电子工程
690	刘进	张广玉	2015年	硕士		激光热辅助磁存储传热机理研究	机械电子工程
691	李艺青	张广玉	2015年	硕士		聚合物驱油螺旋型静态混合器流场仿真与实验研究	机械电子工程
692	贾串玲	董惠娟	2015年	硕士	金牌	超声驻波悬浮传输装置的研制与实验	机械电子工程
693	刘富娟	陈维山	2015年	硕士		仿生水翼推进的数值模拟和实验研究	机械电子工程
694	高岳鑫	陈维山 刘英想	2015年	硕士		面向控制力矩陀螺框架的谐振式压电驱动器的研究	机械电子工程
695	张晖	陈晓峰	2015年	硕士		基于三维测量的抛光机器人轨迹规划技术研究	机械电子工程
696	李晓聪	陈晓峰	2015年	硕士		基于结构光视觉的砂轮轮廓三维测量系统的研究	机械电子工程
697	陈腾飞	陈志刚	2015年	硕士		空间飞行器分离仿真试验台的研究	机械电子工程

续表

序号	姓名	导师	毕业时间	类别	是否优秀毕业生(金牌或者银牌)	论文题目	所属学科
698	舒 巨	陈志刚	2015年	硕士		考虑机械臂柔性的非合作目标惯性参数辨识研究	机械电子工程
699	郭 凯	单小彪	2015年	硕士		聚焦式功率叠加超声振子及钛丝拉拔研究	机械电子工程
700	高 强	董惠娟	2015年	硕士		基于换能器阵的超声驻波悬浮传输控制及实验研究	机械工程
701	Panayiotis Papouris	董惠娟	2015年	硕士		Simulation and Optimization of Acoustic Field	机械电子工程
702	董初桥	姚玉峰 董惠娟	2015年	硕士		超声换能器阵驻波悬浮传输仿真及实验	机械电子工程
703	魏雅君	金天国	2015年	硕士		树脂传递模塑成型工艺中预成型体渗透率预测及充模仿真	机械电子工程
704	韩臻博	刘军考	2015年	硕士		仿生柔性体与流体耦合运动问题的研究	机械电子工程
705	于昭洋	刘军考 刘英想	2015年	硕士		三足弯振复合型旋转压电驱动器的研究	机械电子工程
706	郑 龙	刘文剑	2015年	硕士		天线阵面自动对接验证系统的研制	航空宇航制造工程
707	佐立营	彭高亮	2015年	硕士		面向机器人抓取的散乱零件自动识别与定位技术研究	机械电子工程
708	李卫全	彭高亮	2015年	硕士		O形密封圈质量的视觉检测方法研究	机械电子工程
709	叶 磊	石胜君	2015年	硕士		基于谐振驱动的压电微喷装置的研究	机械电子工程
710	乔 智	王 飞	2015年	硕士		基于高压均质技术的小分子动物胶原蛋白制备方法研究	机械电子工程
711	吕凤池	谢 涛	2015年	硕士		基于圆柱涡激振动压电梁水下俘能特性研究	机械电子工程
712	陈丹鹏	谢 涛	2015年	硕士		薄壁板气动弹性非线性振动的压电俘能研究	机械电子工程
713	何晓克	姚智慧	2015年	硕士		外加磁场对氢氧机电解效率影响的研究	机械电子工程
714	骆文平	姚智慧	2015年	硕士		气浮直驱高速离心风机关键技术研究	机械电子工程
715	李江龙	张旭堂	2015年	硕士		基于光栅投影的手持式无标志点三维扫描技术研究	机械电子工程

续表

序号	姓名	导师	毕业时间	类别	是否优秀毕业生(金牌或者银牌)	论文题目	所属学科
716	黄元丁	赵学增	2015年	硕士		表面微观形貌对固液界面边界滑移和流体阻力影响的研究	机械电子工程
717	陈喆	赵学增	2015年	硕士		子弹弹壳痕迹的CMC自动识别方法的研究	材料加工工程
718	王中成	赵学增	2015年	硕士		基于NAO多机器人队形保持技术研究	机械电子工程
719	刘勇	赵学增	2015年	硕士		冷轧横切机组垛板台缓冲机构改造	机械电子工程
720	李江龙	张旭堂	2015年	硕士		基于光栅投影的手持式无标志点三维扫描技术研究	机械电子工程
721	窦宏印	黄文涛	2016年	硕士		风电齿轮箱复合故障信号的传递路径研究	机械电子工程
722	李晓辉	黄文涛	2016年	硕士		基于多NAO机器人的路径规划与搬运研究	机械电子工程
723	周强	李隆球	2016年	硕士		基于超材料的声波主动控制技术研究	机械电子工程
724	曹慧德	王武义	2016年	硕士		用于水射流采油钻孔的套管开窗系统研制	机械电子工程
725	陈喜庆	王武义	2016年	硕士		抽水蓄能模型转轮整体数控加工技术的研究	机械电子工程
726	宋肖肖	王武义	2016年	硕士		聚驱分注近井地带注入液机械降粘研究	机械电子工程
727	王励豪	王武义	2016年	硕士		钛合金Ti6Al4V激光加热辅助车削过程的仿真分析与实验研究	机械电子工程
728	王伟明	王武义	2016年	硕士		鞍钢90 t转炉烟气净化系统主要工艺参数的研究	机械电子工程
729	王玉娇	王武义	2016年	硕士		生物组织光分布的数值模拟及测量研究	机械电子工程
730	张国元	王武义	2016年	硕士		某型舵机改进设计及其仿真分析	机械电子工程
731	宫兆飞	王武义 刘荣强	2016年	硕士		空间一体化对接接口设计与分析	机械电子工程
732	董华磊	张广玉	2016年	硕士		基于有限元的眼损伤生物力学研究	机械电子工程
733	王宁	董惠娟	2016年	硕士	金牌	超声驻波悬浮/传输稳定性仿真与实验研究	机械工程

续表

序号	姓名	导师	毕业时间	类别	是否优秀毕业生（金牌或者银牌）	论文题目	所属学科
734	王鼎汶	陈维山	2016年	硕士		弯振复合型压电驱动器的激励方法	机械电子工程
735	史东东	陈维山 刘英想	2016年	硕士		低频脉冲激励步进蠕动式精密压电驱动器的研究	机械电子工程
736	王鼎汶	陈维山 刘英想	2016年	硕士		弯振复合型压电驱动器的激励方法与实验研究	
737	李伟才	陈志刚	2016年	硕士		飞行器月面垂直分离模拟试验台研究	机械工程
738	刘 帅	董惠娟	2016年	硕士		基于混合调制的粒子驻波悬浮传输轨迹仿真与实验	机械电子工程
739	张海宁	侯珍秀	2016年	硕士		微小型遥控排爆机器人研制	机械制造及其自动化
740	王 翔	张旭堂	2016年	硕士		基于CPS的智能制造单元监测系统的研究	机械电子工程
741	辛冠希	张旭堂	2016年	硕士		基于RGB-D摄像机的同步定位与建图研究	机械电子工程
742	柳 强	陈晓峰	2016年	硕士		面向任意复杂曲面成型的五自由度并联机构设计与分析	
743	刘 聪	陈晓峰	2016年	硕士		自由曲面五轴加工刀轨生成与优化研究	机械电子工程
744	李治强	黄文涛	2017年	硕士		滚动轴承扩展缺陷激励机理及动力学模型研究	机械电子工程
745	乔健鑫	李隆球	2017年	硕士		基于功率超声的重油改质技术研究	机械电子工程
746	张 鹤	王伟杰	2017年	硕士		表面粗糙度对边界滑移测量结果影响机理及消除方法研究	机械电子工程
747	陈 玉	王伟杰	2017年	硕士		基于SLAM的扫地机器人控制系统研究	机械电子工程
748	范文达	王武义	2017年	硕士		增压器叶轮五轴联动加工系统机械结构的研究	机械电子工程
749	傅志刚	王武义	2017年	硕士		基于Kinect的人体动作识别技术研究	机械电子工程
750	黄 勇	王武义	2017年	硕士		绳轮式欠驱动机械手设计与实验研究	机械电子工程
751	李 森	王武义	2017年	硕士		原油降粘的超声波电源系统研制	机械电子工程

续表

序号	姓名	导师	毕业时间	类别	是否优秀毕业生（金牌或者银牌）	论文题目	所属学科
752	夏正付	张广玉	2017年	硕士		纤维增强复合材料增材制造技术研究	机械电子工程
753	张浩然	张广玉	2017年	硕士		注聚井阀芯可投捞智能配注关键技术研究	机械电子工程
754	康鹏	张广玉	2017年	硕士		基于光固化成型的微结构增材制造技术研究	机械电子工程
755	贾龙飞	董惠娟	2017年	硕士	金牌	对置式换能器阵声场性能仿真与实验	机械工程
756	纪凤同	张广玉	2017年	硕士	银牌	可见光驱动Au/Fe_2O_3纳米棒马达驱动机理及运动行为研究	机械电子工程
757	刘子厚	陈维山	2017年	硕士		深海谐振式夹心直线超声电机的研制	
758	刘宇阳	陈维山 刘英想	2017年	硕士		步进式压电驱动直线运动系统的研究	
759	李慧	陈晓峰	2017年	硕士		面向机器人自动化作业的产品装配规划技术研究	
760	张嫣然	陈志刚	2017年	硕士		重力补偿装置设计与实验	机械工程
761	曲健刚	陈志刚	2017年	硕士		悬吊式低重力模拟系统控制研究	机械电子工程
762	杨远才	单小彪	2017年	硕士		钛丝的双模具超声振动拉拔仿真及实验研究	
763	罗佩琳	单小彪	2017年	硕士		一种基于谐振式传感的压电叠堆传感执行器的研究	
764	赵垒	董惠娟	2017年	硕士		大型救援装备机械臂多约束下安全工作范围研究	机械电子工程
765	严梁	侯珍秀	2017年	硕士		基于机器视觉的加热片表面缺陷检测技术研究	
766	蔡静楠	金天国	2017年	硕士		复合材料RTM成型充模缺陷预测与结构影响分析	
767	杨锐	刘军考	2017年	硕士		面向轴承润滑的压电微喷装置耦合仿真与实验研究	
768	赵亮亮	刘军考 刘英想	2017年	硕士		面向折展机构的足式直线压电驱动器及驱动电源的研究	
769	闫纪朋	刘英想	2017年	硕士		面向可旋转式套筒伸展机构的两自由度压电超声电机研究	

续表

序号	姓名	导师	毕业时间	类别	是否优秀毕业生(金牌或者银牌)	论文题目	所属学科
770	邝宇涵	彭高亮	2017年	硕士		一种大型可展开车载雷达天线结构设计与分析	
771	张伟	彭高亮	2017年	硕士		基于卷积神经网络的轴承故障诊断算法研究	
772	SYED SAAD ALI	彭高亮	2017年	硕士		基于卷积神经网络的移动机器人室内物体检测	
773	邵思佳	石胜君	2017年	硕士		T型直线压电驱动器及其驱动控制系统研究	
774	刘呈宏	王飞	2017年	硕士		基于选择性激光烧结技术的玉石粉末成型技术研究	
775	王曦	张旭堂	2017年	硕士		基于数字光栅投影结构光的三维重建技术研究	
776	黄真	赵学增	2017年	硕士		风电齿轮箱行星架铸钢件低温及抗疲劳性能研究	
777	赵星明	赵学增	2017年	硕士		直驱风机回转轴承早期故障在线监测系统的研制	
778	袁宇涛	赵学增	2017年	硕士		原子力显微镜测量边界滑移不确定度分析	
779	陈盟	赵学增	2017年	硕士		基于多模态深度学习算法的机器人自主抓取技术研究	
780	Shazhaev Ilman（伊勒曼）	赵学增	2017年	硕士		针对迷宫寻径问题NAO多机器人定位模型和路径规划研究	
781	王曦	张旭堂	2017年	硕士		基于数字光栅投影结构光的三维重建技术研究	
782	Brosset Jordane	李隆球	2018年	硕士		基于光激励的可控4D打印结构研究	机械电子工程
783	库莱姆（KHURAM SHAHZAD）	李隆球	2018年	硕士		基于亥姆霍兹谐振器超表面的吸声性能研究	机械电子工程
784	黄穗楚	王伟杰	2018年	硕士		基于表面能分析的超亲水/超疏油共存模型的研究及验证	机械电子工程
785	赵鑫	王伟杰	2018年	硕士		HWS15型发动机缸盖气密性检测装置的研发	机械电子工程
786	崔东英	王武义	2018年	硕士		某型数控动梁龙门镗铣加工机床关键技术的研究	机械电子工程

续表

序号	姓名	导师	毕业时间	类别	是否优秀毕业生（金牌或者银牌）	论文题目	所属学科
787	范喜祥	王武义	2018年	硕士		飞机用复合材料成型模具逆向建模与制造工艺研究	机械电子工程
788	黄爽	王武义	2018年	硕士		舰载飞机起落架装配关键技术研究及应用	机械电子工程
789	李淑婷	王武义	2018年	硕士		大型飞机工装预算控制全寿命信息化技术研究	机械电子工程
790	王敬轩	王武义	2018年	硕士		电控热变形4D打印技术研究	机械电子工程
791	朱妍如	王武义	2018年	硕士		基于DELMIA的某型民机后机身装配仿真	机械电子工程
792	冯译文	张广玉	2018年	硕士		阻抗渐变梯度复合材料设计制备及性能研究	机械电子工程
793	邓兴泓	张广玉	2018年	硕士		多材料光固化3D打印装置及工艺研究	机械电子工程
794	孙宏健	黄文涛	2018年	硕士	金牌	面向稀疏表征的滚动轴承-转轴复合故障诊断方法研究	机械电子工程
795	李英睿	王武义	2018年	硕士	银牌	纤维增强复合材料超声辅助增材制造技术研究	机械电子工程
796	齐欣达	陈维山	2018年	硕士		直线超声电机的驱动电源与控制系统研究	机械电子工程
797	王琛	陈志刚	2018年	硕士		悬吊式重力补偿系统精度影响分析与实验	机械工程
798	董欣	单小彪	2018年	硕士		极化式压电传感执行器系统研究	机械电子工程
799	拦斌	董惠娟	2018年	硕士		粉末材料的超声驻波分离仿真与实验研究	机械电子工程
800	毛春程	董惠娟	2018年	硕士		对置式换能器的超声驻波悬浮传输仿真与实验	机械工程
801	郝宝坤	金天国	2018年	硕士		基于NURBS的复合材料构件多尺度建模技术研究	机械电子工程
802	王云	刘军考	2018年	硕士		步进蠕动式旋转精密压电驱动器及其控制系统研究	机械电子工程
803	薛凯磊	刘英想	2018年	硕士		多梁纵振复合型直线压电驱动器及其控制系统研究	
804	申志航	刘英想	2018年	硕士		压电致动型两自由度直线运动平台及其驱动控制系统研究	

续表

序号	姓名	导师	毕业时间	类别	是否优秀毕业生(金牌或者银牌)	论文题目	所属学科
805	沈强强	刘英想	2018年	硕士		纵弯复合型步进式直线压电驱动器及其控制系统研究	机械电子工程
806	李传浩	彭高亮	2018年	硕士		基于卷积神经网络的机器人自动抓取规划研究	机械电子工程
807	于世民	宋文平	2018年	硕士		磁头/图案化介质磁盘界面润滑剂转移的分子动力学仿真	机械电子工程
808	李宏亮	谢涛	2018年	硕士		基于流致振动的水下压电俘能模拟与实验研究	机械电子工程
809	NEHA SUVINDRAN（妮哈）	赵学增	2018年	硕士		仿紫竹梅叶片特殊润湿性的多功能表面表征和复制	机械工程
810	龙洋	赵学增	2018年	硕士		液体环境下表面电荷对微纳尺度摩擦磨损的影响	机械电子工程
811	王博皓	张旭堂	2018年	硕士		车辆表面定制化数码迷彩机器人喷涂规划技术研究	机械工程
812	柳俊先	陈晓峰	2018年	硕士		基于深度学习的机器人抓取仿真训练技术研究	机械工程
813	高雪梅	陈晓峰	2018年	硕士		面向自动化装配的零件识别与机器人抓取方位规划	
814	石文	陈晓峰	2018年	硕士		面向车辆数码迷彩的机器人喷涂系统标定与轨迹优化	机械工程
815	罗嘉宁	黄文涛	2019年	硕士		实验与仿真数据驱动的滚动轴承故障严重性评估研究	机械电子工程
816	唐蕤	黄文涛	2019年	硕士		基于时频分析和CNN的滚动轴承故障诊断方法研究	机械电子工程
817	林鹏	李隆球	2019年	硕士		基于3D打印的水凝胶软体驱动器研究	机械电子工程
818	唐国彪	李隆球	2019年	硕士		红外-微波复合隐身超材料的研制	机械电子工程
819	张志杰	潘昀路	2019年	硕士		基于低表面自由能的超双疏网膜油水分离模型建立与验证	机械电子工程
820	邵文文	王伟杰	2019年	硕士		差分式石墨烯场效应管生物分子传感器的研究	机械电子工程
821	袁斯洋	王武义	2019年	硕士		多晶铜纳米压痕力学特性及变形机理研究	机械电子工程
822	张旭	王武义	2019年	硕士		某型飞机主起支撑主要切削工艺的研究	机械电子工程

续表

序号	姓名	导师	毕业时间	类别	是否优秀毕业生（金牌或者银牌）	论文题目	所属学科
823	赵隆源	王武义	2019年	硕士		基于六自由度并联机构的复杂曲面增材制造技术研究	机械电子工程
824	武喜文	张广玉	2019年	硕士		超声振动作用下的金属管道内声场特性研究	机械电子工程
825	杨泽浩	董惠娟	2019年	硕士	金牌	基于声表面波原理的微操控器件研制及实验	机械电子工程
826	高 源	李隆球	2019年	硕士	金牌	光驱扩散泳微纳马达集群行为研究	机械电子工程
827	栾正斐	陈维山	2019年	硕士		柔性人工肌肉驱动的可变形机构及其运动控制研究	机械电子工程
828	李旺鑫	陈维山	2019年	硕士		基于微量流体压电喷射的轴系主动供油技术研究	机械电子工程
829	胡 政	陈志刚	2019年	硕士		基于DOB模糊自校正Smith预估的悬吊式重力平衡控制研究	机械工程
830	张 翀	单小彪	2019年	硕士		基于神经网络的悬臂梁振动主动控制及实验研究	机械电子工程
831	王 强	董惠娟	2019年	硕士		大物体超声悬浮和长距离传输的仿真与实验	机械工程
832	朱秉铎	金天国	2019年	硕士		基于NURBS的复合材料构件多尺度设计与制造一体化技术研究	085201 机械工程
833	左伟东	刘英想	2019年	硕士		人工肌肉驱动的仿生六足软体机器人设计与实验研究	机械电子工程
834	朱智宇	彭高亮	2019年	硕士		基于卷积神经网络的机械故障诊断域自适应算法研究	机械电子工程
835	袁献伟	宋文平	2019年	硕士		超声波强化沥青发育技术研究	机械电子工程
836	石永军	谢 涛	2019年	硕士		特细钢丝的冲击式超声振动拉拔研究	机械电子工程
837	王乐乐	谢 涛	2019年	硕士		基于流致振动的水下阵列压电俘能器模拟和实验研究	机械电子工程
838	萨 拉（SAIRA IQBAL）	赵学增	2019年	硕士		具有微纳结构和机械耐久性的超双疏表面材料制备与应用	080200 机械工程
839	孙芳明	赵学增	2019年	硕士		基于超疏水/超疏油网膜的油水分离实验装置的研制	085201 机械工程
840	林秀川	张旭堂	2019年	硕士		基于深度学习的零件识别和机器人抓取研究	080200 机械工程

附录四　部分杰出校友

注：由于时间仓促，只统计了部分杰出校友的信息，可能信息也不太完整，疏漏之处，诚请校友谅解与批评指正，同时以下信息若有不准确或不妥之处，请见谅。待后续进一步完善。

（1）柏合民，1967年7月12日生，毕业于哈尔滨工业大学机械电子工程专业，工学博士，研究员，长期从事空间飞行器结构机构设计技术研究，现任上海宇航系统工程研究所科技委常委，中国载人航天工程空间站系统副总设计师。获得军队科技进步奖一等奖1项、政府特殊津贴、中国载人航天工程突出贡献者、全国五一劳动奖章等荣誉。

（2）赖一楠，2003年博士毕业，现任国家自然科学基金委工程与材料科学部工程科学二处处长。

（3）王飞，2008年博士毕业，哈工大机器人集团董事长，江苏哈工智能机器人股份有限公司(000584.SZ)副董事长，未来世界金融控股有限公司(00572.H)董事局主席，黑龙江省青联委员，中青科协会员。曾获中组部"万人计划"青年拔尖人才，中国科协求是杰出青年奖等荣誉。2017年5月，获得全国创新争先奖状。2017年9月，获得第九届"中国青年创业奖"。

（4）刘卓慧，中共党员，研究员，国际质量科学院院士。哈工大毕业后，1978年在天津大学精密仪器系计时专业读研究生，1981年毕业，获工学硕士学位。而后在原国家轻工业部、国家质量监督检验检疫总局等部门工作，2013年公务员退休，退休前任国家质量监督检验检疫总局总工程师。现任中国防伪行业协会理事长。昆明理工大学质量发展研究院博士生导师、兼职教授；武汉大学质量发展战略研究院兼职教授；中国计量大学客座教授。

（5）郭俊杰，1976年毕业后，回西安红旗手表厂工作。1978—1981年在天津大学精仪器研究生班学习。先后在西安理工大学与西安交通大学任教。任教授，博士生导师。2014年退休。

（6）魏晓燕，中共党员，曾任沈阳市人民政府外事办公室文化新闻处处长、领事处处长、出国审批处处长，局级巡视员。2015年在沈阳市人民政府外事办公室退休。

（7）刘文生，中共党员，河南省新乡市商务局副局长、高级工程师。1976年哈工大毕业后，曾在新乡市钟表厂、新乡市经济委员会（现市工信局）工作，曾任新乡市人民政府机电产品进出口办公室主任。2010年11月在新乡市商务局退休。退休后参加《新乡日报》

《平原晚报》老年记者团,任副团长。曾在多家报刊上发表近百篇文章。

(8)郭亨畅,于1964年毕业分配到国营四四三厂(上海导航仪器厂)工作,直至退休。历任见习技术员、技术员、工程师、高级工程师、研究员级高级工程师。担任过车间主任、弹性元器件部主任、副总工程师、厂长助理、副厂长。曾获1978年六机部先进工作者、上海市先进工作者;1982年获全国国防工业系统先进科技工作者;1989年、1991年、1993年和1995年4次荣获上海市劳动模范。

(9)黄臻,8013班,深圳市科创委副主任。

(10)杜枫,8013班,沈阳三菱发动机公司副总经理。

(11)范燕平,8313班,航天科技集团有限公司第五研究院总工艺师。

(12)母庚礼,8313班,航天江南集团贵州群建精密机械有限公司董事长、党委书记。

(13)蔡同舟,8313班,东方电气国际工程公司总经理。

(14)刘孟德,山东省科学院副院长。

(15)冯杰鸿,972304班,航天二院副院长。

(16)唐应伟,8713-2班,中国航天科工集团湖南航天有限责任公司党委书记、董事长,湖南航天管理局局长,068基地主任。

(17)陈钢,7811班,中国家用电器协会副秘书长,北京市政协委员。

(18)陈华亮,7811班,黑龙江省委副秘书长。

(19)陈红伟,7811班,航天科工集团第二研究院纪委副书记。

(20)罗谷清,7811班,中国空间技术研究院502所921办公室主任/GNC指挥,组织完成了载人航天二期神舟八号、九号、十号与天宫一号,神舟十一号、天舟一号与天宫二号等的交会对接任务和航天员的安全返回,正在从事空间站工程任务。2011年获得载人航天突出贡献奖和2013年全国三八红旗手等荣誉。

(21)赵云钢,7811班,中国石油国际事业有限公司网络开发领导小组副组长,日本炼油项目经理。

(22)王海涛,7813班,南京市国有资产投资控股集团董事长,南京紫金投资集团董事长,南京市创新投资集团董事长,南京市企业家协会会长等。享受国务院特殊津贴。

(23)张钟庆,7813班,九三学社四川省委常委,成都市委副主委,四川省政协委员,成都市人力资源和社会保障局副局长。

(24)王道华,7814班,中国人民解放军装备发展部某基地装备部部长,正师级,技术四级,大校军衔。工作期间主要从事核试验近区物理诊断及脉冲反应堆运行管理相关技术研究工作,新技术武器装备试验技术研究及靶场建设工作。曾任863航天航空领域专家、激光与物质相互作用国家重点实验室激光技术与应用专业学术带头人。先后获国家科技进步奖二等奖2项,军队科技进步奖一等奖2项、二等奖6项、三等奖6项,第六届中国青年科技奖,光华科技基金二等奖,第二届陕西青年科技奖,享受国务院政府特殊津贴,首届军队优秀专业技术人才二类岗位津贴,2009年被评为全军优秀指挥军官。荣立个人三等功2次。

(25)陈白帆,7814班,中国航天科技集团公司第十三研究所(北京航天控制仪器研究所)副所长,桂林航天电子有限公司副总经理。

（26）王海伟,8713-2班,航天江南集团航天控制技术有限公司党委书记、董事长。

（27）唐应伟,8713-2班,中国航天科工集团湖南航天有限责任公司党委书记、董事长,湖南航天管理局局长,068基地主任。

（28）张松,8713-2班,贵州航天风华精密设备有限公司副总经理。

（29）訾进锋,8103班,西安中科微精光子制造科技有限公司副总经理、市场总监。

（30）杨志田,5713班,1962年毕业后曾任佳木斯电子仪器厂厂长,主任工程师。广西民族大学计算中心党支部书记,高级工程师。

（31）张洪昌,1962年毕业后在电子部4540厂设计研究所任所长,副总工程师,高级工程师。

（32）叶碧珠,7915班,中国航天科工集团第十研究院、某型号总指挥,院科技委常委、研究员。曾负责的某项目出口多个国家。获航天科工集团预先研究先进、9910工程突出贡献等奖励。

（33）求再洋,982205班,现任职浙江省台州市消防救援支队党委委员、台州市消防救援副支队长,曾立三等功、获"实干论英雄"、优秀领导干部等荣誉。

（34）李明博,9908103班,中国航天科工集团第三研究院,任多个型号发射车主任设计师,研究员,负责发射车的研制工作。获航天科工集团装备保障先进个人等奖励。

附录五 曾在"机械电子工程"或"精密仪器制造工艺"专业工作过已调出教职工名单

序号	姓名	工作时间	专业技术职务	备注
1	蔡鹤皋	1964—1967 年	教授	1967 年调八系
2	秦如镜	1956—1968 年	教授	1968 年调哈精密研究所
3	胡炯泉	1956—1988 年	教授	1988 年调北京公安大学（原北京警官大学）
4	陈希达	1956—1983 年	教授	1983 年调福建厦门大学
5	戈 扬	1959—1980 年	教授	1980 年调大连交通大学
6	安成祥	1956—1964 年	教授	1964 年调合肥大学
7	刘 振	1959—1981 年	教授	1981 年调出
8	陈子芳	1958—1971 年	教授	1971 年调光刻机
9	张学仁	1970—1976 年	教授	1973 年调回金工教研室
10	陈鸿勋	1970—1976 年	教授	1973 年调回金工教研室
11	邹立勋	1973—1976 年	教授	1976 年调回物理系
12	王庆基	1973—1976 年	教授	1976 年调回制图教研室
13	滕芳师	1973—1976 年	教授	1976 年调回外语系
14	费名镒	1973—1976 年	教授	1976 年调回外语系
15	付凤玲	1970—1976 年		1973 年调回化学系
16	孙振琦	1973—1976 年	教授	1976 年调回数学系
17	邹本璋	1970—1988 年		1988 年调太平区政府科委
18	李威海	1970—1979 年		1979 年调福建
19	柏合民	1994—1998 年		1998 年调上海航天局
20	褚 巍	2004—2005 年		2005 年出国
21	王 飞	2010—2018 年	教授	2018 年离职
22	纪守义	1964—1975 年		1975 年调学校夜大
23	闫云开	1957—1958 年		1958 年调锻压教研室

续表

序号	姓名	工作时间	专业技术职务	备注
24	罗绍伟	1957—1958 年		1958 年调二系
25	唐振兴	1964—1965 年		1965 年调激光专业
26	刘兰义	1977—1983 年		1983 年调学校组织部
27	张定一	1958—1960 年		1960 年调数学系
28	王志义	1970—1975 年		1975 年调学校保卫处
29	张秀兰	1970—1980 年		1980 年调出
30	岳增山	1970—1985 年		1985 年调出
31	赵路军	1971—1985 年		1985 年调出
32	陈静云	1971—1974 年		1974 年调 11 专业教研室
33	李春华	1971—1975 年		1975 年调出
34	王树田	1971—1985 年		1985 年调出
35	徐景俊	1971—1976 年		1976 年调出
36	袁肖文	1971—1976 年		1976 年调出
37	甄嘉兴	1971—1987 年		1987 年调学校保卫处
38	吕建华	1971—1977 年		1977 年调出
39	李 枫	1975—1979 年		1979 年调出
40	姜增奎	1956—1986 年		苏联专家翻译
41	王立亚	1975—1979 年		1979 年调出
42	王秀兰	1956—1970 年		1970 年调出
43	迟玉冰	1976—1982 年		1982 年调一系办教学秘书
44	刘维然	1956—1963 年		1963 年调出
45	于 兰	1976—1980 年		1980 年调出
46	付桂芹	1976—1980 年		1980 年调出
47	周喜财	1957—1969 年		1969 年调出
48	王化通	1957—1964 年		1964 年调出
49	吴树启	1959—1964 年		1964 年调出
50	赵金钟	1960—1965 年		1965 年调出
51	马 涛	1959—1962 年		1962 年调出
52	杨景玉	1959—1965 年		1965 年调沈阳工学院
53	李凤春	1960—1963 年		1963 年调出
54	姜绍清	1964—1984 年		1984 年调出
55	赵培炎	1964—1971 年		1971 年调出

续表

序号	姓名	工作时间	专业技术职务	备注
56	李健康	1964—1969 年		1969 年调南京航空航天大学
57	孙仁昌	1965—1986 年		1986 年调出
58	梁传治	1965—1978 年		1978 年调出
59	王志刚	1965—1978 年		1978 年调北京高能物理研究所
60	边玉林	1965—1973 年		1973 年调出
61	郭桂云	1965—1985 年		1985 年调出
62	焦 红	1981—1985 年		1985 年出国
63	苏传信	1985—2001 年		2001 年学习
64	吴 羡	1986—2002 年		2002 年出国
65	石仁山	1970—1985 年		1985 年调出
66	马 奎	1987—1993 年		1993 年出国
67	彭凤田	1970—1980 年		1980 年调出
68	徐玉滨	1971—1973 年		1973 年参军
69	张崇峰	1994—1995 年		1995 年调出
70	杨振杰	1971—1974 年		1974 年调出
71	常 伟	1995—2000 年		2000 年出国
72	赵空勤	1996—2013 年		2013 年失联
73	于德斌	1971—1972 年		1972 年调出
74	王喜斌	1971—1985 年		1985 年
75	徐传臣	1971—1975 年		1975 年调出
76	李春荣	1973—1979 年		1979 年调出
77	郭秀珍	1974—1976 年		1976 年调出

附录六 曾在"电子精密机械"专业(含原"计时仪器"专业)工作过已调离教职工名单

序号	姓名	工作时间	专业技术职务	备注
1	刘季民	1956—1961 年		1961 年调哈尔滨表厂
2	田春芳	1958—1965 年		1965 年调沈阳工学院
3	许明贵	1958—1974 年		1974 年调北京高能物理所
4	吴顺子	1958—1974 年		1974 年调上海
5	何永江	1958—1964 年		1964 年调天津大学
6	郭志贤	1959—1960 年		1960 年调出
7	姚明德	1962—1963 年		1963 年调出
8	张满山	1963—1971 年		1971 年调学校团委
9	黄 良	1972—1973 年		1973 年调出
10	李沛玲	1972—1973 年		1973 年调出
11	庄玉华	1972—1973 年		1973 年调出
12	王家贞	1972—1973 年		1973 年调出
13	梁传志	1973—1980 年		1980 年调出
14	张友仁	1973—1981 年		1981 年调浙江大学
15	洪国芳	1973—1976 年		1976 年调回管理学院
16	杨正国	1973—1976 年		1976 年调回管理学院
17	姚德民	1973—1976 年		1976 年调回管理学院
18	赵子靖	1973—1976 年		1976 年调回管理学院
19	马天超	1973—1976 年		1976 年调回管理学院
20	李恩福	1973—1976 年		1976 年调回管理学院
21	李德文	1973—1976 年		1976 年调回基础课教研室
22	邢志春	1973—1976 年		1976 年调回基础课教研室
23	郭宝莲	1973—1976 年		1976 年调回基础课教研室
24	孙肇英	1973—1976 年		1976 年调回基础课教研室
25	陈超玲	1973—1976 年		1976 年调回基础课教研室
26	关淑琴	1973—1976 年		1976 年调回基础课教研室
27	孙寿家	1973—1976 年		1976 年调回基础课教研室

续表

序号	姓名	工作时间	专业技术职务	备注
28	竺培国	1973—1976 年		1983 年调回基础课教研室
29	霍蔚恩	1973—1976 年		1976 年调回基础课教研室
30	应玉芳	1973—1976 年		1976 年调回基础课教研室
31	苏 军	1973—1976 年		1976 年调回基础课教研室
32	赵九江	1973—1976 年		1976 年调回基础课教研室
33	赵祖跃	1973—1976 年		1976 年调回基础课教研室
34	洪敏谦	1973—1976 年		1976 年调回基础课教研室
35	郝兰香	1973—1976 年		1976 年调回基础课教研室
36	王文义	1973—1976 年		1976 年调回基础课教研室
37	王魁业	1973—1983 年		1983 年调出
38	吴忠明	1978—1980 年		1980 年调出
39	罗 强	1981—1985 年		1985 年调出
40	张冰奇	1981—1985 年		1985 年调出
41	张今瑜	1983—2002 年		2002 年调出
42	宫 枫	1983—1985 年		1985 年调出
43	许文海	1984—2001 年		2001 年调出
44	孙晓明	1984—1991 年		1991 年调出
45	岳 滨	1984—2000 年		2000 年调出
46	袁 峰	1988—1995 年		1995 年调出
47	徐定杰	1991—2000 年		2000 年调出
48	谭定忠	1995—1996 年		1996 年调出
49	曾庆满	1974—1978 年		1978 年调出
50	范巨祥	1973—1976 年		1976 年调回基础课教研室
51	穆艳玲	1973—1976 年		1976 年调回基础课教研室
52	安淑珍	1973—1976 年		1976 年调回基础课教研室
53	李广升	1973—1976 年		1976 年调出
54	闫长富	1973—1976 年		1976 年调出
55	韩林生	1974—1986 年		1986 年病退
56	陈静云	1974—1986 年		1986 年调一系办公室
57	李依群	1975—1984 年		1984 年调出
57	赵文炼	1976—1978 年		1978 年调出
58	陈 平	1976—1985 年		1985 年调出
59	路丹阳	1976—1978 年		1978 年调出
60	王文波	1976—1987 年		1987 年调化学系
61	关雪虹	1977—1985 年		1985 年调一系办公室
62	梁志兴	1985—1990 年		1990 年调出

附录七　机电控制及自动化系历届学生毕业照、聚会照

1958级哈尔滨工业大学计时仪器专业合影

5811 班毕业照

凝心聚力 砥砺前行
哈工大机电控制及自动化系发展史简记

5911 班毕业照

5913 班毕业照

规格严格

附录　机电控制及自动化系历届师生名单照片

1960级哈尔滨工业大学计时仪器专业毕业合影

6011 班毕业照

1961级哈尔滨工业大学计时仪器专业学生合影

6111 班毕业照

凝心聚力 砥砺前行
哈工大机电控制及自动化系发展史简记

1973级哈尔滨工业大学计时仪器专业毕业合影

7311 班毕业照

1974级哈尔滨工业大学计时仪器专业毕业合影

7411 班毕业照

附录　机电控制及自动化系历届师生名单照片

7413 班毕业照

7513 班毕业照

凝心聚力 砥砺前行
哈工大机电控制及自动化系发展史简记

7611 班毕业照

7613 班毕业照

附录　机电控制及自动化系历届师生名单照片

1977级哈尔滨工业大学计时仪器专业毕业合影

7711 班毕业照

7713 班毕业照

221

凝心聚力 砥砺前行
哈工大机电控制及自动化系发展史简记

7811 班毕业照

7813 班毕业照

附录　机电控制及自动化系历届师生名单照片

1979级哈尔滨工业大学计时仪器专业毕业合影

7911 班毕业照

1980级哈尔滨工业大学计时仪器专业毕业合影

8011 班毕业照

凝心聚力 砥砺前行
哈工大机电控制及自动化系发展史简记

1981级哈尔滨工业大学计时仪器专业毕业合影

8111 班毕业照

1982级哈尔滨工业大学计时仪器专业毕业合影

8211 班毕业照

附录　机电控制及自动化系历届师生名单照片

8213 班毕业照

8311 班毕业照

凝心聚力 砥砺前行
哈工大机电控制及自动化系发展史简记

1986级哈尔滨工业大学计时仪器专业毕业合影

8611班毕业照

8613(1)班毕业照

8613(2)班毕业照

8711班毕业照

8713(2)班毕业照

8811班毕业照

附录　机电控制及自动化系历届师生名单照片

88013 班毕业照

8911 班毕业照

凝心聚力 砥砺前行
哈工大机电控制及自动化系发展史简记

精密仪器系 88 级研究生毕业照

精密仪器系 89 级研究生毕业照

附录　机电控制及自动化系历届师生名单照片

9011 班毕业照

9013-1、2 班毕业照

精密仪器系 9101 班研究生毕业照

9111 班毕业照

92011 班毕业照

精密机械与仪器制造工程专业 92 届毕业照

凝心聚力 砥砺前行
哈工大机电控制及自动化系发展史简记

92013-2班毕业照

9311班毕业照

1994级哈尔滨工业大学计时仪器专业毕业合影

9411 班毕业照

942201 班毕业照

凝心聚力 砥砺前行
哈工大机电控制及自动化系发展史简记

1996 年 94 级硕士研究生毕业照

精密机械与仪器制造工程专业 93 届毕业照

附录　机电控制及自动化系历届师生名单照片

机电控制及自动化系 95 届毕业照

2000 级哈尔滨工业大学计时仪器专业毕业合影

凝心聚力 砥砺前行
哈工大机电控制及自动化系发展史简记

2001级哈尔滨工业大学计时仪器专业毕业合影

2002级哈尔滨工业大学计时仪器专业毕业合影

2003 级哈尔滨工业大学计时仪器专业毕业纪念

2003 级机械工程硕士研究生哈尔滨班毕业照

凝心聚力 砥砺前行
哈工大机电控制及自动化系 发展史简记

2004级哈尔滨工业大学计时仪器专业毕业纪念

2005级哈尔滨工业大学计时仪器专业毕业纪念

附录　机电控制及自动化系历届师生名单照片

0508101 班毕业照

0508102 班毕业照

凝心聚力 砥砺前行
哈工大机电控制及自动化系发展史简记

0508103 班毕业照

2006 级哈尔滨工业大学计时仪器专业毕业纪念

附录　机电控制及自动化系历届师生名单照片

上起第一排　杜　昊　李　博　曹小平　柳晓川　王乾元　王昕宇
　　　　　　李　立　尹春晖　杨弼杰　李　鹏　张　君　周志伟
上起第二排　刘立钊　吕文斌　罗　睿　黄意新　古　田　黄　楷　杨玉龙
　　　　　　冯　超　盛鲁英　王海荣　倪海波　赵秀龙　韩成龙
上起第三排　高德全　冷　月　周游老师　赵学增副院长　陆念力书记　梁迎春院长
　　　　　　邵兵副书记　王晓溪老师　尹立一老师　姜　艳　罗源峰
0608101班毕业照

上起第一排　梁铁柱　赵　俊　许辰磊　林艺军　谢　昊　王秀超　巴玉玺
　　　　　　吕相山　阎秋实　郑　辉　韩永贞　王　威　秦　磊
上起第二排　朱继学　李建发　吴星辉　刘　鑫　徐　逊　李永绍
　　　　　　张　瀚　刘文超　姜慧文　高冬石　卓国辉　陈智宏
上起第三排　金　非　张惠萍　周游老师　赵学增副院长　陆念力书记　梁迎春院长
　　　　　　邵兵副书记　尹立一老师　刘　丹　刘　吉　王　鹏
0608102班毕业照

凝心聚力 砥砺前行
哈工大机电控制及自动化系 发展史简记

上起第一排　曹　放　赵勇博　李奕宁　李　路　唐云龙　于　阳
　　　　　　潘文磊　陈　川　宋远委　肖　勇　杨正鉴　朴世杰
上起第二排　邓斗波　张　凯　李　俊　段　坦　姜　福　王　帅
　　　　　　苏磊夫　金理钰　王力鋆　方　永　谢洪亮　张晨峰
上起第三排　张　鹏　刘子文　郭冬妮　周游老师　赵学增副院长　陆念力书记
　　　　　　梁迎春院长　邵兵副书记　尹立一老师　傅品正　杨　颢

0608103班毕业照

2007级哈尔滨工业大学计时仪器专业毕业纪念

规格严格

244

附录　机电控制及自动化系历届师生名单照片

2008 级哈尔滨工业大学计时仪器专业毕业留念

2009 级哈尔滨工业大学计时仪器专业毕业纪念

凝心聚力 砥砺前行
哈工大机电控制及自动化系发展史简记

2010级哈尔滨工业大学计时仪器专业毕业纪念

2011级哈尔滨工业大学计时仪器专业毕业纪念

附录　机电控制及自动化系历届师生名单照片

7311 班毕业四十年回母校

7311 班毕业四十年回母校

7511 班入学三十五年回母校

7611 班入学四十年回母校

附录　机电控制及自动化系历届师生名单照片

7711 班毕业 20 年回母校

7811 班毕业 30 年回母校

凝心聚力 砥砺前行
哈工大机电控制及自动化系发展史简记

7911班毕业30年回母校

8011班毕业30年回母校师生团聚

附录 机电控制及自动化系历届师生名单照片

8211 班毕业三十年回母校

8411 班毕业三十年回母校

凝心聚力 砥砺前行
哈工大机电控制及自动化系发展史简记

8511班毕业三十年返校

85010班毕业三十周年回校

附录　机电控制及自动化系历届师生名单照片

8811班毕业二十年回母校

8811班毕业20年回母校

凝心聚力 砥砺前行
哈工大机电控制及自动化系发展史简记

92011班毕业10周年回母校

9311班毕业返校纪念

0008116 班毕业 10 年回母校

7813 班 2008 年聚会

凝心聚力 砥砺前行
哈工大机电控制及自动化系发展史简记

77、78级毕业三十年、母校相会合影

7813班毕业三十年、母校再相聚合影

86级精密仪器专业毕业二十年返校合影

附录八 机电控制及自动化系教职工聚会、参加会议、出国访问照片

有关领导或专家莅临实验室参观

中国轻工业部张遐龄局长视察哈尔滨工业大学计时仪器专业

电力部建设研究院沙荫田副院长视察哈尔滨工业大学计时仪器专业

中国工业热物理学会理事长吴仲华教授视察哈尔滨工业大学计时仪器专业

华侨工程师学会曾安生会长视察哈尔滨工业大学计时仪器专业

数学家陈省身教授视察哈尔滨工业大学计时仪器专业

凝心聚力 砥砺前行
哈工大机电控制及自动化系发展史简记

老校长李昌同志视察哈尔滨工业大学计时仪器专业

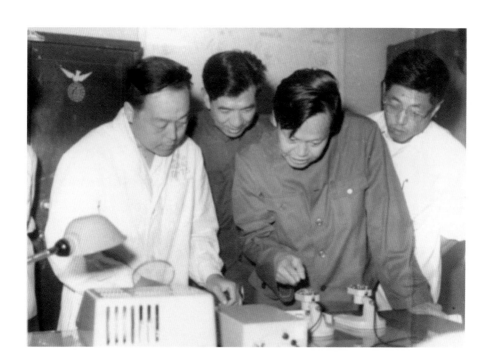

诺贝尔物理学奖得主杨振宁先生视察哈尔滨工业大学计时仪器专业

1984年，精密仪器系系主任雷映辉、计时仪器专业主任牟景林、
精密仪器制造专业主任陈再礼等访问山东省科技厅

1975年计时仪器专业教职工合影

凝心聚力 砥砺前行
哈工大机电控制及自动化系发展史简记

2006年专业成立五十周年部分教师合影

2006年专业成立五十周年全体教师合影

国际访问与交流

1985年，牟景林教授在俄罗斯圣彼得堡光机学院做访问学者

1987年9月至1988年10月，刘文剑在加拿大麦克玛斯特大学（McMaster University）访问

1993年，牟景林教授、竺培国教授、黄鸿斌教授、王晓溪高级工程师、外事处处长吕晓伟访问俄罗斯莫斯科大学

1993年，牟景林教授、竺培国教授、黄鸿斌教授、王晓溪高级工程师、外事处处长吕晓伟访问俄罗斯圣彼得堡国立大学

1994年,袁哲俊教授、马玉林教授、刘文剑教授、姚英学教授与刘卡林博士访问美国伯克利大学

1994年,袁哲俊教授、马玉林教授、刘文剑教授访问伯克利大学,与伯克利大学校长就两校合作意向进行交流

1989年，牟景林教授、竺培国教授陪同杨士勤校长访问俄罗斯学校

1995年，牟景林教授访问日本千叶工业大学

附录　机电控制及自动化系历届师生名单照片

1997年,牟景林教授、竺培国教授、黄鸿斌教授、王晓溪高级工程师访问俄罗斯远东国立大学

新加坡国立大学倪亦靖教授(机械学院院长)访问哈工大

1998年李绍滨教授、刘文剑教授等访问日本千叶工业大学

刘文剑教授、张广玉教授访问俄罗斯萨玛拉航空航天大学

附录　机电控制及自动化系历届师生名单照片

刘文剑教授、刑忠文教授、陈明教授访问英国 BATH 大学

马玉林教授、刘文剑教授、常伟博士访问新加坡南洋理工大学

2000年，由李生教授、刘家琦教授、刘文剑教授等五人代表哈工大去美国、加拿大访问。在加拿大温哥华的哥伦比亚大学会见了导师yellowley教授，并参观了实验室

2000年，李生教授、刘家琦教授、刘文剑教授、朱大海教授与另小伟处长访问美国密执安大学

附录　机电控制及自动化系历届师生名单照片

2000年李生教授、刘家琦教授、刘文剑教授、朱大海教授等访问美国麻省理工学院

2000年李生教授、刘家琦教授、刘文剑教授、朱大海教授访问美国航天基地

凝心聚力 砥砺前行
哈工大机电控制及自动化系 发展史简记

刘文剑教授与博士生顾琳在香港城市大学参加学术会议

2000年，王晓溪高级工程师随中国轻工业代表团参访瑞士巴塞尔国际钟表展

附录 机电控制及自动化系历届师生名单照片

董惠娟教授在英国伦敦城市大学

2019年7月12日，单小彪副教授赴新加坡南洋理工大学参加学术交流

附录　机电控制及自动化系历届师生名单照片

2018年5月,刘军考教授受ISAF-FMA-AMF-AMEC-PFM会务组邀请,赴日本参加ISAF-FMA-AMF-AMEC-PFM联合国际会议

2018年5月,刘英想教授受ISAF-FMA-AMF-AMEC-PFM会务组邀请,赴日本参加ISAF-FMA-AMF-AMEC-PFM联合国际会议

凝心聚力 砥砺前行
哈工大机电控制及自动化系发展史简记

规格严格

瑞士专家来校讲学

2012年1月，国际标准化组织ISO TC114（钟表技术委员会）前主席
Claude LAESSER来哈工大进行钟表和标准化技术讲座

2019年,李隆球教授作为中方首席代表与大会会议主席参加2019年中俄工科大学联盟阿斯图论坛并做大会报告

2019年,李隆球教授作为大会主席承办中国工程院采油工程国际工程科技战略高端论坛暨第二届微纳米机器国际会议,作为大会主席主持会议并做大会报告

2018年,李隆球教授作为会议主席主持 ASME 12th Micro/nano System International Conference 国际会议,并访问加拿大科学院院士、工程院院士、多伦多大学孙钰教授课题组与 Raymond Kapral 教授课题组

2017 年，李隆球教授赴美国匹兹堡参加 IEEE International Conference on Nanotechnology 国际会议，与 2016 年诺贝尔奖得主（分子机器）、美国西北大学教授 Sir J. Fraser Stoddart 对微纳机器人技术进行探讨并合影留念